日本の司法福祉の源流をたずねて 4

少年保護の法理と実際

少年保護婦人協会——編
宮城 長五郎・植田 粂三郎・長島 毅・大原 昇・木村 尚達・鈴木 賀一郎——著

慧文社

シリーズ「日本の司法福祉の源流をたずねて」刊行にあたって

近年、体感治安の悪化により、いわゆる刑罰の「厳罰化」を求める声も大きくなっている。少年法も適用年齢引き下げの議論が行われている。しかし、一般刑法犯検挙人員中の再犯者の占める割合（再犯者率）は、年々高まり、平成二六年では四七・一％となっている。これは一度罪を犯すと立ち直るのが難しいということを物語っている。社会に「居場所」と「出番」がなく、そうかといって福祉サービスを十分に受けられないために、犯罪を繰り返しては刑事施設の中で生活する人も多い。日本の犯罪率と再犯率を下げるためにも司法福祉の充実が急務である。これからの日本の司法福祉はどうあるべきか。それについて考えるために、その源流を再確認することは重要である。先人たちの名著をひもとくことによって、現在の問題と、これから進むべき道がより深く見えてくるに違いない。

慧文社

改訂版刊行にあたって

一、本書は一九二八年に発行された少年保護婦人協会・編、宮城長五郎ほか・著『少年保護の法理と実際』（刀江書院）を底本として、編集・改訂を加えたものである。

一、原本における明らかな誤植、不統一等は、これを改めた。

一、原本の趣を極力尊重しながらも、現代の読者の便を図って以下の原則に従って現代通行のものに改めた。

i　「旧字・旧仮名」は原則として「新字・新仮名」に改めた。（例…畫→画、いふ→いう、等）。また、法律の条文は漢字のみ新字体に改め、かなづかいは原文のままとした。

ii　踊り字は「々」のみを使用し、他のものは使用しない表記に改めた。

iii　送り仮名、句読点および段落は、読みやすさを考えて適宜取捨した。

iv　難読と思われる語句や、副詞・接続詞等の漢字表記は、ルビを付すか、一部かな表記に改めた。

慧文社

序（牧野菊之助）

少年保護婦人協会は少年の保護を目的として成り、設立以来、少年少女保護相談所、商工少年指導所を設け、また娘の家および六踏園を経営し、着々保護事業を遂行し、さきに婦人講習会を開きて少年問題に関係ある法規の講座を設けて多数の修了者を出し、今また「少年保護の法理と実際」と題する一書を公刊せんとて余に序文を求めらる。本書の内容は専門大家の講演を筆録したるものに係り、余の贅言（ぜいげん）を待つまでもなく、少年保護事業に資することの多大なるを信じて疑わざるものである。

近時刑政上、保安矯正の処分、少年または免囚の保護は、いわゆる刑期于無刑［注：刑は刑なきを期す。『書経』に見える言葉で、刑罰は刑罰を用いないで済むことを目的とする、の意。日本では、この考えに基づいて江戸時代の儒学者芦東山が『無刑録』を著した。『無刑録』は明治期に再発見され、大きな影響を与えた］との刑政の極致に到達するの階梯（かいてい）として特に重要視せられ、刑法その他の法令に立案公布せらるるに至れり。中に就いて少年の保護は、刑罰法令に触るるの行為を為し、または刑罰法令に触るる行為を為す虞（おそれ）ある者に対して行わるるものであり、いわば芽生えんとする悪性をば芟除（さんじょ）し、教化善導して善良有為の国民に仕立上げんとする最も有効なる事業である。その美果を収め得ると否とは、保護事業に従事する者の不断の努力に待たざるを得ないことながら、一般に家庭に恵まれず世間には歯（よわ）いせられず放縦なる生活を続け、堕落の淵に陥りたる者を救済するに在るものなれば、須（すべか）らく母性愛を高潮してこれに臨むに慈悲博愛を以ってし、教ゆるに作法作業を以ってし、精神修養と作業訓練とを併せ行うことが肝要なりと信ずるのである。

我が国現下の形勢を察するに、世の中は段々と世智辛くなり、思想上には趣旨の異なるあり。経済上には利害の同じからざるあり。家庭の事情四囲の情況は遂に年小の子女を駆って虚栄、怨恨、誘惑、貧困、出来心、自暴自棄等の原因よりして漸次不良性を帯ぶるに至らしめ、いわゆる不良少年少女の数は著しく増加し、実際上浜の真砂のソレに比すべくもあらざる状態である。然るに少年法は大正十二年一月一日より施行せられ、少年審判所は東京大阪の二ケ所に設けられたるのみ、少年保護団体としてもその設立未だ全国に洽からざるはまことに遺憾とする所である。さりながら、少年保護事業の忽諸に付すべからざることは刑政上言うを俟たざることなれば、苟も志あらん者は、家庭上にも社会上にも虐げられ、傷けられ憐れむべき境地に在る少年少女の為めに一掬の同情を寄与せられ、保護救済の一路に邁進せられんことを望んで已まない次第である。

余は、少年保護婦人協会の従来の施設に満腔の賛意を表すると同時に、本書の公刊を喜ぶのあまり一言所感を録して以って序と為すと云爾。

昭和二年十二月

牧　野　菊之助

序（小山松吉）

吾人の社会は成年を中堅として組織せられている。故に心身の発育未だ充分ならざる少年がこの社会に伍して健全なる生活を営み得ないのは当然である。殊（こと）に文化の進むと共に社会生活は複雑を加え、多くの家庭は多忙であって昔の如く少年に対し慈愛ある訓育を施すことが出来ない。甚だしきに至りては全く少年の教育を顧みるに遑（いとま）なきものもある。斯の如きは少年をして社会生活に適応せしむる所以でないのみならず、かえってこれをして非社会的性格の養成に趨（おもむ）かしむるものと言わねばならぬ。

元来少年はハヴロック・エリスが言いたる如く、概して性格に偏僻（へんぺき）なる所があり、嘘言（おそごと）を好み、狡猾なる行動に出て、ややもすれば家庭の習慣を嫌忌するものであって、且つ卑猥なる色情癖および動物に対する残忍性等を有するのであるから、これを社会の環境に放任し、教育的に感化することを努めなければ、犯罪者と為り得る危険性を有して居る者である。而して少年が不良となるのは、病的原因に由来することも勿論ではあるけれども、都会生活に於ける幾多の欠陥がその原因を為すもの多きことは明白である。

そもそも都会に於ける文化生活なるものは、人の社交性および道徳性をますます発達向上せしむることを理想と為すものなるに、事実はこれに反し都会に於ける少年の日常の行動は、これに対し適当の制裁を加うることを必要とするものが甚だ多いのである。然るに文明国の法律は、その立法の主義に基づきこれを処罰せざるのみならず、一定の年齢に達せざればその責任を問わないのである。否、問わないのみではない、現在の事実に徴するに、社会は少年に対しその犯行を禁止することに努力せずして、かえって少年の犯行を誘発助長すべき新なる幾多の設備を計画しつつある。活動写真の流行、デパートメントストアの開設の如きはその一例である。

而して少年の犯罪を発見し、これを裁判するに当たりても、有罪無罪の判断を為すには相当の努力を費すも、その犯行を為すに至りたる原因の調査およびその機関は未だ完全ではない。然らば現時の社会はその文化の発達と共にますます増加する少年の不良性に対し、適当の施設を持たないと評するも過言ではない。

近年に至り欧米の少年保護に関する制度は発達したようである。これ不良少年の簇生に驚きて、国家および公私の団体が保護制度を設けこれに尽力するに至りたるが為めであって、盗賊を見て縄を綯うの感はあるも、まことに社会の為必要にして已むを得ざる事業である。我が国もまた、近年不良少年の各都市に簇出するに拘わらず、少年審判所は僅かに東京大阪に存在するのみにて、その設備も未だ完全ではない。これ国費の関係上充分なる拡張を為すことを得ないのもまた一原因である。

保護制度と言うが如きものは、これを国家事業として行うべきや、または私人の事業として行うべきやに就いては、利弊の互いに存するものはあるけれども、少年保護事業の如きは私人の事業としてこれを経営するを適当と思うのである。

元来釈放者保護事業または不良少年保護事業は、厳正の意義よりすれば国家が表面より公然これを主張し且つ実行することは適当でないと思う。国家は犯罪人または不良の少年に対しては相当の制裁を加うべき旨を法令に規定しこれに依りて一般を警戒し、以って予防の目的を達し、これに依りて社会の安寧を維持するのである。

換言すれば国家は悪事を敢えてする者に対しては刑罰を科すべき旨を法令に明示し、以て国民がややもすれば犯罪に陥らんとするのを防遏する立場に在る。故に国家が悪事を為したる者に対し、これを保護しこれを救助すべき当然の責任ありとするならば、国家は一面に於いて犯罪を禁止しこの禁止に従わざる者を処罰しながら、他面に於いてはこれを保護愛撫することと為り、その間に矛盾の存することを免がれない。またこれを国家が公然実行したとすれば如何なる結果に為るかと言うに、悪事を為した者は利得し、悪事を為さざる者は損失を蒙ると言う感覚を、国民に与うることと為るであろう。

例えばここに甲の貧者あり、至って正直にして職業に努め辛うじて家族の生計を立てて居る。またここに乙の貧者あり、生計に窮し窃盗を為し監獄に投ぜられ、出獄後釈放者なるの故を以って、国家の特別の保護を受け生計を営み得たりとすれば、甲は正直にして監獄に入らざりし為に、国家の特別の保護を受くることを得ず、自己が罪を犯さざりしことが、乙に比すれば不利益であったように思うであろう。

もし国民をしてこの如き感覚を懐かしむることがあったならば、保護事業は社会の人民に悪影響を及ぼすものと言わねばならぬ。殊に保護を受くる者に就き観察するに、彼等は公然保護せらるることを厭う風がある。自己が被保護者であると言うことを人に知らるることを嫌うのである。

故に保護の任に当たる者は、窃(ひそか)にこれに対し適当の方法を講じなければならぬ。以上の理由であるから、保護事業は国家が表面より公然堂々とこれを実行すべきものでなく、他の相当の機関または私人をして、裏面に於いて慈善的に宗教的に施行せしむるを適当とするのである。

例えば犯罪者または不良少年に対しては、国家は飽くまで厳父の権威を持たねばならぬ。釈放者または不良少年を保護愛撫するのは慈母の愛憐より出ずるものでなくてはならぬ。父が不良の子を叱責し、母は蔭に於いて泣いて子を戒め、これを善導すると同様の方法に出ずべきものだと思う。説いてここに至れば保護事業は慈母の愛撫を基本と為すべきものであって、婦人の為すべき事業に最も適当であると思う。

少年保護婦人協会は、我が国名流の婦人に依りて設立せられ、少年の保護を以って目的とし、母性愛の修養に及ぶことを信条とし、少年審判所および少年保護に関する各種事業の後援を為すものであって、専ら少年の不良化を防止し、且つ必要ある者に対し救護を為さんことを期し、創立以来着々その成績を挙げつつあることは世人の認むる所である。同協会はさきに保護事業の発達を図る目的を以て、一大婦人講習会を開き多数の講師を聘し、七十有余名の修了者を出したのであったが、今やその講述を筆記して「少年保護の法理と実際」と題しこれを刊行し広く同志に頒つに際し、余にその序を需められた。余は少年保護事業に努力せらるる同協会に対しては、最も敬意を表しその発達隆盛を希う者である。

依って欣でこれを繙(ひもと)くに、少年保護の根本精神、少年少女に関する民法刑法および少年少女と刑事政策、ならびに少年保護に関する関係法規等を簡明平易に講述し、およそ保護事業に従事する者に必要なる法的知識を網羅して、余蘊(ようん)なしと謂うべきである。而してこれを講述したる者はいずれも斯道の専門家にして、且つ実務に従事する司法の当局である。その論旨の肯綮(こうけい)を得て居ることはここに蝶々することを要しない。この書は少年保護事業に従事する者の指南車であるのみならず、苟も社会事業を論ずる者の必ず一読すべきものである。余はこの種書籍の刊行は斯業の発達に貢献することの甚だ大なるものあるを思い、ここに卑見を述べて序と為すのである。

昭和二年臘月下浣

小山松吉

目次

少年保護の根本精神

宮城長五郎

第一講　不良少年とは如何なる者か

少年保護と云うことに就いてお話するのでありますが、まずこの題目の意義を私は斯様（かよう）に解釈してお話を進めたいと考えます。すなわち不良少年を忠良有為なる国民と見なすことが少年保護の根本精神である。こういう意義に基づいてお話しようと思います。

不良少年と言うと不良の少年少女の事を申すのでありますが、何が不良であるかと云うと、刑罰の制裁を以て法律命令が禁止して居る事柄を為した少年少女および、そのまま打ち棄てて置くと自ら法令が禁止して居る事柄を為すに至る虞れのある少年少女を、不良少年と呼びなして居るのであります。換言すれば道徳的に善良ならざる少年少女、更に言葉を換えれば、道徳的に普通ならざる少年少女、と言うことが出来ると思います。

善良ならざる少年少女、普通ならざる少年少女と云うものをいま通俗的に（学者のように科学的でなく）極めて平凡に、今少し深く踏み込んで考えて見ると、斯様な結論が出るかと思います。すなわち普通人よりも優って居る者、普通人よりも劣って居る者、この二つのものが普通ならざるものであって、その中から不良少年が飛び出すのであります。故に不良少年の方面から申しますと、不良少年中には普通人より優れた者もあり、普通人より劣って居る者もあると云うことが出来ると考えます。その普通ならざる者、善良ならざる者、換言すれば普通より優れた者、劣った者、これを忠良有為の国民にしようと云うことが、少年審判の大眼目であると云うことになるのであります。

普通の人よりも優れた者の中から、何故に不良少年が出るか、普通の者よりも劣った者の中から何故に不良少年が出るか。これは今日の学校の組織、社会の組織と云うものを考えると、当然斯様になって参らなければならぬと考えられます。普通の人は世の中に在って、可もなく不可もなく、大なる善もなく、大なる悪もなく、中等程度に然るべく世渡りをすることが出来ます。

急ぎ過ぎて人に打突(ぶつ)かることもなく、愚図愚図(ぐずぐず)して居って人から邪魔にされることもなく、とにかく大勢の者と足並を揃えて世の中を渡り歩いて行く者、これがが普通人であります。ところが普通人より優れて居る者、劣って居る者はその真似は出来ない。何故かと言えば、優れて居る者であれば普通の人より脚が達者であるから、普通の人が歩くよりも速く進んで行く。普通の者と歩調を揃えようとすれば、少し歩いては休み、少し歩いては休みしなければなりませぬ。だから優れて居る者は普通の人と同じ行動を取ろうとするに就いては、余程楽に世渡りが出来るのであります。この楽に世渡りの出来る所に不良の卵が生ずるのであります。いわゆる『小人閑居シテ不善ヲ為ス』で他人が営々として歩く道を自分は楽に歩くことが出来る。或いは途中で博突を打つこともあろう。或いは酒屋に這入って酒を呑んで待って居ることもあろう。とにかく普通の人よりも力が優って居るのであるから、時間にしても、努力にしても世の中を暮すに就いてゆとりがある。そのゆとりがたまたま法律上刑罰の制裁を以て禁止して居る行為を為すべき機会を与えるのであります。或いは未だ法律上刑罰の制裁を附して居る事柄をしなくとも、打ち棄てて置けばその事柄を為すに到るようなことにもなるのであります。斯様な次第で普通の人よりも優って居る者の中から不良少年が出るのであります。

それから普通の人よりも劣って居る者はどうかと云うと、これは普通の人と足並を揃えて到底世の中の万般の生活を共にして行くことが出来ない。お伽噺にある亀と兎の競争のように、正当な方法を以て競争したならば、亀は到底兎に敵うものではない。或いは兎に昼寝をして貰(もら)ったり、或いは狡(ずる)い亀であったならば兎の尻尾に摑(つか)まって飛んで行ったり、とにかく普通の人よりも以上の努力をしてゆかなかったならば、普通人と歩調を揃えて世の中を渡ることが出来ない、これが劣って居る者であります。その普通の人と同一なる行動を執るに就いて色々な工夫をし、無理をする。その工夫をし無理をする所に不良なる行為が現われて、不良少年と云うものになるのであると思います。

通俗的に言うと不良少年と云うものは、斯様なものであると言ったならば一番分かりが早いであろうと思います。従来不良少年なるものは多く低能児である、劣って居る者であると言われたが、吾々が実際に不良少年を扱って見ると決して低能児ばかりではない。優秀なる児童が不良少年の中に居る事を発見するのであります。そう云う所から私は不良少年（普通ならざる少年少女、善良ならざる少年少女）の中には普通人よりも優れた者、普通人よりも劣った者の二つが包含されて居ると考えて居るのであります。

今の例は世の中の生活に就いての例を挙げたのでありますが、学校に於いてもその通りであります。寧ろ学校に於ける例の方が能く御分かりであろうと思う。御承知の通り今日の学校と云うものは大勢の生徒を一つの教室に入れて、一人の先生の口から同一なる事を教えて、大勢の生徒に同一の時間内にこれを理解させようと考えて居るのが、その教育の遣り方である。或いは集合教育とでも謂うか、或いは整頭教育（頭を揃える教育）とでも謂うか、要するに稲の出来秋に穂を揃えて作るように、同じような人々を一つの教場から産み出そうと考えて居るのが、今日の教育の遣り方であると私は理解するのであります。勿論、私は教育学の一頁も読んだことのない人間であるから、或いは観察が違って居るかも知れませぬが、私は左様信じて居ります。ところが少年少女時代に於いては智情意の発達と云うものが、人に依って非常に違います。すなわち発育時代であるから、甲の発育する程度と、乙の発育する程度とは非常に相違がある。その相違は大人になると左程甚だしくはないけれども、発育時代の少年少女だと非常に違う。小さい程この智情意の三方面の発達の程度は違って行くのであります。その発達の程度の違って居る者を年齢に依って一年級、二年級、三年級と組を分け、一つの組に五六十人の子供を編入して、同じような方法で同じものを教えて、同じ時間に同じように理解をさせようとする、これが今日の普通教育の遣り方であります。

この教育の遣り方は普通の少年少女には適します。しかしながら普通ならざる少年少女には適しません。劣って居る者であったならば普通の人が一時間で理解すべき事柄でも、一時間では理解し切れない。然るに次の時間には他の学科を覚えなければならぬ。初めの時間は無我夢中で一時間を過ごし、次の時間に這入って無我夢中で過ごすことになる、それが積もり積もって学校は面白くなくなり、欠席がちになる。毎日出て居っても到底及第が出来ないのに、欠席がちになるからますます先生の言う事が分からなくなる。そこで不良の方向に足を踏み込む、こういうことに劣って居る者はなって行き易いのであります。それから優って居る者はどうかと云うと、普通の子供であったならば一時間で理解すべき事柄を、三十分位で理解してしまう。そこで残りの三十分の時間を如何にして教場で暮すかと云う問題が起こる。発育旺盛なる時代の少年少女であるから、教場に於いてきちんと腰を掛けて、行儀よくして居ることは余程困難で、教場に居ってもそれぞれ活動をする。しかも自分は先生の言うことをすっかり理解して居って、先生は何をくどいことを言うて居るのだろうと考える。

先生の教え方の手緩いことを嘆いて居るような所であるから、その残りの時間と云うものを如何にして教場に於いて過そうかと云う問題が起こるのは当たり前であります。そこで自分の心にもなく隣りの子供の袂（たもと）を引いて見たり、或いは前の子供の頭を突いて見たり、色々な悪戯をする。これはまことに止むを得ない。元気旺盛な時代の少年であるから、じっとして居れと云うことは無理である。そこで脇を見たり後を見たり、人の勉強の妨げをする。それがたまたま先生の眼に止る。そこで先生は「彼はまことに行儀の悪い奴だ、彼が居ると教え難くていかぬ」と云うようなことから、先生のお覚えは芽出度（めでた）くなくなる。先生のお覚えが芽出度くなくなると云うと、子供は学校へ出るのが嫌になる、或いは学校へ出て居っても操行の点にすこぶる悪い点を付けられて面白くない。面白くないから学校へ行かなくなる。その結果は落第と云うことになる。いずれにしても普通一般の生徒と同様に一年級二年級と順序を踏んで行くことの出来ない状況になる。これが普通の者より優れ過ぎて居って、而して不良少年になると云う例であります。

要するに、今日の社会組織と学校の制度と云うものが、不良少年少女と云うものを造り出さなければならぬように出来て居ると私は云いたいのであります。

しかしながらこれはまた止むを得ぬことであって、すべての法律命令にしても、制度にしても大勢の者を標準にして出来て居ます。大勢の者は普通の者である。普通の人々を土台にして各種の制度と云うものが立って居るのであるから普通の人よりも優って居る者は、自己の力を矯めて、普通の人と同じだけの事柄をして落ち付き払って行かなかったならば、不良者になることがある。劣って居る者は自己の全力を挙げて普通の人に追付いて行かなかったならば不良児になる訳であります。

斯様な有様であるから、不良少年少女と云うものは是非とも何とかして救ってやらなければならぬ事になるのであります。殊に普通の者より優って居るが為めに不良少年少女となった者であったならば、これを救うて忠良有為の国民にしないと云うことは国家の一大損害である。これは日本国の将来の為にも是非とも救うて、忠良有為の少年にしなければなりませぬ。また劣って居る者であったならば、日本の損害とまでは行かないにしても、人道の上から見て如何にも気の毒である。出来るだけの方法を尽してこれを救うてやらなければなりませぬ。これが少年審判と云う問題の起こって来る所以であります。

然らば社会の組織の方はまず別問題としても、学校の制度の方は、そう云う訳で、学校から不良少年少女が出ると云うならば、学校の制度を変えて、少なくとも学校からは不良少年少女を出さないようにすれば宜くはないかと云う疑問が起こるかと思います。みすみす今日の学校教育の遣り方では不良少年少女が出来ると云うことが分かって居るにも拘らず、その根本に手を着けずして、不良少年少女が出来上ってから、少年審判と云う方法に依ってこれを救うと云うようなことをしないでも、学校の制度を更えてしまったら宜くはないかと云う疑問が自ら起こりましょう。

その考えはまことに結構な考えであります。しかしながら、そう致すに就いては大変金が掛かるのであります。今日でも日本は小学校中学校の教育の為に各市町村では非常な村税、町税、市税と云うものを負担して居る。もしもこの制度を変えて各人各様なる者に適する教育の施設を行うとしたならば、どの位金が掛かるか分かりませぬ。今日の様に普通の者を基準として、一つの教場で一人の先生の手で同じ方法で教えて居ってすら、教育費と云うものに就いては非常に負担が重くなって居るのに、これを劣等児に就いては劣等児、優等児に就いては優等児、普通児に就いては普通児と云う様にやってたならば、日本は教育費の為に破産してしまうと云うようなことになりはせぬかと考えられます。であるから今日の普通教育の遣り方と云うものは、止むを得ず今日の様に一律になって居りますが、普通人よりも優って居る者、劣って居る者に対する特殊教化の施設と云うものは、これはどうしても考えて行かなければならぬのであります。

そうなると到底一市町村の力では出来ない。国家がやらなければならぬのであります。今日文部省辺りの話を聞くと、劣等児の教育に就いては、文部省でも非常に頭を悩まして居ると云う話であるが、この劣等児に就いての特殊の教育機関が、今日の盲啞に対する教育の機関と同じように出来てその成績が挙がったならば、劣等児なるが故に生ずる所の不良少年の数は幾らか減ずるであろうと思います。しかしこれも非常に金が掛かる事であるから、そう各地に数多く置くと云う訳には行きません。

また優秀な児童に対しては今日いわゆる天才教育とか、適能教育とか云うことを教育者が唱えて居り、その方面の施設をうまく行って、優秀な者には優秀なる者としての教育を授けるような方法を採ったならばこれも好いと考えるが、これまた市町村の負担のみでは到底出来ない、故にこれは国家の施設としてやるより外に途がないのであります。

そう云うことになれば、学校を土台として居る所の不良少年は幾らか減じて来ることと考えますが、要するにこれは非常に金の掛かる問題であって、到底近き将来に実現の出来ない事と考えます。

学校の方面の事は今のように優等児、劣等児と云う者に対して、それぞれ教え方を変えてやればその方面から生ずる不良少年は幾らか減ずることが出来ると考えられますが、一般の世の中から落伍せしめられる者、前に申した様に優れて居るが為に落伍する者、劣って居るが為に落伍する者、こういう者は社会組織が変わらない以上は、永久にこれから生ずる不良少年の種を絶やすことは出来ない。或いは教育の組織を改めるとか、或いは親族団体の組織を改めるとか、あらゆる方面の社会組織、社会施設と云うものの改善を図らなかったならば、その方面から生ずる不良少年の種を絶やすことは出来ないと思うのである。もしもこの学校の制度の改善が出来、一般の世の中の組織の改善が出来た暁には、少年審判と云うものの必要もなし、裁判所と云うものの必要もなし、監獄も不要と云うことになると思いますが、しかしながら神代の昔より今日に至るまで、社会の状態は幾変遷して居ますけれども、畢(ひっ)にこの世の中から悪人の種と云うものは絶えない。その点から考えて見ると、世の中の組織を全部改めて、これから生ずる不良少年少女を全く無くすると云うようなことは一種の空想に過ぎない。ここに監獄の必要もあり、裁判所の必要もあり、少年審判の必要もあるのでありましょう。いずれの世に至っても、或いは裁判所、少年審判所、監獄と云うものの数を減ずることは出来ましょうが、これを全然無くすると云うことは出来ないと云うことは過去の経過から考えて、将来もそうあるべきことと考えられます。

第二講　不良少年と少年保護

不良少年と云う者は少年の中で勝れたる者、劣って居る者、とにかく普通でない者、変わり者である。こういう変わり者はたとい勝れて居りましても劣って居りましても、これは余程注意をしなければならぬものであると云うような考えを前講には申し上げたのであります。自分の子供や兄弟は誠に頭が善く学問も能く出来るからと云っても、それが為に安心をすることも出来ないのであります。また自分の子供とか兄弟が非常に劣って居る、低能だからと云っても必しも悲観するには当たらない。何とか遣り方に依ったならば、また相当のやり方もあるのであります。勝れて居っても劣って居ってもいずれにしても父兄保護者と云うものは安心してはならぬ、また悲観してもならぬ。これは不良少年の卵である。劣って居る者に就きましては多くの人は心を用いまして日夕御注意なさるのは人情でありますが、兎角勝れた方になりますと云うと、注意を怠りがちであります。私どもの子供はなかなか立派だと云うようなことで、どうも注意を怠りがちになる。そう云うことがあってはいけない。いずれにしても普通ならざる者、一種の変人、こういう者は不良少年の卵でありますから能く注意しなければならぬ。

そこで勝れて居る者で不良少年の部類に属する人物を昔の人に求めますれば、例えば豊臣秀吉などがそれであります。秀吉を不良少年と云っては少し失礼の言かも知れませぬが、私の目から見ますと、どうも不良少年の部類に属す人ではなかったかと思うのであります。勿論正確なる歴史的考証を経た話ではありませぬので、稗史小説等に於いて現われて居る豊臣秀吉は確かに優れたる方面に於ける不良少年の立派な標本であると私は考えるのであります。

御承知の事でありましょうが秀吉が日吉丸と云われて居た時代、この時代に秀吉は寺に託けられた。当時は今日と違いまして学問をするには皆お寺でしたのであります。そこで日吉丸もお寺で色々の学問その他の躾をして貰うと云うような時代の習慣に依りましてお寺に託けられたのであります。お寺に於ける彼はどんな風であったかと云うと、随分腕白小僧であったらしいのであります。その中で最も不良少年として現われて居ります所の行為に、こういうことがあったと云うことであります。

或る日のこと。寺で氷砂糖を貰った。この時代でありますから、今日のようにはゆかない。甘い物などはなかなか手に入れる事が困難で、在家などでは甘い物として砂糖を使うようなことは殆んど出来ない。まずそう云う物はその時分に於きましては随分貴い品物でありました。ところでお寺の方丈様が或る日氷砂糖を貰いまして非常に珍重して居たのであります。余程欲の深い方丈様と見えまして、弟子どもには一寸もくれないで、自分独りでその氷砂糖を味わって居りました。

ところが日吉丸は悧巧(りこう)ですから、方丈様が私に弟子どもに隠れて氷砂糖を味わって居ることを承知して居ります。自分も是非その氷砂糖を甜(な)めて見たいと思ったが、しかし甜める機会がなかったのであります。然るに或る時、方丈様が外出する場合に於いて、この器に這入って居る物は非常な毒薬だ、いささかなりとも口にすると生命を取られる、だからこの器の中の物に手を触れてはならぬぞよと云うことを弟子に云い聞かせまして外出をしたのであります。日吉丸は悧巧なものでありますから、方丈様が口にして死なない物は毒ではないのである。必ずやこれは非常においしい物に相違ない。おいしいから弟子どもには食わせたくないのであ云うことを言うに違いないと考え、遂にその器に手を掛けて中の氷砂糖を味わって見た。ところがすこぶる美味い。そこで他の小僧どもにもそれを分けて味わせようとしたが、他の小僧どもは、これは飛んだことをする、これは毒だ、大変だと云って、日吉丸の云うことを聴いても喰べない。日吉丸は独りで盛んにそれを味わって居る。遂には他の小僧どもも喰べて見た。それでとうとうその器。氷砂糖を皆で喰べてしまいました。さあ喰べてしまったのはいいが、後の始末に困ってしまった。他の兄弟弟子はすこぶる困ってしまってどうして宜いか思案に暮れて居りました。然るに日吉丸は毫も困りませぬ。由来智慧は人一倍もあるのでありますから、(或いは百倍も千倍もあるかも知れませぬが)少しも困らぬ。どうするかと思うと、方丈様が常日頃大事にして居りました器を持ち出して、それを庭石に叩き付けて壊してしまった。その内に方丈様が帰って参りましたところが、日吉丸が非常に泣いて居る。如何にも困ったようにさめざめと泣いて居ります。そこで方丈様が何故泣くのかと尋ねましたところが、いや実は方丈様が大事にして居る器を壊してしまったので、どうしていいか分からぬから、これはイッソ死んでお詫びをするより途がないと考えまして、毒薬であると教えられて居りました物を皆喰べてしまいましたが、まだ死ねませぬと、こう申して、その氷砂糖をまんまとせしめてしまったという話であります。

この氷砂糖を取ったと云うことは、或いは泥棒にも相為りましょう。また方丈様の大事にして居る器を壊したことは器物毀棄にもなりましょう。いずれも刑法はこれを犯罪なりとして処罰して居る行為であります。この点から申しますと、この日吉丸、将来の豊臣秀吉は立派な不良少年であったと私は思うのであります。

しかしこの不良少年も自分の身を立てる途を誤らずに、また周囲の者もこれを立身出世させる処の方面に置きましたものでありますから、遂に一国一城の主より天下の主となって鶏林八道を風靡するが如き英雄豪傑と相成ったのであります。その外英雄豪傑とも称せられて居りまする人の幼き時の事を詳細に取調べて見まするると、必ずやこの太閤秀吉に似通った所がありはしないかと考えられるのであります。秀吉はすなわち勝れて居る不良少年の一例として申し上げることが出来ると思うのであります。

それからもう一つ今度は劣って居る方の例と致しましては、これは極めて最近の知識なのでありますが、書物で読んだのでなく、耳学問であります。先日京阪地方に旅行を致しまして、東福寺という寺に参った時の話であります。御承知の通り東福寺と云うお寺は随分大きなお寺で、そこには兆殿司の書きました処の絵画がありました。その絵画に就いて私を案内をして下さった方が話した事でありますが、この兆殿司と云う御方は御承知の通り有名な画家であります。今日では兆殿司の書きました絵と云うものは、なかなか容易く手に入れることの出来ない程の有名な絵を書きました御方であります。この兆殿司が少年の際はどうであったかと云う話を承ったのでありますが、この兆殿司は東福寺に弟子入りをしたのだそうでありまず。仏学研究の為に東福寺の大道和尚の教えを請うが為にこれに弟子入りをしたのだそうであります。ところがどうしても仏学を研究するだけの力のない鈍物でありましたが為に、他の弟子どもと共に道場に出まして仏学の研究をさせることが出来ない。止むなく勝手元の料理番に下げてしまったのだそうであります。外の弟子どもは道場に出ましてそれぞれ仏の学問を研究して居る。兆殿司は勝手元に下げられまして料理番になりましても、役目が不向きなので他の弟子どもの評判は非常に悪い。大道和尚もほとほと困ったのだそうであります。明日は出そうか、明日は破門しようか、明後日は出してしまおうかと云う破目にまで至ったのだそうであります。お寺へ置いた処で到底物にはならぬ、僧侶にすることは出来ない、故にお寺に置いて穀潰しをさせるよりも、もう出してしまうより外仕方がないと考えるに至った程、極めてその鈍物性を発揮したのだそうであります。然るに或る時、大道和尚が恰度勝手を通りました時に、兆殿司が竈（かまど）の前に蹲って焚火をしつつ灰を掻きならしまして、灰に不動尊の像を書いて居たのだそうであります。それを大道和尚が見ました時には恰度その竈の下の焔が熾に燃え上って居りまして、その前に不動の像が画かれて居って、この不動の像が竈の焔を背負って、全く活き不動のように見えたのだそうであります。そこで大道和尚の思うのに、兆殿司にはお経などを読ませようとしたからいけないのだ、これは少し絵の方に一生懸命にならせようと云うような考えから、兆殿司に絵師になる様に手引をして、そうして絵を画かせることにしたのだそうであります。爾来ますます腕が上がりまして、遂に絵の方面より仏道に悟入し、そうして有名な兆殿司として今日も人にもて囃されて居るような立派な人となったのだそうであります。

　これは劣って居るが為に人に忌み嫌われ、仕方のない者であると言わるる者がこういう立派な人になったと云う一例として数うることが出来ると思います。ですから劣って居るからと云って必ずしも悲観するには当たらぬと言う一つの例と考えることが出来ます。また勝れて居ったが為に不良少年となったとしましても、これも悲観するには当たらぬ。唯しかし導き方が適当でないと、劣って居る者をば一生劣敗者たらしめ、勝れて居る者をば一生不良兇悪者たらしめ、獄舎の厄介にまでならなければならぬようにしてしまうのであります。勝れて居る不良少年を英雄豪傑となし、また劣って居ります鈍物を立派な者にするのも、この導き方一つにあるのであります。

　今日我が国に於きましても教育が非常に発達を致しまして、如何なる山間僻地の子弟も総て学校へ這入れるようになって居ります。都会の子弟は勿論のこと、総て学校へ行くようになって居ります。沢山のお金を使って学校へやるのを一つの見得にして居るような風潮なども見受けます。それも誠に結構なことであります。

　しかし、更に立ち入りまして事情を能く調査して見ますと云うと、隣の家でも学問させるから自分の家でも学問をさせなければならぬ、彼処の家で子供に学問をさせて居るなら、勿論生活程度の等しい自分の家でも子供に学問をさせなければならぬ、自分は学者であるから学者にしなければならぬ、自分は画家であるから画家にしなければならぬ、と云った風に、子供に学問を仕込むにしましても、何の芸を仕込むに致しましても、総て客観的に考える、子供の性質に適当な方面をチャンと考えて、この子供は学問に適して居るから学問をさせる、医者に適して居るから医者にする、また絵師に適して居るから絵師にすると云うことで学問を授け、芸を習わせると云うことがどうも少ないと云うことを私は聞いて居るのであります。

子供が普通の者でありましたならば何事にもあれ、通常の人のやるだけのことはやりますから、親や兄弟に勧められました場合には何事に手を着けても大抵普通にはやります。子供が普通でなく、勝れて居りますとか或いは劣って居りますとか云うような場合に置きまして、その子供と云うものを考えずに自分の職業の為に子供に適せざる所の学問技芸と云うものを強うるようなことがありはしないかと窃に考えるのであります。

聞く所に依りますと、随分強いて遣らせて居る者があるように思うのであります。現に私どもの友人などにもそう云う人があります。一人息子であるから是非学問をさせなければならぬ、親が法律をやるから子供にも是非法律をさせなければ家の後は継げない、と云うようなことを言って居る人も私は二、三承知して居ります。これは無理な註文であります。どうしても子供本位に致しまして、子供が学問に適したならば学問をさせるのが宜しい。体力からまた能力から見て学問に適したならばやらせるが宜しい。また子供が芸術に趣味を有って居ります者であったならば芸術をやらせるが宜しい。子供が百姓の仕事なら出来ますけれども、また筋肉労働なら出来ますけれども、到底学問は出来ない、技芸を覚える訳にはいかぬと云う者に強いて学問をさせる、芸術を習わせるのはその可なる所以を見ないのであります。その末路は必ずや悲惨な所に陥るものと考えられるのであります。

たとい辛ろうじて学問をやり学校を卒業したところで、学校では飯を食わせないからどうしても自分の腕で飯を食うことになる。親のある間は宜しうございますが、親の亡き後に於いて未熟なる腕を以て、世渡りをしなければならない様なことになるのであります。親のある中は親の脛を噛って生活をして居ればよろしいでしょうが、親が一旦亡くなると自分の腕で食わなければならぬ。その末路や極めて悲惨なものであろうと考える。たといしや自活が出来たところで自分の個性に適せざる仕事をするのでありますから、一生面白くない。嫌嫌ながら仕事に従事しなければならぬ。こういう事になると云うことは誠に面白くないと思うのであります。

またこういう所から人の一生の進路を誤らしむる事になるのではないかと考えるのであります。この点は親たるべき者、兄弟たるべきまた保護者たるべき者の充分に考えなければならぬ所と思われるのでありまして、しかも実際に於いてはなかなか当然には参らぬのであります。私の友達の中にさえもそう云う人々がありまして、随分困って居るような実状を見たり聞たり致しますほどで、なかなか当然の事柄であって当然には参らない。故に努めて子供を能く見て、そうして子供に適した所の仕事をさせなければなりませぬ。先程も申しました彼の日吉丸に致しましても兆殿司に致しましても、日吉丸の天性、兆殿司の天性と云うものは、それに応じた仕事を致しましたから、一は政治家、武人として名を天下に成し、一は仏画師として名を天下に成し美名を後世に残すように相成ったのであります。

話がいささか他に外れましたが、とにかく前講に申しましたるように少年審判の精神とする所は、不良少年と云う者を忠良にして有為な国民に為すと云う点に在るのであって、この不良少年を忠良なる国民となすと云うことの為には、申すまでもなく不良少年の中から不良と云う部分を取り除くことが必要になるのであります。不良――すなわち人並には生活をして行く事が出来ないばかりでなく、害を人に及ぼすが如き不良な者――を忠良にして立派な国民と為すに就きましては、不良を取り除いてしまわなければならぬ。そうして有為な国民と成す。これに就きましては今申しました日吉丸や兆殿司の例に依りましても、その特長を発見致しまして、出来るだけ助長することを要する。何が得手であるかと云うことを研究致しまして、その得手の途を進めて、而して有為な者と成す。これが少年審判の精神で、これが少年審判の精神を発揮せしむる所の方法であると考えるのであります。忠良ならしむるには不良原因を除き、有為ならしむるにはその特長を発揮せしむる事が最も大切な仕事なのであります。

私は保護課長として司法保護事業の全部の事を行なって居りまするが、私は司法保護事業を分けて二つとして居ります。不良青年の保護の方面は忠良なる国民と為すことを以て理想として居るのであります。不良少年に就きましては忠良なる国民と為すことの消極的方面よりも、寧ろ有為なる国民と為すと云うような積極的方面の事柄を理想として居るのであります。蓋し青年になりますと云うと、善かれ悪しかれ大きくか小さくか、とにかく、固まってしまって居ります。固まってしまって居る不良者でありまするから、私は多くを望んで居らぬのであります。忠良なる臣民となって、他人に迷惑を掛けない程度にしてやればいいと云うことで、実はあまり多くを望まず甘んじて居ります。さりながら少年に就きましてはそれで甘んじて居る訳には参らぬのであります。忠良なる国民と為すことは勿論でありますが、それ以上に有為な国民となさなければならぬ。殊に先程も申しました通り日吉丸の如き勝れたる者が不良少年の中にはある。また兆殿司の如き低能児と云わるるような者でも養いように依っては立派な絵師にもなる。そう云う次第でありますから天才児でも低能児でも、とにかく忠良なる国民となすばかりでなく、進んで有為な国民と為すと云うことを私は理想にして居るのであります。そこが青年の保護事業と少年の保護事業との違って居るところで、またその保護事業の経営の上に於いて少年保護事業の方が余程むずかしいと云う事に相成るのであります。

然るに我が国に於いてはこの少年の保護事業の方面はごく最近大正十二年から始めて居るのであります。しかもその場所が東京府・神奈川県・京都府・大阪府・兵庫県の三府二県に限られて居りますので、徹底的に私の理想通りに全国的に行うと云う域にまではまだ達して居らぬのであります。青年の保護事業は全国に行われて居りまして、全国に七百有余の保護会があります。その保護会でそれぞれ青年の不良者を保護して居るのであります。このいずれの方面に致しましてもまだ充分徹底した事業を行うことになって居りませぬ事をすこぶる遺憾に存じて居ります。少年の保護には、少年審判官あり、少年保護司あり、保護団体あり、矯正院あり、各種の機関が揃って居りますから仕事としては徹底的に出来ますけれども、場所が三府二県下に限局されて居ると云う遺憾があるのであります。

それから青年の方面でありますと云うと全国的に行われては居りますけれども、これもまた各種の機関が備って居らぬのであります。その方面に於いてこの事業を徹底的に行うことが出来ないと云う遺憾があります。故に将来に於いては少年の保護事業に就いては是非とも全国的にこれを行う様にし、青年の保護事業に就いては、事業の方面に於きましても各種の機関も完備せしむる事を期さなければならぬと考えるのであります。殊に少年の方に就いてのみ考えまするとと云うと、三府二県下の不良少年は救われて居り、保護を加えられて居る。この三府二県下以外の不良少年と云うものは救われて居らない。国家は保護事業を行うに就きまして、或る地方には保護を加えて、或る地方には保護を加えない、すなわち偏頗（へんぽ）な保護の方法を取って居る。国家の事業と致しましてもこの点は面白くないと考えるのであります。故に是非とも速に少年の保護事業と云うものを日本各地に起こしまして、日本全国の津々浦々に於いて救われざる不良少年少女はないと云うことにならなければならぬと考えて居ります。

今日の社会組織と云うものは、極めて不良少年を発生せしむる為には適当に出来て居りまするので、この状況をこのままにして置きまするとと云うと、ますます不良少年が殖えて来る。是非ともこの少年の保護事業と云うものを全国至る所に行うように致しまして、そうして不良少年を保護して温良ならしめ、且つ有為なる少年を作ると云うことに心掛けて行かなければならぬと考えて居るのであります。この不良原因を除き且つ有為なる少年と為す、その方法如何、少年審判の精神を発揮せしむる方法如何、これが最も重大なる問題でありまして、この方法が旨く行かなかったならば、少年審判の如き、少年保護の事業の如き、唯々名のみに終わるようなことになります。またその精神発揮の方法如何と云う、これを旨くやらなかったならば、この保護と云うことは何にもならぬのであります。徒らに金を使うのに過ぎないと云うことに相成ると考えまするのであります。然らばどう云う風にして少年審判の精神を発揮せしむるかと云うことをお話し申し上げようと思います。

第三講　少年保護の方法

これまでは不良少年と云うものは変わり者であって、変わり者と云うものは不良少年の卵と見ても宜しい、しかしながら変わり者でも遣りように依りましては相当な者にすることが出来ると云う意味合いでお話を申し上げたのであります。では、これからどう云う遣りようにしたならば宜しいかと云うことを申し上げてみたいと思います。

一番初めに申しましたように、少年保護の精神と云うものは不良少年を温良なる、しかも有為なる国民と為すことでありまます。温良にして有為なる国民と為すには、然らばどうしたならば宜しいか、これを申し上げるのが眼目となるのでありまます。簡単に申し上げると、温良なる国民と為すに就いてはその不良少年をして不良行為を為さしめざる方法を講じ、有為なる国民と為すに就いては、これが大切なる問題でありまして色々の方法もありましょうが、私が最も有効なる方法と考えて居ります点は既に大正十二年以来少年審判所に関係して居る人にやらして居りますが、その方法はまず不良少年の本来のよい特徴を助長せしむるのである。特徴を助長せしむる事によって、有為なる国民と為すの方法を講じなければならぬ。そう云うことを私が考えて現に実行せしめて居るのであります。至って簡単でありますけれども、これを行うことはなかなか難しいことになりますので、ただこの方法が何故に宜しいかと云うことの御了解を得るに止めて、お話し申し上げようと思います。

およそ身体の病気を治そうと致しますときには、単に対症療法を施す、熱があれば熱を下げる薬を呑ます、腹が痛くなったら痛い所を治すような方法を講ずると云うだけではいけないのでありまして、何故に熱が出たか、何故に腹が痛いのであるかと云う病の源に遡りまして、そうして病の源を絶やすと云うことを考えなければならぬ。熱の出た原因にも色々あります。腹の痛い原因にも幾種もあります。唯熱が高いから解熱剤をくれる、腹が痛むからモルヒネ剤で鎮めると云うだけでは病気は治らないのであります。どうしても源を絶やしてその源を直さなかったならば根本的に治療せられたとは云えないのであります。これは私が申すまでもなく普通の事柄であります。難しいことでも何でもないのであります。それ故にこれと同じく不良少年から不良と云うことを除くには、不良少年をして将来不良行為を為さしめざるようにするには、どうしても不良少年たるの原因を究めなければならぬのであります。原因を極めまして斯くの如き原因があるから斯くの如き不良行為をするのであると云うその原因を篤と考えなければならぬのであります。

しかしながら原因の極め方にも種々あります。徹底的に原因を極める方法もありますし、或いは相当の程度に原因を極めて置くと云う方法もあります。古来徹底的に人性の善悪を極めた人には例えば支那に於ける筍子、イタリーに於ける「チェザーレ・」ロンブローゾ等があります。この人々は人間の性は善なりや悪なりやの問題に就いて人間の性は悪であると断定して居るのであります。人間の性は悪である。しかしながらこれに教育を施したならばこれを善に導くことが出来ると主張して居るのであります。

また皆様御承知の支那の孟子の如き、また西洋の「ヴァレンティン・」マグナン博士などは人間の性は善である。習慣に依って悪が付くのである。習い性となって、その習いに依って悪くなるのである。恰度孟子とマグナン博士は、荀子とロンブローゾの反対の主張をして居るのであります。

しかしこのいずれの主張をして居る人も「習い善となり、習い悪となる」と云って教化と云うことを認めて居るのでありますゝ性が悪でありましても教化に依ってこれを善に導くことが出来る。性は善なりといえども教化に依りこれを悪に導くことが出来るのであるとこう申して居るのであります。

なお宗教家の方面をば考えて見ますと、私の見るところではキリスト教に於いては人間の性悪を土台にして教えを説いて居るようであります。細かに申し上げると長くなりますが、簡単に申し上げますと、アダムとイヴと云う者がエデンの園に於いて果物を採って食った、その罪によって苦しみを受けなければならないようにこの世界に落とされた。しかして吾々人類をその子孫であるとするから、キリスト教を説くに於いては性の悪を根本に置かなければ説けなくなるのではないかと思います。勿論私は宗教家でも何んでもない。唯法律の一学究者に過ぎないのでありますが、キリスト教を考えて見ると性悪を説いて居るかのごとくに見えるのであります。

それはとにかくとして昔から人間の性は悪である、善である、と云うことから種々の説を為し、或いは種々の教化の方法を講じて居ると云うことは見られます。此処まで踏み込んで取調べることはこれは徹底的に原因を探究することになります。しかしながら私どものやって居ります仕事に於いては、そこまでは調べないでもよいのであります。調べても実効はない、そこまで研究して性は善であるから斯くの如き方法を講ずる、性は悪であるから斯くの如き方法を講ずると云う点まで深く研究しなくても、相当程度に原因を探究してこれに対する方法を講じて以て不良行為を為さしめざる所に効果がある。斯様に信じて居るのであります。

故に此処に於きましては性善なりや性悪なりやと云う難しい問題は脇へ除けて置きまして、極めて通俗的なる相当程度に於ける原因に就いてお話を進めてよろしかろうと私は考えます。難しい点まで研究しなくても吾々の仕事の目的は達することが出来ると私は信じて居るのであります。相当程度に不良の原因、すなわち既に不良となりました者に就いての原因、或いは「不良少年」と名付けられて居ります者に就いて何故に少年が不良行為を為すかと云う原因、それを研究すれば足りるのであります。源に遡って性善なりや否やまで突き止めないでも宜しい。不良行為を為すに至ったその原因だけを調べれば宜しい。そうしてその原因を或いは無くし或いは抑え付ける方法を講ずれば宜しい。その程度で充分に温良なる国民と為し有為なる国民と為すことが出来る。手っ取り早く言えば実際的の方面を吾々は考えて居るのであります。深く精神科学の問題に立入って研究をせず、極めて実際的の問題を考えてその対策を講ずれば事足れりと考えて居るのであります。

この変わり者の中で不良行為を為し、不良少年と目せられる者の何故に然るかと云う点に就いて取調べて見ますと、まず各個人の性格にも依り、また各個人が身を処して居る環境にも依ります。この二つの点を考えることが出来るのであります。この二つの点に就いては「刑事政策」に於いて説明があることと考えますから、私は簡単に申し上げて置きたいと思います。

個人の性格も遺伝に依り先祖より受け継ぎまして不良行為を為すような者もあります。或いは遺伝関係に於いては不良少年たるの素質はなかったが、生まれて後に不良行為を為すに至ったと云う者もあります。学者に言わせますと前者は先天的不良少年、後者は後天的の不良少年とこう名付けて居ります。後天的の不良少年に就いては、これに適当な教化の方法を講じましたならば後天的に染まりましたその濁りを取り除くことが出来る。しかしながら先天的不良少年は到底その濁りを取り除くことは出来ない。斯様に申すのが普通一般の説き方であります。先天的の者は何とも仕方がない。後天的の者は導くに道を以てしたらば不良少年たることを止めることが出来ると述べて居るのが普通であります。その説き方から申すと、或いはその実行方法から申すと、先天的不良少年と云うものは恵まれざる者になってしまうのであります。恵まれる者は後天的の不良少年に止まると云うことになってしまうのであります。

さりながら私は左様に簡単にこの問題を片付けたくないのでありまして、先天的の不良少年にしてもこれを導くに適当の方法を以てしたならば、有為なる国民と為すことは出来なくても、少なくとも忠良なる国民として一生を終わらせることが出来ると云う風に考えて居るのであります。また左様に考えて実行して居りますし、大正十二年一月一日以来私は直接これに従事して居りますが、未だ立派なる統計を以てここに申し上げるまでに参りませぬ。しかしながら私はその信念を以て進んで居るのであります。

その間の一つの方法と致しましては茨城県の筑波山の麓に筑波学園と云うものを開くことに致しまして、その筑波学園で先天的および後天的の不良少年を収容してこれに指導を試みて居るのであります。齋藤と云う者がそこの指導者になって指導して居るのであります。今日に於いては指導宜しきを得て居ります為めか、段々不良行為を為す方面のことが少なくなって次第次第に善良なる国民となりつつある過程を踏んで居るのであります。この事業が完成致しましたならば、私の信念が実際に於いて証拠立てられたと申すことが出来るのであります。が、まだ今日はそこまで行なって居りませぬ。

それから次に環境の方であります。不良原因として著しく影響を及ぼす環境の一つは家庭の教育であります。この家庭の教育に就いてはまた別に詳細のお話がある事と考えますから詳しくは申し上げませぬが、不良原因の環境の中の最も大切なる一つとして数うべきものはこの家庭教育であり、次には学校の教育であります。学校の教育と云うものも方法の如何によっては不良少年を作ることになります。これも或いは別に申し上げる機会があると考えますから私は深く申し上げませぬが、ただ学校に籍を置いて居る者で不良少年として少年審判の手にかかります者は相当にあると云うこの一事に依りまして、学校の教育の遣りように依っては少年に不良原因を与えるものであると云うことの証明になることと考えられます。

次には友人関係であります。これも不良原因を少年に与うる有力なる事項であることを御承知置き願いたいのであります。次には一般社会の情勢、或いは活動写真であるとか、ラジオであるとか、または畜音器であるとか、演劇であるとか、本屋の店であるとか、社会の各般の情勢、これも少年を不良に導く有力なる原因の一つになって居るのであります。善良なる少年でありましても、これらの環境の支配を受けまして不良少年になる例は乏しくないのであります。これに於いて斯様な事が考えられるのであります。既に不良行為を為すに至りました少年を忠良なる国民と為すには、或いは個性の方面より或いは環境の方面より最も適当なる改善の方法を講じなければならぬと云うことが考えられるのであります。然らばその改善の方法如何。如何ようにして個性ならびに環境の不良を改善するかと云う問題に立ち到るのであります。何人でも必ずその人には一種の特徴がある。或る種の特徴を持って居る者であります。また劣れる者、いわゆる低能児にも或る種の特徴は必ずある。そこでその特徴と云うものを能く調べて見なければならぬ。これが大事な点であります。この少年は如何なる特徴を持って居るか、この少年の特徴は何であるか、と云うことを能く取調べてその特徴を明らかにしなければならぬ。

次にはその特徴が明らかにせられましたならば、その特徴の中で社会の為めになる特徴は何であるか、社会に害になる特徴は何であるか、これを明らかにする必要があります。私は社会の為めになる特徴を簡単に「社会善」の特徴と申して居ります。社会に有害なる特徴を「社会悪」の特徴と申して居ります。すなわち少年の特徴を研究し、その中で社会善の特徴と社会悪の特徴とを明らかにする必要がある。それが明らかにせられたならば次にどうするか、これからが大事な問題であります。社会悪の特徴が明らかになりましたならば、その社会悪の特徴を抑え付けてしまうか、或いはそのまま打ち捨てて置くか、これが重大なる問題であります。社会悪の特徴を抑え付ける一つの教化の方法もあります。この社会悪の特徴を抑え付ける教化の方法と云うものは今日まで一般に行われました改善の方法だと申し上げる事が出来ると考えます。

然らばこの社会悪の方面を抑え付ける教化の方法はどう云うのであるかと云うと、簡単に私は「感化教育」と申して居ります。感化に依って社会悪を抑え付ける事で一口に感化教育と申しますが、これをまた細かに分けて考えて見る時にはつぎの様になると思います。感化教育の本質は人格と人格との対立である。一つの人格が他の人格に対立する教化の方法である。劣等なる人格と優等なる人格とが対立を致しまして、優等なる人格が劣等なる人格を征服する、これが感化教育の本質であると考えます。優等なる人格が劣等なる人格を征服致しました状態を感化成れりと言うのであります。

感化教育とは優劣のある人格の対立で、而して劣者が優者に征服せられた形、今日までの教化方法の全部はまずこの征服教育でありました。しかしながらこの征服教育はまことに難しい教育であります。能く、昔から三つ子の魂百までもと申しますが、三歳の時に得ました精神と云うものは百歳まで続くものである。この継続性の強き魂を征服すると云うのでありますから、まことに難しい教化の方法であります。理想と致しましてはまことに結構なる教化の方法で、不良少年を感化するに就いてはこの感化に依るのが適当であると考えますが、まことに難しい。百まで継続する力のあるものを征服するのでありますから何程優等な人格者がこれに接しましたところで二年や三年や五年では到底感化の目的は達せられぬ。劣等なる人格を征服し尽す事は出来ない。通常の者が一人前の兵隊になるのでも軍事教育を受けて軍人の魂と云うものを受け入るるまでには我が日本では三年の時日を要して居る。三年経ちまして漸く我が日本帝国の軍人たる事になる。然るに不良少年を征服してこれを温良なる少年たらしめると云う征服の方法を講ずるのであるから、到底三年や五年では目的を達しない。或いは優等なる人格者が日々自己の膝下に置いて、そうして坐臥進退、食事時に至るまで劣等なる人格の征服を試みましても、なお且つ十年や二十年はかかることと考えられます。左様に永き年月を要さなければ効果のない方法でありますから、理想としては立派なものでありますけれども、実用向きではない。

吾々の従事して居る事業は左様に悠長に永い間のことを考えて居ることは出来ない。一日も早く不良少年を温良なる国民と為し、平和なる吾々の社会を擾乱(じょうらん)せしめざる程度のものにしなければならぬ。現在はそれが急務である。殊に今日のように続々として不良少年の出て参ります時代に於いては最も痛切にその急務なることを感じて居るのである。この時に際しまして十年二十年を要する征服の方法を講じて居ると云うことは、あまり手緩る過ぎると考えます。故にこの方法は理想としては立派でありますけれども、吾々はこれのみに依って気長に考えて居ることは出来ません。他の方法を案出しなければならぬ事情に直面して居るのであります。

またこの征服教育の第一の障碍とも申すべきものは優等なる人格者を得ることが出来るかどうか、優等なる人格者がこの世の中にザラにあるかどうか、征服教育は優等なる人格者と劣等なる人格者の対立を本質として居るのでありますから、優等なる人格者がなかったならばこの征服教育は行われないのであります。私はなかなかその人を得るのに困難であろうと考えます。何となれば宗教家は私の目から見まして最も優等なる人格者であると考えます。しかしながらその宗教家が人を教化するに当たります時、自己の優等なる人格を以てせず、仏教に於いては仏を振りかざして、すなわち到底自己の人格では力が足りぬものと考えている為めか、神仏と云う偉大なるものを振りかざし、耶蘇教に於いてはキリストを振りかざして以て人を教化する方法を講じて居る。斯くの如き所より見ましても優等なる人格者と云うものはなかなか得難い。宗教家ですら左様な次第でありますから、一般俗界に於きましてはなおさらのことであります。なかなか見当たるものでない。ここに征服教育と云うものはこれを行うに就きまして第二の障碍にぶつかる。

さらにまたこの征服教育は優等なる人格が劣等なる人格を征服すると云う所に特長があるのでありますから、征服せられたる者は征服したる者以上には出ないと云うことを特徴としなければならぬ。仮に偉大なる人格者を求めることが出来ましても征服せられたる者はその者以上には出ない。昔の武術者の言葉にも「弟子は師匠に劣ること何段」と云うようなことがある。もしも劣等なる人格者と見られたる所の者が、優等なる人格者以上の人格者になりましたならば、それは征服教育ではない。征服された者はどちらかと言うと、優等なる人格と見られて居った所の者が征服されてしまったのであります。故に征服教育と云うものは優等なる人格者以下の人格者を造るに適して居るのであります。左様にしてこの征服教育と云うものは不良少年に対して不良行為を為さしめないと云う事に就いては理想とするに足るものでありますけれども、この理想に依るにはただ今申述べましたような障碍もあります。従って吾々のやって居る仕事は単にこれのみには依って居らぬのであります。すなわち社会悪の方面を圧服する。これを抑え付けてしまうと云うようなことのみやって居るのではないのであります。なお他に道を求めましてその道に依って不良少年を忠良なる臣民と為し、且つ有為なる国民と為す方法を講じて居るのであります。その点に就きまして申し上げることに致します。

第四講　少年審判の精神

前回申しましたことは、不良原因をその根本に遡って取調べないで、簡単に現れましたる現象に基づいて取調べ、そうして少年の個性の方面なり、生活の方面なりがどうであるか、周囲の事情がどうであるかと云うことを明らかにし、悪の原因をそれに依って取調べまして、それからこれに対して適当なる対策を講ずる、その対策の講じ方に就きましてまず個性の方面からお話を申し上げることにしたいと思って話を進め、個性の方面で能く調べて見ますと云うと、社会の為になる方面の個性と、社会の為にならない方面の個性とがある。この社会の為になる方の個性を私は社会善と云い、また社会の為にならない方面の個性を社会悪と云う。そこで前回はこの二つの方面の個性を如何様に取扱うかと云うことに就いてお話を初めたことと記憶して居ます。

これまで多くの感化事業と云うものは社会悪の方面のみを気にして、その方面の消滅、撲滅、減退を期する方法、すなわち社会悪のみを気に掛けてこれを匡正（きょうせい）する方法を講じて居った。しかしながらこの社会悪の方面を気に掛けてその方面の減弱、すなわち減少し或いは微弱ならしめる事や、或いは撲滅、消滅、こういうことを期することは非常に難しいことである。また悪の消滅等を期するのでありますから、この消滅の局に当たるべき所の者が余程立派なものでなければならぬ。普通の者ではとてもいけない。仮に乃木大将の様な、或いはまた二宮尊徳の様な立派な人が居られたところで、三つ子の魂百までもであるから、三年や五年では到底目的を達し得ない。非常に年限を要するのであります。そう云う欠点もあると云うことをお話し申し上げた様に記憶して居ります。

なお、この社会悪の方面を気に掛けてそうして教化を施そうと云う点、これを私は征服教育と名前を付けて、前講にも申した通り、社会悪の方面を気に掛けて、これをなくしようと云う様な教化の方法を講じ、その結果が現れたとしたところでどうであるかと申しますると、これはやはりこの教化の方法は人格の対立で、甲なる立派なる人格が乙なる劣等な人格を征服するのでありますから、征服されたる人格と云うものは、征服した人格以上には出ない。その征服したる所の人格の型の様な人が出来る。征服したる人格者が乃木大将の様な型のものでありますれば乃木大将の様な型の人が出来る。また二宮尊徳翁なり或いは金原明善翁の様な人が征服いたしましたならば、やはり二宮尊徳翁、或いは金原明善翁の様な型の人が出来る。その型以外には出ない、また以上にも出ない、と云う様なことを申し上げたのであります。どうしてもこの征服教育の方で参りますると云うと、そう云う次第でありますから少年がいじけます。少年が小さくなる。有って生まれたる本然の、自然の浩大なる性格と云うものを発達せしむることが出来ない。持って生まれたる所の性格の或る方面を無くするのでありますから、どうしても型が小さくなり、いじけます。斯様にして参りますから、或いは耳触りになるかも存じませんが、今日私のいわゆる感化教育と云うものを受けて居る少年は、誠に見るからいじけて居ります。伸び伸びして居りません。潑溂たる所の英気が見られません。これは理屈の上からも考えられるし、実際の上からもそうなって居ると、私は信ずる次第であります。

勿論この征服教育も必要な教育には相違ありません。今日まで永く我が日本でこの教育を施して参って居るのでありますから、斯様な教育を施したる結果として、今日の様なこういう我が国の文化が進んで参ったところを見ますると、決して悪い教育ではない。やはりこれも教化の一つの方法としてはまた相当に採用して然るべき教育であると思う。しかしながらこの不良少年に対しましてこの教育を施すのは、これはなかなか困難である。平凡な普通の少年に施してやるならば或いは効果がうまく挙がるかも知れませんが、変わり者平凡ならざる少年に対してならば非常に骨が折れる。全然相反した行動を以て征服するのであります。不良少年は不良行為をなさんと欲する。征服する方の者は不良行為をなさしめざらんと欲する。

双方の性格の現れと云うものは正面衝突をして居りますから、なかなか骨が折れる。それで骨の折れただけの効果と云うものが挙がらない。斯様に社会悪に就いてのみ気に掛けて、そうして何とか教化をしようと云う様な方法は非常に困難な事業となり、或いは効果が挙がりにくい。或いは効果が挙がりましても、出来上がりましたものは征服者以上には出ない。

そこで私は他の方面、すなわち社会善の方面を考えまして、この善の方面を気に掛けてそうして教化をして行くことにしたならば宜しくはあるまいかと考えて居るのであります。少年法と云うものは法律と致しましては極めて簡単なもので、法律の条項は直ちに読み切れる程簡単なのであります。しかしながら千変万化、千態万状の少年を相手にして然るべくこれを処置しなければならぬと云う難しい法律でありますから、これを運用するに就きましては少年の変わるに従って種々に変えて運用しなければならぬと云う難しい法律なのであります。初めてこの法律を施行しなければならぬと云うことになりました時には、果たして如何様に考えてこれを施行したら宜いかと云う難しき問題に幾度か打つかったのであります。この簡単なる法律、しかも内容の極めて複雑なる法律を行うに就いて如何様にしたならば宜しいかと云う事に就いて種々考えた結果、今までお話しました様な、斯様な事柄も思い浮かんで参ったのであります。社会悪の方面を主として考えて処置をすると云うことは、どうも手っ取り早く初期の結果を現わすことは出来ない。事に依ると性を矯むることがある。性を矯むるその結果として人を精神的に殺してしまうと云う欠陥を生じやせぬかと云うことをも恐れた。そこで新しい試みでありますけれども、寧ろこの社会善の方面をも考えて、そうしてこれを以て少年法の目的を達することにしたいと云うのが私の少年法を行う際に於ける考えの一つであったのであります。

然らば社会善の方面をどう云う風に気に掛けるかと云うと、それは極めて簡単である。すなわち社会善の方面を助長するのである。少年の特徴の中で社会に有益なる方面を助長するのである。それを培うのである。而して社会悪の方面はどうかと云うと構わずに打ち捨てて置くのであります。主義を申し上げると云うと誠に簡単でありますが、そのやり方は千変万化であります。能く個性を研究し、そして社会善の方面を発見して、その方面を出来るだけ助長する。悪の方面に就いては毫も口に出さず、手をも触れない様にする、こういうのであります。

少年審判所に於きまして少年に対して審判をする際には、如何様な保護処分を加えて宜かろうかと云う結論を出す為めにそれぞれ社会悪の方面を追究いたしまして、こと細かに調査致します。何時何処でどういうような泥棒をしたか、その泥棒の遣り方は万引であるか、掻っ払いであるか、掏摸であるか、忍び込みであるかと云う風に悪の方面に就いて事細かなる調査を必要とするのであります。而してその結果としてそれぞれ適切なる保護処分を加えるのであります。そして一度審判が終わり保護処分が加えられましたる暁に於きましては、更に過去に於ける悪事と云うものに就いては口にも出さず、悪の方面に就いてはいささかも触るることをしない。すなわちキリストや釈迦の言葉のように、一度懺悔した後に於いては一切悪事をなした事のなき者と見なして、過去に於いてどう云う悪事をしたかと云う点に就いてはいささかも触れず、口にも出さない事にするのであります。従って少年を取扱う所の人、すなわち審判所の職員でありますとか、或いは審判官でありますとか、保護司、保護会の職員、或いは矯正院の職員なぞと云うものも一度審判を終わりましてそれぞれ保護処分を受けましたる少年を見る場合に於いてはこれを悪人として見ない、不良少年としては見ない、全く善良の少年と見てその取扱い方法を考える。そうしてその者の有して居る特徴中で社会善の方面をどしどし出来るだけ助長してやる。こういうのが我々のやり方の手本となって居るのであります。ツマリ言い換えれば、一度悪事を仕出かした、或いは周囲の事情に依りその場合悪事をなさなければならない様な事になって悪事をなしたけれども、その悪事は何時までも附きまとうて居ると云う様な見方は採らないのであります。

故に少年保護司に対しまする所の少年保護司執務心得と云うものの中には、少年保護司の心掛くべき箇条が事細かに書いてありますが、それに依りますと、『少年保護司ナルモノハ少年ノ師匠トナリ友達トナレ』とこういうことが書いてあります。師匠となり友達となるのでありますから、師匠として教うべき場合には教うる、友達として指導しなければならぬ場合には友達となって指導する、斯様に記してあるのであります。少年保護司なる者が少年の観察をするに当たりましては、全く自分の友達、自分の弟子と云う様な形に於いてこれを指導するのであります。悪人と見ない、過去に於いて窃盗、強盗、火付などを致しました少年でありましても決してそんなことをしたものとは見ないのであります。少年保護司たる所のものは少年を自分の可愛い弟子と見る、自分の親愛なる友達と見る、左様にして少年を指導して行けと云うことが書いてあるのであります。更にもう一つ保護司の執務心得には「能ク少年ヲ指導シ、サウシテ之ヲ鼓舞激励セヨ」と云う意味のことがあるのであります。萎縮させない、萎縮さす様なことは云うな、するな、鼓舞激励をしろと云うことが書いてあるのであります。

もっともそれに私がここで申しまする様に社会善だとか、社会悪だとか云う様なことを区別し、そうして善の方面のみを考えてこれを盛り立てろなどと云う様な講義めいたことは書いてありませぬが、その心得の根本精神には、この社会善と云うものを発見して、そうしてこれを助長して行けと云う主義が充分現われて書かれて居るのであります。

而してこの社会善の方面を助長する所の教化の方法を採ります為めには、社会悪の方面を気に掛けて教化する方法とは全て異なりまして、別に教化者として偉大なる人格者は要しないのであります。勿論現在少年審判所の職員をして居られる方とか、或いは矯正院、保護団体のそれぞれの職に従事して居られまする人々は皆立派なる人格者でありまするが、主義と致しましては、そう立派なる人格者を要しないのであります。ただ個性を充分に調べて、そうして個性の中の社会善、社会悪を明らかにすることが出来、そうして社会善を助長するだけの力さえあればそれで宜いのであります。

何故にこの立派なる人格者を要しないかと云うことになりまするると、申すまでもなく、ただ手引をすることが出来れば宜しいのですから、それで立派なる人を要しないと云うことで尽きるのであります。朝夕自分を真似て常に同じ様な事を言え、行いをしろ、とこういう風に自から師匠となって手引をするのでなく、勿論方法は千変万化でありますから、或る場合には師匠となることもありまするけれども、朝から晩まで、この征服教育をする様に師匠らしき態度を以って導くのではないのであります。

例えば相撲取りの常陸山に就いて考えても、征服教育で常陸山を造ろうと致しまするると、少なくとも常陸山と同等の力を持つものが常陸山の体を揉んでやらなければならぬのであります。常陸山の様な横綱を養成するに就きましては常陸山位の力ある者が揉んでやると云うことが必要になる。征服教育ではそうでありましょうが、この助長教育だと云うとそう云う必要はないのであります。まず常陸山なるものの体格を見まして、これは力士に適する、力士になったならば将来相当の力士になるに相違ない、何とかしてこれを力士に仕立て見たいと思うならば適当なる力士の処に常陸山を連れて行って頼めば事足りるのである。すなわち常陸山の師匠とすべき人を見付けてやるとか、或いは「ざんぎり」時代に小使が足りない様な事があったならばこれをくれて相撲道に親しませる、自から相撲道に手を下して手引をしてやると云う様な必要はないのであります。征服教育に於きましては人格の対立でありますから、常陸山を向こうに廻して、常陸山を自分で揉んでやる。そうして常陸山の様な力を出して常陸山に癖と云うものがあればこれを矯めてやる。こういう事になるのでありまするが、助長教育はその必要がない。故に征服教育の場合に於いては劣等の人格を偉大なる人格が征服するので、段々と長い間に鍛えて立派なる人格に類似した人格を作り上げるので、助長教育は少年の特徴を助長するのでありますから、助長する方面の人よりも勝れた立派な者も出来ることになり、また非常に方面の変わった者も出来なければならぬことになります。例えば画を描くことがその少年の特徴である、画を描くことが非常に上手であると云う様なことでありましたならば、画を描くことに就いての手引をする。材料がなければこれを与えてやると云うことにしてどしどし描かせるのでありますから、画を描くことの出来ない人にでもやはり画を描く様に指導は出来る。だから助長教育の方で行くと指導する者と異なりましたるものが出て来る。指導せらるる人の性格の特徴と云うものをそれぞれ見て助長するのでありますから、種々なものが出て来ると云う利益もあるのであります。

更にまたこの方面で参りますと云うと、短時日で効果を現わすことが出来る。征服教育の方面でありまするとと云うと、人の性格と云うものを変えるのでありまするから、短時日ではその効果を現わすと云うことは出来ない。相当の年月を要し、三年、五年の短日月では能くその目的を達し得ない。こういうことが云われるのでありますが、助長教育の方面から参りまするとそれが大変早く出来る。如何とならば、既に有って居りまする所の特長と云うものを助長するのであります。特徴なるものはそのまま打ち棄てて置きましても、それぞれ発達して行く性質を有って居りますのにその上これを助長し、その発達を促進すると云う方法を講ずるのであります。水を低き所に流して行くと同じ様に、その性に従いまして教育を施すのでありますから多くの日月を要せないのであります。忽ちにして相当な腕前の者を造り上げることが出来るのであります。こういう利益が助長教育にはあることと考えられるのであります。

然らばこの助長教育を施すに就きまして社会悪の方面はどうなるかと申しますと、これは微妙なる作用に依りまして、或いは発達が止まり、或いは自から消滅をすると云う様な結果になることと考えられるのであります。社会悪の発達が止まると云うことは、蓋し社会善の方面に少年は趣味を有って居って、その方面を助長せらるるのでありまするから、少年は、自己が趣味を有って居る方面を助長せらるることに興味を感じ、社会悪の方面が頭の中に存在して居りましてもこれを活動せしめず、悪事を為すと云う様な考えが起こらない様になって来る。起こらない様になって参りまする結果として社会悪と云うものの発達は止まる。止まること久しきに至りますと、或る場合に於いては消滅することもあると考えられるのでありま す。或いはこの消滅と云うことは考えられない。人間と云うものの頭の中には常に善と悪との二つの閃き、二つの何ものかがあって、そのものは一生の間なくする訳には行かない。人間に欲望のある限り欲望は善悪の寄合なのでありますから、善悪二面が存在する。従って一生の間悪をなくすることは出来ないと云うことになるかも知れませんが、これは心理学やその他の方面で研究する事で、法律ばかりやって居る私にはそう云う方面は能く分かりませんが、仮に悪の方面は全然これをなくすることは出来ないと致しましても、善悪両面を有って居る人間も善の分量の多い人は善人であり、悪の分量の多い人は悪人である。それで社会善と社会悪の両方面がありまして、社会善の方面はますます発達せしめられ、社会悪の方面は打ち棄てられて居りますからその発達は止まる。こう見ました場合に於いて社会善がますます発達すればするに従いまして、悪の分量と云うものは相対的にすこぶる僅かになってしまう。善人悪人の区別が分量に依って生ずることであるといたしましたならば、善の分量が助長せられる結果として善人と云われ、悪の分量が打ち棄てられました結果としてそのままに止まるとしますれば、これは善の分量が多いから、やはり悪の分量はありましてもこれを善人と名付けて間違いはないのでありま す。

助長教育のやり方は善を助長するのでありますが、その結果と致しましては或いは悪の発達を防止し、或いは悪をなくする。そうして忠良なる国民となすことが出来るのであります。悪の方面を働かせない様にし善の方面のみを活動せしむるのでありますから、その人間は善人と云うことになって、温良なる国民と為すことが出来る、と同時に善の分量をますます助長し、その結果と致しまして、国家社会に対しましても有為なる人間と為すことが出来ます。この温良なる国民となし、有為なる人間となすと云うのが少年審判の精神に相成って居るのでありますから、この助長すると云う事柄一つに依りましても少年審判の精神を充分に現わすことが出来ると考えられるのであります。

そこで今度はこの助長教育を中心にして、少年の保護事業を行うに当たり、この保護問題に就き環境の方面はどうするかと云う問題が未だ一つ残って居るのであります。周囲の事情をどうする、これは助長教育の方面から言いまするど問題となるのであります。征服教育の方面から言いまするど云うと、環境と云うものは問題にならぬことと考えられる。何となれば人格と人格との対立であって、偉大なる人格は劣等なる人格を征服する。人格と人格とが朝から晩まで睨(にら)め合いをして居ると云うことになるのでありますから環境はそう問題になりませぬ。然るに助長教育の方面でありまするど、この環境がどうしても問題になるのであります。何程助長をしようと致しましても、また指導者の助長してくれるそのことを何程受け入れようと考えましても、すなわち指導するものも、指導せらるる処のものも何程特徴を助長することにしようと考えましても、周囲の事情がこれを許さなかった時には到底助長の効果を挙ぐることが出来ない。

助長教育は少年とこれを指導するものとの間に於きましては征服教育よりも極めて問題は簡単に参りまするが、この周囲の事情に支配せらるると云う方面に於きまして困難な問題が起こるのであります。常陸山の少年時代を見ましてその体格は力士に適する。この者を相当の所に弟子入れをして、そうして力士の生活を為さしめたらば、将来は必ずや横綱になり得るのであると云う程度に個性の研究を為し、そうしてこれを助長しようと考えましても、父兄やその他の者が、それはならね、力士の様な裸体踊りをする様なものに為すことには到底賛成することは出来ぬと云う様に、周囲の事情がこれを妨げましたる場合には助長教育と云うものは到底行うことは出来ない。常陸山を立派な横綱となし得るその助長を行うことは出来ない。また画を描くことが上手な少年であるから是非とも画家として将来立派なものにしてやりたいと云うことを指導者が考えましても、その少年の父兄が自分の家は代々医者だから画家などは御免蒙る、自分の家は代々法律をやって居る家だから画家などは御免蒙ると云う様に相成りましては、切角画家たる天才を発揮させてやろうと考えましても、その助長教育を行うことは出来ない。従ってこの助長教育を行うに就きましては単に助長するもののみが助長しようと考えても駄目なのであります。周囲の事情も充分考え、そのものの天才でありまする所の社会善の方面を発達せしむることに就きあらゆる周囲の者の了解を得る。周囲のものもその心持ちになると云う様になって行かなかったならば、これは到底助長教育の目的を達することは出来ない。だから助長教育はこの方面に於いて非常に困難を生ずるのであります。この方面の障碍と云うものが随分多いのであります。理解のなき父兄でありますればその子弟に助長教育を施そうと致しましてもこれは出来ないのであります。この点こそ少年保護事業に従事いたして居ります所の職員の一番苦心せらるる所であろうと考えるのであります。で、ありまするから、この少年法に於いては周囲の事情、環境、等を改善することに就きまして二、三適切なる条文が設けられて居ります。それは少年法の第四条の第四号であったと思いますが、一定の条件を設けて保護者に引渡す。この条件を指定すると云うことは、保護者に引渡します場合にこの少年の性格は斯様々々であるから、この方面をますます発達させなければならぬ、それの妨げになる様なことは総てしてはならぬと云う様な条件を附けまして、父兄がその条件を承諾した場合に於いて始めて、少年を父兄に渡してやると云う様な一つの保護処分もあるのであります。

それからどうしても父兄が指定した所の条件を守らぬ場合に於きましては、少年審判官はその父兄を以て少年の保護者として適当ではないものと認めまして、父兄から少年を奪い取る。不適当なる保護者に少年を預けて置くと云うことは少年の保護を行うのに就いて効果を挙げることが出来ないと云う所より不適当なる保護者よりその少年を奪い取る。奪い取りまして、これを少年の保護団体に預ける、或いは適当な者に委託をする、或いはこれを矯正院に入れる、斯様な方法を採り得る規則も出来て居るのであります。その他まだありまするが、とにかく、この助長教育を施すに就きまして妨げとなるべき所の環境と云うものはそれぞれ改善を加えなければならないのであります。

ただ今はこの環境に就きましてただ父兄の如き家庭関係の方面のみを申しましたが、単に家庭ばかりではないのでありまして、通学して居る学校が面白くないと云う場合に於きましてはその学校へやらせないことにする。或いは学校の当局に交渉をしまして、この学校には斯様な点に就いて欠けて居る所があるから、その点の改善をして貰いたいと云うて学校に改善方法の注文を為す。その他或いはその少年に見せる見世物などについても種々の条件があって、苟も少年の社会善の方面を助長することに妨げとなるべきものに対しては、それぞれ注文を発することが出来る様になって居るのであります。また左様なことを致さなかったならば、この少年の保護事業と云うものはうまく参りません。殊に助長教育と云うものをうまく施すことが出来ません。それ故に左様な事柄までこの保護事業と云うものに就いては為さなければならないのでありますから、少年の保護事業と云うものは、現れ出でましたる所の不良少年、直面したる少年を対照物とし、これのみを相手にしてこれを善き方面に指導してやると云うことのみが能ではないのであります。勿論少年の保護事業でありまするから主たる事業は少年に就いてであります。しかも不良少年として現れ出でましたる所のもののみに着目するのでありまするが、この少年を保護するに就きまして、保護の妨げとなる方面、すなわち家庭でありましょうが、学校でありましょうが、何でありましょうが、一般の社会状態に対してもその改善を促さなければならぬと云う様な事情に相成るのであります。

それ故にこの少年の保護事業と云うものは見方に依りましては、現れ出でましたる処の不良少年と云うものに依りまして社会の状態がどう云うものであるかと云うことを観察しまして、そうしてこの一般社会を改善する処の社会の改善事業であるとも云い得るのであります。畢竟不良少年を生む所の家庭、学校、一般の社会と云うものは健全なるものではない。現れ出でました一人の不良少年は幸いにしてこれを温良（おんりょう）有為（ゆうい）の国民と為すことが出来ましても、その状態を継続すれば後から後からとまた不良少年が出て来る。それ故に現れ出でましたる所の不良少年、この不良少年が出たと云うことを以てその周囲の事情と云うものが健全か、不健全であるかと云うことの結論を得まして、これに対してそれぞれの改善の方法を講ずることにしなければなりませぬ。こういう事業でありまするから、今までの征服教育のみでやって参りました処の方法とは余程変わって居るのであります。征服教育でやって参りましたる時代に於きましては、感化院ならこれに子供を収容して、そうして感化院の職員達と子供とが毎日朝から晩まで睨めっこをして居る。或いは学校に於きましては先生と子供が睨めっこをして居るのみで、家庭の方面には毫も深き注意を払わぬ。或いは監獄に於きましては監獄の職員が朝から晩まで囚人と睨めっこをして居る、根競べをしてそうして監獄の吏員が囚人の人格を征服する。人格者と人格者との対立関係のみでやって参って居るのであります。

然るに少年の保護事業であると云うとそうではない。睨めっこばかしして居ない。人格の対立を要件として居ない。同時にその少年に就いてのみ厳重に取調べるのではない。少年を囲繞する処の周囲の事情までも深く考えまして、そうしてこれに対して悪い所がありましたならば改善を促すと云う、こういうことになるのであります。その仕事は斯くの如くに複雑であります。人格の対立と云うのみでなく社会一般にも対立すると云う様になるのであります。対立と云うては語弊があるかも知れませんが、これを相手に仕事をしなければならぬと云うことになるのでありまして、仕事は非常に複雑である。子供のみ矯すのでなくて社会の改善をも図って行くことを考えて居るのでありますから、非常に仕事は複雑となります。従ってこれを行う職員にはそれ相応の権力をも与えられて居るのであります。

少年の保護事業は他の教化事業とは異なりまして、指導者の方面には非常な権力が与えられて居るのであります。どちらかと申しますると云うと恩威平行で、或いは寛、或いは厳、或いは仁を以て遇し、或いは義を以て遇する。一本調子ではないのであります。これを行う力がこの事業の関係者に与えられて居るのであります。その一例を申しますると云うと、これも別にお話があるかも知れませんが、如何に社会善の方面の助長教育を施そうとしても、その助長教育の効果が挙がらない様な場合に於きましてはこれはもう保護事業の目的物ではないと致しまして、或いは監獄に収容してしまい、或いは精神作用が病的でありますれば精神病院に収容してしまう。保護の目的を達し得ざるものでありましたならばそれぞれ処置をしてしまう。また先程も申しました様に助長せんと欲しましても父兄が了解を致さない様な場合に於きましては最愛なる少年なりといえども父兄の手から奪ってしまう。こういう風に、事業に従事いたしまする者に対しては強き力が与えられて居るのであります。

今日学校に致しましても、感化院に致しましても、子供の頭には手を触ることが出来ない。いささかなりとも手を触れますると云うと、今日の父兄は権利思想が発達して居ると申しましょうか、直ちに検事局に告訴する。自分の子供を擲(なぐ)りましたと検事局に告訴をする。結局この少年に対しまして手荒なことをすることが出来なくなって居ります。ところがこの少年保護事業の中の一つでありまする矯正院と云う所になりますと、ここでは寧ろこれを反対にどうしても矯正院普通の処遇方法ではうまく行かない、矯正の目的を達することが出来ぬと云う場合には体罰を加えることが出来るのであります。今日体罰などと申しますると云うと世間の人々が喧しく騒ぐのでありますが、矯正院に於いては敢えて体罰を加えるのであります。体罰を加えらるる様な状況に相成りましてまでもなお且つ矯正の目的を達することが出来ぬと云う様な場合に於きましては、もうこれは已むなく監獄に入れる。こういうことに相成るのであります。まだその他に保護事業に関係する人々が持って居る力と云う点に就きましては種々ありまするが、とにかく唯愛を以てやるとか、或いは慈悲を以て行うとか、或いは仁を以て行うとかと云う様な、一元主義、すなわち一つのやり方で以てやるのではない。どちらかと云うと多元主義である。寛厳宜しきに従って助長を行なって行く、こういうことになるのであります。唯その寛厳宜しきを得るといいましても、私がここで申しますると云うと極めて簡単に問題が片付きまするが、実際の局に当たり、少年保護の第一線に立って保護の戦闘員になって居る人々は余程この寛厳宜しきを得ると云うことに就きまして苦心せられて居ることと考えます。これがうまく参らなかったならば助長教育と云うことの目的を達することは出来ないのであります。故にこの寛厳宜しきを得ると云うことも少年保護事業に就いての一つの特徴であると考えるのであります。

甚だ簡単ではありましたけれども、およそ少年保護の根本精神に就いて陳べた心算でありますが、要は実際の上に立ち力強く実績を挙げる上に於いて私の信ずる要諦を簡単にお話したるにすぎませぬ。

少年法の大綱

植田粂三郎

第一講　少年法の概念

私に課せられた講演の題目は少年法の大綱と云うので、結局法律の説明をするのでありますが、法律は乾燥無味なものでありまするから、極めて大ざっぱな所を申し上げて御参考に供したいと思います。

もっとも法律だからと云って別に恐れるにも及ばぬ。またそれ程嫌うにも足らないのである。あなた方は毎日法律に適った仕事をして居られる訳で、もし万一法律に反すると云うことになれば、警察へ引っ張られる訳であります。仮に、三越なり松屋なりへお出でになって品物を買う。金を払って品物を受け取ると云うことは、始終やっておいでになるでしょう。ところがこれを法律で論ずるとなかなか難しい。すなわちそれは売買行為と云うようなことになるのであります。売買行為などと云うと堅苦しいけれども、総ての人が始終やって居ることであって、その事柄は別に難しい訳ではありません。また総ての人の為めに出来て居るのであるから、聴いて見ればそう難しい事でもないと云う事が御判りになるだろうと思います。

そこで「少年法の大綱」をお話する訳でありますが、まず第一に少年法と云うのは一体どう云う者に適用される法律であるかと云うことを申し述べようと思います。

少年法はその第一条にどう云う者に適用されるかと云う定義を掲げて居ります。すなわち

本法ニ於テ少年ト称スルハ十八歳ニ満タサル者ヲ謂フ

こうあって、男とも女とも書いてない。十八歳に満たざる者とある。「者」と云えば男も女も包含する訳であります。だから結局十八歳未満の少年少女に就いての法律であると云うことが言えます。すなわち少年法で取扱う少年と云うものは、十八歳に満たない少年および少女を包含して居ると云うことになるのであります。

またこの法律中には各所に「少年」と云う文字が出て居りますが、これは「少年少女」と対したのでなくして、青年老年と云うような文字に対したのであるから、唯「少年」と書いて少年少女両方を意味して居ると云うことを御考えになれば宜しいのであります。

また十八歳に満たざる者と云うのはどう云う訳かと云うと、十八歳になればもうこの法律で取扱うのではない、十八歳に一日でも足りない者は十八歳に満たざる者であるから、この法律が適用され十八歳と云う声を聞いたならば、もうこの法律では取扱わないと云う意味であります。

唯この少年法の中で例外として十八歳以上の者でも、この法律で取扱う場合がある。その場合には各々年齢が書いてあります。だから年齢が書いてない「少年」と云う場合は、何時でも十八歳に満たざる少年少女であると云うことになる。例えば第五条に

前条第一項第五号乃至第九号ノ処分ハ二十三歳ニ至ル迄其ノ執行ヲ継続シまたハ其ノ執行ノ継続中何時ニテモ之ヲ取消シ若ハ変更スルコトヲ得

と云うように、二十三歳まで保護処分の継続が出来ると云うような場合には、ちゃんと「二十三歳」と書いてあるのであります。また第九条の第二項にも

本人十八歳ニ達シタル後ト雖モ二十三歳ニ至ル迄ハ前項ノ規定ニ依リ執行ヲ継続スルコトヲ得

と云うようにこれも二十三歳と断ってある。また第七条にも

罪ヲ犯ス時十六歳ニ満タサル者ニハ死刑及無期刑ヲ科セス

と云う規定があって、十八歳未満であるけれども十六歳と限った場合には、特に法文の上に断ってある。また第二十八条の二項にも

十四歳ニ満タサル者ハ地方長官ヨリ送致ヲ受ケタル場合ヲ除クノ外少年審判所ノ審判ニ付セス

と書いてあります。故にいつでも唯「少年」と書いてある場合は、十八歳に満たない少年少女を謂うのであると御考えになれば好いのであります。

然らば少年法に謂う所の少年と云う者に就いては、上は十八歳に満たざる者で能く分るが、下の方が一向分からない。これはどうだと云うことになる。下の方は法律に規定が無い。随って理窟を言えば「おぎゃっと」産まれた赤ん坊から、この少年法で取扱うのだと云うことも言われる訳であります。純理上から言えばそう言わなければなりませぬ。しかしながら産まれたばかりの赤ん坊を法律責めにすると云うような、そんな非常識なことはない。つまり下の方の規定は無いが、それは常識で決めるより外ない。常識で決めるにしても、どう云う点に標準を置けば宜いかと云うと、子供が自分の意思に依って或る動作の出来る時間から後の子供を含むのである。こう言うことに見なければなりませぬ。子供が人を殴ってやろうと考えて人を殴る、あれを盗ってやろうと考えて物を盗る、自分の考えでそう云う悪い事をなし得る時代から後と云う訳であります。

赤ん坊が背中に背負われて、おぶって居る子守の頭を殴ることがある。けれども殴ろうと思って殴るのではない。無意識に殴って居るのである。そんなものを犯罪行為だと言って法律で取扱う必要はないのであります。まず六、七歳、小学校に這入った位の子供から上を意味するのであると、御考えになって差し支えありません。

この、上の年齢を何故十八歳と云うことに決めたかと云う疑問が往々起こりますが、これは別に確固とした拠り処がある訳ではない。アメリカでは州に依って色々違い、十八歳に満たざる者と言うように、定義をして居る州もあれば、十六歳に満たざる者と言うように規定している州もある。イギリスでは十六歳以下となって居ります。ところがヨーロッパ大陸に於いてはドイツ、ベルギー、或いはフランスは皆十八歳と云う事になって居ります。これはその国の気候、風土、或いは人情、風俗等に依って自ら適当に年齢を決めれば宜い訳であります。日本はまずヨーロッパ大陸の規定を採って、十八歳に満たざる者と規定した訳であります。また最低の年齢に就いても外国では規定した国もあって、六歳以上と決めた処もないではないが、多くは最低年限は規定してない。日本でもその方が宜しかろうと思われます。例えば一日違いでこれは六歳だからどうだ、これは七歳だからどうだと云うのも可笑しい。これは常識に依って判断するが宜しかろうと言うので、最低は規定してないのであります。然らば少年法の「少年」と云うものは十八歳に満たざる者と言うのであるが、誰も彼も十八歳に満たない者は総て少年法で取扱うのかと云うとそうではありません。或る範囲の者だけであります。それは少年法の第四条に

刑罰法令ニ触ルル行為ヲ為シ又ハ刑罰法令ニ触ルル行為ヲ為ス虞アル少年ニ対シテハ左ノ処分ヲ為スコトヲ得

と云う規定があります。十八歳に満たざる少年少女であるが、それは刑罰法令に触るる行為を為す者、または刑罰法令に触るる行為をする虞のある者、こういうことになるのであります。刑罰法令と云う中には、刑法であるとか、その他罰則の附いて居る法律が沢山あります。刑法には人の財物を盗んだ者は窃盗罪として、十年以下の懲役に処す、人を殺した者は死刑無期または三年以上の懲役に処す、或いは人を傷害した者は十年以下の懲役に処す、或いは人の物を横領した者は十年以下の懲役に処する、或いは過って人を殺したならば三百円以下の罰金に処する、と云うような事がちゃんと規定してあります。

その外刑罰の附いて居る法律と云うものは種々ある。例えばラムネを製る人がラムネの中に虫の這入って居るような物を売り出したとすれば、これは清涼飲料水取締法と云う法律の中にその場合の罰が規定してある。また以前新聞で喧しかった森永ドライミルクの斤量不足問題、これは度量衡法と云う法律の中に、量目を表した物を売るのに量目が足りなかったならば罰すると云う規定がある。或いは自転車に乗るには鑑札のある自転車に乗らなければならぬ、鑑札の無いものに乗って歩くとどう云う罰があるか、そう云うように種々沢山の刑罰規定があるのであります。十八歳以下の少年少女が左様な刑罰規定に触るる行為をした、すなわち犯罪をやったと云う者は、この少年法で取扱うことになるのであります。

まず少年審判所で取扱う少年の犯罪と言えば、一番多いのが窃盗で、それに次いでは賭博・詐欺・横領・恐喝・脅迫・傷害・強盗・放火・誘拐・強姦その他文書偽造であるとか、種々のものがあります。十八に足らぬ者でもなかなか容易ならぬ犯罪をやる者があります。金が欲しさに放火をする者もあり、強盗までする者がある。斯様な刑罰法令に触れた行為をした少年少女は、少年法に依ってこれを扱うことになるのであります。

それからまた未だ犯罪人として扱うだけの悪い事はして居ないけれども、そのままその少年を放任して置くならば、何時犯罪を仕出かすかも知れないと云う者が随分あります。また、犯罪としてこれを検挙するだけのことはないけれども、何時やるかも知れぬ、親の着物を持ち出して質に置いて、それで活動写真を見に行くとか、或いは親の金を持ってカフェーに行って遊ぶとか、或いは授業料を撞球に使ってしまう、学用品代で菓子を買ってしまう、というような少年があったとする。成程親の物をその子が盗んだのでありますから法律はこれを犯罪とは見て居ないのであります。けれどもその行為は確かに一つの犯罪行為と認むべき行為であります。親の金を盗んでそれが足りなくなれば、今度は他人の金を盗るようになって来る。そのままにして置くと何時本当の犯罪人になるかも知れない。親から貰った授業料を自分勝手に使う、別に他人に迷惑を掛けたのではないから今は犯罪とは言えないとしても、そう云う事を段々して居れば遂に小使銭が足らなくなると、本屋の店先で万引をする、或いは百貨店へ行って品物を掻っ払って売ると云うようになって来るのであります。それをそのままにして置くと遂には夜、他人の家に忍び込んで、物を盗むと云うような人間になって来るかも知れない。であるから犯罪をやったと云う者だけを取締るのでは実は遅いのでありまして、まだ犯罪をやらぬ先に防ぐことが出来ればその効果は非常に多いのであります。どうしても既に悪くなった者を善くしようと云うよりは、悪くならぬ前にこれを注意して保護するならば、いよいよ犯罪をやるようになってから取締るよりは、余程効果があるのであります。だからこの法律で取扱うのは前に申しましたように犯罪の虞ある場合でも取扱うと云うことになるのであります。

もっとも犯罪行為を為す虞があると言っても、唯彼の子供はどうも泣きむしである、一口言ったら直ぐ泣くと云うのでは、これはまだ犯罪行為をやる虞があるとは言えない。彼の子供はどうも朝寝坊で困ると云ってみたところで、これは犯罪行為と云うことに直接の関係はない。であるから虞のある者と云うのは、犯罪行為と云うことに極く接近して居る者であると云うことになるのであります。

そこで繰り返して申しますれば、少年法で取扱う少年と云うのは、十八歳に満たざる少年少女を謂うのであって、その少年少女とは刑罰法令に触るる行為を為した者と、刑罰法令に触るる行為を為す虞ある者、この両方を意味して居るのであります。それ以外の善良なる少年少女は何もこの少年法で取扱う必要はない、こういうことになるのであります。

しかしながらそこになお除外例がある、それは少年法の第三条に

本法ハ第七条、第八条、第十条乃至第十四条ノ規定ヲ除クノ外陸軍刑法第八条、第九条及海軍刑法第八条、第九条ニ掲ケタル者ニ之ヲ適用セス

と云う規定があります。畢竟少年法の中の刑事手続は陸軍海軍の軍人にも適用があるのであります。けれども保護に関する規定は陸軍刑法、海軍刑法の第八条、第九条の規定に掲げてあるものには適用が無いと云うのであります。

それはどう云うことかと云うと、例えば志願兵とか幼年学校の生徒とか云うような者は、十八歳以下の者もある。これは刑罰法令に触るる行為を為し、または刑罰法令に触るる行為を為す虞がある者であっても、少年審判所では取扱わない。何故かと言うと陸海軍には総て軍機の機密に亘る事実が随分ある。総て軍律の下に教育して居るのであるから、それを少年審判所で取扱うことになれば、自ら適当な処置も執れないし、また軍機の機密と云うものが保たれない場合もありますから、

軍人軍属に関する事柄は総て、当該官署に於いてやる方が適当であると云うので、少年法では取扱わないことになって居るのであります。それはいずれ後にお話する考えでありますが、少年法では悪い事をした者は矯正院へ入れる、或いは感化院へ入れる、或いは保護団体に委託すると云うようなことがあるけれども、軍人を矯正院へ入れるのも面白くない。軍人の方には衛戍監獄と云うものがあるから、そこで然るべく取扱えば宜いと云うので、斯様な例外規定が出来て居るのであります。

第二講　少年審判所の組織および職員

一体少年法はどう云うものに適用されるのかと云うことを最初に申し上げたいと思う。現行刑法は犯罪の責任年齢を十四歳に限って居るので、十四歳以下の者は犯罪行為をやっても罰しない。十四歳以上になれば成年と同様に罰する。こういう規定になって居り、且つ犯罪行為をやった者だけを取扱うのである。ところが少年法は犯罪行為をやった者、すなわち刑罰法令に触るる行為を為したる者だけではない。刑罰法令に触るる行為を為す虞れある者、すなわち犯罪はやらないけれども、まかり違えば犯罪をやるかもしれぬと云う者までも取扱うのである。しかも十四歳以上のものだけではなくして十四歳以下の少年でも取扱うのであって、刑法よりは非常に適用の範囲が広いのであります。

今一度申しますと、刑法では十四歳以上の犯罪を為した人々に就いての取扱いをするのであるが、少年法は十四歳以上、十八歳未満の少年の犯罪を為した者、および犯罪はやらぬが犯罪を為す虞れがある者、その上に十四歳以下の犯罪を為す虞れがある者、これまでも少年法で取扱うのである。だから非常に適用の範囲が刑法よりも広いと云うことになるのであります。のみならず執行猶予になった少年、これは刑法の説明がないとお分かりになりにくいのでありますが、つまり罪を言い渡されたけれども少年刑務所に収容することを見合わせてやると云う少年であります。その少年および仮出獄になった少年、刑務所に入れてあったけれども改心して良くなったと云うので、言い渡されたる刑全部を服役しなくても早く釈放される少年がある。そう云う少年達も少年法は取扱って居るのであるから、非常にその取扱いの範囲が広くなって居ると云うことに御注意を願いたいのであります。

それと同時に少年法の規定の内容を初めから終わりまで通覧すると、これは少年に対する刑罰処分と、保護処分の規定と両方あるのであります。少年といえども犯罪を為す少年は、とにかく吾々の敵であると云うことを言い得るのであります。吾々の共同生存を脅し、吾々社会の共存共栄の秩序を害する敵である。であるからこれも罰が必要ならば罰しなければならぬと云うので、少年法の刑罰の規定があります。それで、保護の規定と両方規定してあるのであります。しかし罰するとは云え、その目的たるや結局は少年を善導して改過遷善せしめたいと云う意味に於いての罰であると云うことを言い得るのである。刑罰規定はあるけれども、少年の利益を図る、少年の為を図って居ると云う規定であると言い得るのであります。そうなると少年法と云うものは如何なる精神の下に規定されたものであるか、と云うことを申し上げなければならぬ順序となるのでありますが、御承知の如くに今日では余程刑事政策と云う事柄を喧しく言って居ります。或いは「社会政策」に対して「刑事政策」など、色々政策と云う文字を使いますが、とにかく刑事政策と云うのは、一体刑罰と云うものは、どう云うようにしたら宜いのであるか、どうすれば犯罪と云うものが無くなるのであろうか、と云う事に就いて研究する学問である。この刑事政策に依りますと犯罪があったからと云うて、必ずこれを罰するのみで能事終われりと云うことは言われない。自ら犯罪の動機、原因を調べ、刑罰が如何なる結果を招来するかと云う事柄をも、充分に調べた上で取扱わなければならぬのである。

ここに強盗をやった者がある、或いは放火をやった者があると云うような、世人が聞けば恐るべき犯罪を為したと云っても、必ずしもこれを罰するとは限らない。罰せずして、その者が善くなると云う事であるならば、罰しない方が宜い。その代わり僅かな窃盗を為し、或いは万引を為すと云っても、その者の個性が悪い、性格が悪い、既に犯罪性が深刻になって居る、どうしても厳重に罰しなければ、その者の為にもならぬし社会の為にもならぬ、と云う者は、客観的の事実、言い換えると、外部に現われる被害の程度は、少なくとも、厳重に罰しなければならぬと云うように学者は研究して居るのであります。そう云うように刑事政策の結論が今日ではなって居るのであります。それと同時に実際家、すなわち警察官であるとか、判検事であるとか、司法官であるとか云うて、始終、犯人を取扱って居る者から申しても、必ずしも罰しなければならぬと云うものでもない。罰しなければならぬ者と、罰せずして改善し得る者とを研究してやらねばならぬ、と云うことは能く言うて居るのであります。であるから、罰するばかりが能ではない。

昔から随分犯罪人を罰して来て居る。織田信長の時代の如きは、一度泥棒をやるならば、直に首を切ってお仕置をする、死刑に処すると云うような事をやった時代でも、やはり犯罪をやる者がなくならぬ。また今日に於いても、人を殺したら死刑になる者も随分あるけれども、一向殺人事件が減らぬ。始終新聞で御承知の通りに人殺しと云うものが絶えない。昔から人を殺した者は己も殺されると云うことを知りながら、やはりやるのである。また裁判所に行けば、毎日泥棒をやった、強盗をやった、或いは他人の金を使い込んだと云うて罰せられて居る者が随分ある。それは新聞でも発表されて居るので、皆知って居るけれども、やはり窃盗罪なるものは止まない。横領罪をやる者もある。強盗もある。どうしても罰すると云うだけではいかぬ。

その反面に於いては、罰せられなくともこれは悪い事をした、人の物を盗んで誠に悪い事をした、人の金を使い込んで申し訳のない事をした、腹を切らなければならぬ、と云うような者もやはりあるのであります。こういう者は刑務所に入れる必要がない。既に精神上に於いて非常な打撃を受けて居る者である。刑務所に入れなくてももう再び悪い事をしろと云うても決してしない者もある。そう云う者を能く見分けて、罰すべき者と、罰する必要なき者とを能く区別しなければならぬ、と云うことを刑事政策の上からも、実際の上からも言うて居るのであります。

況んや少年に就いてはこれは充分に考えてやる必要がある。年が行かぬ、智慧が少ない、社会上の経験が少ない、中には是非善悪の弁別心のない者もある。また意思の弱い為に、悪いと知りつつ、これを止すと云うだけの勇気がない者もある。そう云う可哀そうな者は必ずしも罰しなければならぬ訳ではない。罰せずして適当に保護を与えて、改善出来る者は改善して行かなければならぬのである。かくの如く刑事政策に立脚して、この少年法は制定されて居る訳である。唯々無意味に可哀そうだとか、子供の犯罪だから可哀そうだとか云う単なる同情からではなくして、刑事政策に立脚してこの少年法は作られて居ると云うことを御注意願いたいのであります。

故に総てその規定を含味致しますならば、一々皆刑事政策に依って居ると云うことが出来るのである。かいつまんで言えば、少年法は刑事政策に立脚して、罰すべき者は罰し、罰せずして改善し得る者は、罰せずして保護を加えて行くと云うことになるのである。それと同時に、よしんば罰すると致しても、その少年が悪人であるとか、罪人であるとか云うような考えではなくして、これは憐むべき者である、何とかしたならば、善導されはせぬだろうか、気の毒な者である、どうかして善い者にしてやりたい。こういう精神に外ならぬのであります。従って刑罰規定はあるけれども、憎むのではない。その精神に於いては、どこまでも保護にあるのであります。保護を与えるのは、保護をするのが適当であるから、保護をする。罰するのは罰する方がその者を改善するに適当であり、社会の為でもあるから罰する、こういうことになるのであります。

然らば唯々少年を保護すると云うと、なんだか消極的の仕事のみのように思われるのであるけれども、そうではない。少年に楽をさせてやる、喜ばしてやると云うのでもない。その者をして再び犯罪を為さしめないようにすると同時に、その個性の発達を計り、そうしてその者が社会に立って社会の人に迷惑を掛けない、独立して世の中に立って行けるようにしてやろうと云うのであります。犯罪をやらぬようにするだけではなくして、善良なる国民にしてやりたい。忠良なる国民にしてやりたい、と云う所にその精神があるのだと云うことをよくお考えおき願いたいのであります。

それから少年法はどう云う沿革を持って出来たのであるかと云うことを、一言申して置きたいのでありますが、古いことはさておき、我が旧刑法時代に於いては、十二歳未満の少年が或る犯罪をやっても、これは不論罪と云って罰しなかったのである。それから十二歳以上、十六歳未満の者が犯罪をやると、その者が、是非善悪の弁別力ありや否やと云うことを調べて、是非善悪の弁別力ありながら犯罪をやった者であるならば罰しはするが、宥恕減刑と云う事をして、当たり前の罪よりは軽く処分して居ったのであります。それからまた十六歳以上、二十歳未満の少年が犯罪をやった場合には、これを宥恕減刑をして軽く罰すると云う取扱いになって居ったのであります。結局年齢に依って区別して取り扱ったのである。十二歳未満と、十二歳以上十六歳、十六歳以上二十歳未満、それ以上、こういうように区別をしてあった訳であります。

ところが明治四十一年十月一日から実施になった新刑法、すなわち今行われて居る刑法では、旧刑法時代のような年齢の区別を撤廃して、十四歳を以って刑事責任年齢の限界としたので、十四歳以下は犯罪行為があっても罰しない。その代わり十四歳以上になれば、成年者と同様に罰する。こういうことになったのであります。それでありますから十四歳以上になると成年者と同様に取扱うのが法律の原則になったのである。故に新刑法制定の当時に於いて、これはどうも年のいかぬ者も、年のいった者も同様に取扱うと云う事は宜くないから、少年に就いては然るべく取扱うような規定を作らねばならぬと云うことが問題になった。

ところが、アメリカに於いては、恰度千八百九十九年（明治三十三年）に、シカゴに於いて少年法が制定され、少年裁判所と云うものが出来た次第であります。

我が司法当局は新刑法実施後間もなく法律調査委員を設けて、少年に対する法律の草案を作ることとなった。しかし種々な障碍の為になかなか容易に出来なかったけれども、恰度大正九年に至ってその草案が出来上がり、第四十二議会に始めて少年法の草案を提出したのであります。けれども恰度同議会が解散になったため法律には成らなかったので、その年の臨時議会にまた提出したところが衆議院は通過したけれども、貴族院で握り潰しとなって成立に至らず、それから大正十年の第四十四議会にまた提出しましたが、その時も衆議院の方は通過したけれども、貴族院が通過しなかったので、また法律に成らなかったのである。ところが大正十一年の第四十五議会に至り、初めて衆議院、貴族院両方共通過したので、同年四月十七日「法律第四十二号」で発布になって、翌十二年の一月一日から実施になった。こういう経路を経て来て居るのであります。

随分、少年法の制定は難産であって、議会に何度も何度も出したけれども通過しない。解散になり、握り潰され、非常なる難産であったけれども、結局は提案と大なる相違もなくて通過し、今日の実施を見るに至った。こういうような沿革を持って居るのである。なお詳しくそれよりモット古い時代の事を述べると云うと、種々申し上げたい事もあるのでありますけれども、大体以上の経路を経て来たのであります。

それから次に少しく、少年法は如何なる地域に行われて居るか、と云う事柄に就いて申し上げて置きたいのであります。先に申すように、少年法には判事手続と、保護手続——刑罰に関する場合と保護の処置を取る場合との二方面があるのでありますが、この刑罰に関する少年法の規定は、十二年一月一日以来、日本帝国内一般に行われて居るのであります。しかしながら、保護手続の方は全国一般には行われて居らぬが、保護処分の方は、東京府・神奈川県・大阪府・京都府・兵庫県この三府二県にしか行われて居らぬのであります。

一方少年法の刑事手続は特別規定でありまして、少年に対して種々利益になる規定があるのでありますけれども、少年をやはり刑務所に収容すると云う手続であります。故にこれを全国一般に同時に行わなければ幸不幸を生ずるのである。たとえば刑務所に収容することが適当なる処置なりとするも、一寸でも刑務所に収容すると云うことは、罰せらるる少年に取りましては不利益に感ずるに違いない。然るに同一犯罪でも、或る所では重く罰する。すなわち刑法の規定に依りまして、十四歳と云うものを区限りにして、それ以下は罰しないと云う風になる。以上は成年者と同様に皆罰すると云うことになれば、非常に不利益であります。そこで少年法の刑罰規定の方が有利でありますから、どうしてもこれを全国一斉に行わぬと云うと、非常に利益、不利益が生ずると云うので全国一斉に行われて居るのであります。

しかし保護の手続はどうかと言えば、これは成程三府二県のみの少年は手厚い保護を受けるのでありますから、非常に幸福である、利益であると云うことが言い得る。而してそれ以外の少年は保護は受けない。しかしながら保護は受けないと云うだけであって、別に何等の害を受ける訳でもなく、特別の不利益を受ける訳でもない。単に保護を受けぬと云うだけに止まる。手厚い保護を受けるか否かと云うだけで、罰を受けるとか、受けぬとか云うような、大なる違いがある訳ではない。それ故保護の方に就いては斯様に限地的に土地を限って施行されて居るのであります。しかしながら、これも保護を受けぬと云うことに就いて余程の相違があるのでありますから、どうしても保護の規定を一日も早く全国一般に行われるようにしなければならぬと思うのであります。しかし全国一般に行うには、審判所を各所に設置せねばなりませず、これに関係する職員も多く要するのでありますから、どうしても国の財政と相談しなければならぬと云うことになるのであります。どうも巾着の中が空っぽだと云うことでは駄目です。早くやりたいと云うのが当局の意向でありますけれども、なかなかそうはいかない。しかし必要な事業であります以上、早晩各地に行わるるに違いないと思うのであります。しかし斯様な事業に就いて理解を持って居る各地の人々は、声を大きくして早くこの事業が各地に行われるように、己れの地方に行われぬのは不公平であると言って、当局を鞭韃して然るべきことと思うのであります。どうか諸君はその点に就いて大きい声で到る所に叫んで頂きたいと思います。

それからあまりこういうことばかりでも面白くないでしょうから、少し審判所の方のお話をいたして見ましょう。少年審判所と云うのは、これは少年法の実施と同時に特に設けられた役所で、先程も一寸申した如く、大正十二年の一月一日に初めて出来たもので、そうしてこの役所は司法大臣の直轄下にある役所で、今では東京に一箇所、大阪に一箇所あるのみであります。東京にあるのを東京少年審判所と云い、大阪にあるのを大阪少年審判所と云うのであります。東京の少年審判所は東京府、神奈川県、この一府一県内に、また大阪少年審判所の方は、大阪府・京都府・兵庫県・この二府一県に在住して居る少年を対象として取扱い、彼等の保護をする為めに出来て居るのである。

それと同時に御注意を願いたいことは、少年審判所と云うものは、少年を保護する為めに出来て居るもので、従って裁判所とはその性質が非常に異なって居ると云う事柄であります。今日でも世間の人に少年審判所と云うても通じない。少年審判所と云うと何のことだか分からない。少年の裁判所、子供の裁判所と言わぬと、分からぬようであります。けれども裁判所ではない。その性質、その目的とも全然異なって居る。裁判所は御承知の如くに、或いは民事の裁判をやり、或いは刑事の裁判をやる所であります。民事の裁判と言いますのは、権利義務の争に就いてその裁きをするものであって、刑事の裁判と云うのは、犯罪の嫌疑者に対して、犯罪ありや否や、犯罪ありとするならば如何なる刑罰を科すれば適当であるか、こういう裁きをするのであります。故に刑事裁判所とは、つまり人を刑務所へ入れると云う裁きをする所である。この人間はどうして保護したら善くなるだろうかと云う様な事を考える所ではない。これを刑務所に入れたならば今後犯罪をやらぬだろう、そうして改心をして善くなるだろう、また世間の人もそれを見て悪い事をせぬようになるだろう、と云う目的で刑務所へ入れると云うことをやるのである。

ところが審判所は少年を刑務所に入れる仕事はしない。保護をしてその悪性を矯正してやると云う仕事をする所で、非常にその手段、取扱方が異(ちが)うのであります。だから職員も、裁判所では司法官たる判事、検事でありますけれども、審判所に於きましては司法官ではない少年審判官、少年保護司と云う者が仕事をして居る。然らば何故左様に裁判所以外に審判所を設け判検事以外に審判官だとか、保護司とか云うものを拵えたかと云うことに就きましては、これは大いに理由があります。外国に於きましては、やはり裁判官が少年に対して特別の取扱をして居ると云うのが多いのでありまして、日本のように裁判所から懸け離れて審判所と云うものを作り、裁判官と異なる役人が審判をすると云う所は外国にはないのであります。これは日本の少年法の最大特色であると云うことを言い得るのであります。外国でもそうでありますが、日本に於いて特に甚しいことは、裁判所と云えば何だか真面目な人が出入りする所ではないかの如く世人は考えて居るのであります。裁判所へ出入りをするが、あれは「三百代言」じゃないか。裁判所へ呼ばれたらしい、何だか悪い事をして居るんだろう、あれと交際してはいかぬぞ、と云うようなことを言うのであります。何かの証人に呼ばれましても、どうも裁判所に出ると云うことを非常に嫌う気風がある。それは何故であるかと云うと、第一、時間を取られるし、また第三者から見て変に思われ易いからでありましょう。

しかし罪を犯した人間とか、或いは民事上の債権の何かの事で行くならば、これは止むを得ない事柄であります。その所へ行くのが当然であるけれども、少年に対しては果たしてどうであるかと言えば、少年は未来のある者である、将来どんな偉い者になるかも知れない者である。いわゆる後世畏るべしで、少年からどんな偉い者が出るかも知れない。一時の心得違いから、一時の意志薄弱の為に悪い事をしたと致しましても、今後どんな偉い人になるかも知れない。そう云う少年を裁判所へ呼び出すと云うようなことになれば、その少年は大きくなって偉い者になっても、彼奴は小さい時分に何かやったらしい、裁判所に行ったよと云われて、成功しても人にあれこれ言われるようになるのであります。その親にしても兄弟にしても、それが為に裁判所に呼び出されるということになれば、非常に迷惑になるのであります。ともかくもそれが今日の日本の状態である。

裁判所に行くと云うことは決してそんな悪い事ではありませぬ。裁判官と云う者は鬼ではない、優しい人も居る。けれども何でも裁判官と言えば何だか血もない、涙もない冷酷の人のように思われる。裁判官といえどもやはり女房もあり子供もあるが、どうも裁判官とか司法官とか云う名前から恐ろしい酷しい人の様に見えるのです。ところが少年の保護と云う場合に、そう云う様な所――とにかく世人が嫌わぬまでも好感を持たぬ所――で調べると云う事は宜しくなかろう。どうしても別に一つの機関を設けたが宜かろう。こういう理由に依って審判所と云うものが特に設けられたと云うことになって居るのであります。しかし世の中には未だ未だなかなかその点が能くお分かりにならぬ人が随分あるので、甚だ遺憾であります。

これで審判所のことはほぼ了解されたと思います。

それから審判所にはどう云う役人が居るのであるか、こういうことを一つ申し上げたい。審判所の職員と云う者は、少年審判官と少年保護司、それに書記、これが少年審判所の職員であります。少年審判官は前にも云うたように司法官ではないのであります。だから判事でも検事でもないのである。それは何故であるかと云うと、前に申した通り、何だか司法官と云うと厳めしい者のように人に考えられると同時に、司法官は司法官たる資格を要するのであります。司法官の採用試験に合格した者でなければ司法官になれぬのであります。

ところが審判所の仕事は司法官の試験に合格した司法官でなければやれぬと云う仕事ではないのであります。否寧ろそう云う人の中のみで求めようとしても求めにくいと云う処から、資格の制限を設けず、如何なる方面からでも採用することが出来るのであります。少年保護司も同様であります。別に資格の制限はないのであります。この点は審判官も保護司も全く同様であります。少年の保護に当たると云う上から、少年と云う者に対して、能く理解をして居る者、少年と云う者の心理状態に能く通じて居り、少年に対して同情のある者、常識も発達して居らなければならぬし社会の表裏に通ずるだけの眼識もなければならぬのであります。こういう人を広く天下に求めて、そうしてこれに任用したい。こういう事の為資格と云うものは作ってありません。折角適任者があっても、資格がないと言うと採用出来ないと云うことでは、意のままに適任者を求めることが出来ぬと云うことになるのであります。だから資格を撤廃して適当な者を天下に広く求めると云う趣旨の下に資格の制限は設けてないのであります。

しかしながら判検事たる者は審判所の職員になれぬという訳ではなく、無論少年審判官になる資格はあるのであります。判検事で少年審判官を兼ぬることも出来ることになって居るのであります。でありますから、学校や保護団体等でその経験のある方々で適当なりとする者であるならば、誰でも採用することが出来る。それと同時に審判官の方も前に申し上げたような人柄であれば適任であるのであります。法律と云う事柄に就いて左程精しくなくても宜いのである。けれども自らこれは犯罪なりや否や、またこれを裁判所へ廻すべきや否やと云うようなことに就いて、決定する必要もありますから、無論多少の法律に通ずると言う事柄は必要であるけれども、判検事のように法律に精通し、法律を専門的に研究して居る人でなければならぬと云う訳ではないのであります。通り一遍の事が分かってさえ居ればそれで宜しい。また今では現に保護司は婦人も採用して居るのでありまして、専任保護司にも婦人が居るのでありますし、嘱託にも婦人が居るのでありますから、適任者があるならば婦人でもどしどし採用さるるのであります。

第三講　少年審判所の職務関係

その一　裁判所およびその関係

それでは審判所の職員は如何なる仕事をするのであるかと言うことを申し上げようと思います。ところがどう云う性質であって、どう云う活動をするのかと云うことを知るに就いては、今日の裁判所がどう云う役所であって、どう云う働きをするものであるか、今後の少年法の刑事処分の説明をする上に於いても便利だと思いますから、簡単にお話し致します。

裁判所の種類を申し上げますと、大審院があり、その下に、控訴院があり、控訴院の下には地方裁判所があり、地方裁判所の下には区裁判所があるのであります。

それで大審院は東京に一ケ所あるだけであります。控訴院は全国に七ケ所ありまして、それは東京・大阪・名古屋・広島・長崎・仙台・札幌とであります。地方裁判所は各府県に一ケ所ずつあります。唯北海道だけには四ケ所、樺太庁に一ケ所あります。区裁判所は各処に沢山あります。一々申し上げれば宜いのでありますけれども、あまり多いと思いますから申し上げますまい。一例として東京で申しますれば、東京区裁判所、八王子区裁判所の二ケ所あります。神奈川県を申し上げますれば、横浜区裁判所、小田原区裁判所、横須賀区裁判所の三つであります。

それで「各裁判所ニ検事局ヲ附置ス」と云うことが裁判所構成法の第六条の第一項の初に規定されてあるので、各裁判所には検事局と云うものがあるから、裁判所と云う建物の中には、いわゆる判事ばかりの側と両方がある訳になるのであります。

大審院の長はこれを大審院長と云うのであります。そうしてその外に裁判官が沢山居るのでありまして、大審院には判事の数が四十四人現在居ることになって居ります。大審院長の外には部長と云うのが居り、またそれと普通の判事とが居ります。部も大審院には一つではなく沢山あります。それから検事局の方は、その長を検事総長と云うのでありまして、その下には検事が居ります。現在大審院の定員検事が十三名になって居ります。そう云う風に大審院は検事局といわゆる大審院との二つになって居ります。また控訴院の長を控訴院長と申し、その下に多くの判事が居り、その控訴院に居る検事局の長を検事長と云うのであります。その検事長の下に検事が居るので、それは控訴院の大小に依りまして、多い所もあれば少ない所もあります。東京の例を申し上げますと、東京の控訴院には検事が十二人程居ります。それから地方裁判所はその長を所長と云うのであります。そうしてその外に部長なり普通の判事が居るのであります。地方裁判所の検事局の長を検事正と云い、その下に多くの検事が居るのであります。それから区裁判所は大きい処には沢山の判事が居りますが、小さい処では一人の判事しか居らぬ処もあります。二人以上居る区裁判所に於いては上席の判事を監督判事と云い、検事局の方でも一人の検事ならば、何々区裁判所検事と云うのでありますけれども、二人以上の検事が居る時には、一人を上席検事と云うことになって居ります。

こういうように裁判所は大審院、控訴院、地方、区と云うように階級が出来て居りますが、しかし判事なり検事なりは必ずしも上級裁判所に居る人々が、下級裁判所に居る人々より皆偉いと云う訳ではない。つまり適当な人を適当な地位に置いてある訳でありますから、地方裁判所の所長が、大審院の判事よりも上級の場合もある。また区裁判所の判事が、控訴院の判事より上級の場合もあると云うように、行政上、上下の別はありますけれども、その階級が上だからと云うて、必ずしも上級の者ばかり居ると云う訳ではない。それと同時に裁判所側に於いては、たとい大審院長であっても、大審院の判事に対してこの裁判はこういうように裁判せねばならぬと云って干渉することは出来ない。判事は独立の考えで裁判をするのであるから、院長といえどもこれに干渉することは出来ない。それは他の控訴院でも、地方裁判所でも、区裁判所でもそうである。裁判に就いては独立の権限を有って居るから、他から容喙（ようかい）することが出来ないと云う風になって居るのであります。

検事の方はどうであるかと申しますと、検事は裁判をする人ではないのである。「公益ノ代表者」と言うことになって居る。検事は自分一人の考えで公益を代表して行くことが出来ない場合が随分あるのであります。であるから検事総長を首として区裁判所の検事に至るまで一人一体の如くになって活動するものである。これが検事の本然性質である。裁判官とは余程違って居るのであります。従ってこの方面に於いては監督官の命令を聴いた上で活動せねばならぬ。故に時にはこの者は罰したいと某検事が考えて居っても、長官の方では、それは罰するには及ばぬであろうと云う意見であるならば、その意見に従わねばならぬ。また罰したくないと考えても、これは罰すべきものであると言う意見であるならば、それに従わねばならぬという風になるのが定例になって居るのであります。唯斯くの如くに裁判所の性質が出来て居る所以は、裁判をする上に於いて、その裁判をする事柄の軽重大小に依って各々その管轄を決めてやる。それが為にこういう階級が出来たのであります。

今日は民事裁判の方を申し上げる必要がありませぬから申しませぬが、刑事裁判に就いての事を申し上げますと、区裁判所で取扱う事件は裁判所構成法の第十六条に規定してあります。すなわち

第一、拘留又ハ科料ニ該ル罪

第二、短期一年以上ノ懲役又ハ禁錮ニ該ル罪ヲ除ク外有期ノ懲役若ハ禁錮又ハ罰金ニ該ル罪

こういう罪に該る犯罪は区裁判所で裁判すると云うのが原則で概して簡単なものと云うことが出来ます。

大審院に於きましては、色々ありますけれども、裁判所構成法の第五十条

第二、第一審ニシテ終審トシテ

刑法第七十三条、第七十五条及第七十七条乃至第七十九条ノ罪並ニ　皇族ノ犯シタル罪ニシテ禁錮以上ノ刑ニ処スヘキモノノ予審及裁判

とあります。

刑法第七十三条、第七十五条は　天皇を初めとして皇族の身体に危害を加えようとする罪で、第七十七条、七十九条は内乱罪である。

今申し上げた以外の犯罪は総て地方裁判所の管轄に属して居る。こういうことに御承知置を願いたい。

区裁判所はただ今申すように、簡単なる犯罪に就いての裁判をするのでありますから、成るべく早く裁判をせねばならぬ所からして、一人の判事が裁判をするのであって、つまり単独制の裁判である。地方裁判所になると三人の判事が裁判するのでありますが、検事は普通一人で立会うことになって居ります。能く新聞に一部とか二部とか云うことが書いてありますが、判事三人が寄ってそれを部と云うのであります。その中の一番上席な者を部長判事と云うのであります。が陪席にも右陪席と左陪席と云うものがあって、上級の者が部長の右に居る。下級の者が左に居ると云うことになって居ります。裁判は総て部長がその指揮進行を図って行くのである。控訴院に於いてもやはり三人の判事で一部を成して居りますが、大審院は五人の判事で一部をなし、それぞれ部が沢山あります。そうしてやはり控訴院も大審院もその中の上席の者を部長と云うのであります。

これは直接必要もないのですけれども、ついでに申し上げて置きましょう。区裁判所で裁判を受けた者が不服があると控訴するのであるが、この控訴をすると云うことは、つまり上級の裁判所で覆審（ふくしん）をして貰うことである。であるから区裁判所の一人の判事に裁判をして貰ったが、不服であるから地方裁判所へ行って三人の判事に裁判して貰いたい。こういうことに

なると控訴をして地方裁判所で調べることになるのであります。それからその地方裁判所での裁判にまた不服であると云う場合には、今度は上告をすると云うことになる。上告の裁判は、大審院でやるのでありますから、区裁判所の事件は地方へ控訴して、それから直ぐ大審院に参りますから、控訴院へは行かないのであります。それから最初地方裁判所で調べを受けた人が、その判決に不服である場合は控訴院へ控訴することが出来る、控訴院の裁判にまた不服があれば今度は大審院へ上告して大審院で裁判を受けることになるのであります。そう云う次第で控訴院は初めての裁判をすると云うことはないのであります。

何故大審院は一ケ所であるかと申しますと、大審院は元来法律の解釈を統一すると云う目的の為めに出来て居る最高の裁判所である。それは裁判所が沢山あり、判事が独立であると言うことになると、法律の解釈が区々になるので、甲の裁判所と乙の裁判所と解釈が違うと言うことになっては面白くないから、国家の法律に対する解釈を一定すると云う為に、大審院は一ケ所しかないのである。ところが新刑事訴訟法になりまして以来は、地方裁判所の裁判或いは控訴院の裁判、区裁判所の裁判に対して刑期があまりに重い。また事実の見方が間違って居ると云う様な点で不服を申し出る者は大審院へ申し出ても宜いと云うことになって居ります。ところがただ今申したように判事は総て独立して居りますから、例えば三人寄って裁判して居る場合には、どうして裁判を決めるかと申しますと、まず審理が済んだあとで、部長が末席の者の意見を聴くのであります。そうするとその人は、これは罪の有る者だ、それに就いては一年半の懲役にやらなければならぬ。或いは二年の懲役にやらなければならぬと云う意見を述べます。次いで右陪席の者が意見を述べ、それから部長が自己の意見を述べるのであるが、結局は多数決に依って決めるので、部長の思う通りには行かぬ。全く両陪席の意見が一致するならば部長もそれに従う。或いはその意見が異なるならば、部長はそのどちらかに自己の意見が一致すればそれに同意する訳であるし、三人それぞれ違うならば、更に研究して行うのである。結局、皆の腹が一致する場合もあるし、一致しない場合もあるけれども、多数決で決めて、終わりにはこの三人が一致したのであると云うことで世の中に発表するのであります。大審院は無論五人の判事で相談をするのです。これが法律で決められて居る裁判を決める方法であります。

ところが検事はどうであるかと申しますと、その裁判に立会った検事は、その裁判が適当であるとするならばそれに服従する訳であるけれども、不服であるならば検事自ら控訴し、或いは上告することが出来るのであります。であるから裁判は、丁度判事と検事と被告の三角関係である。で検事を原告官、と言うがその訳は検事は国家を代表して被告を罰してくれと言うて、裁判所へ申し出す訳になるのです。例えば泥棒或いは放火をした者が居るが、それをそのままにして置くと社会の安寧秩序を害する。世人は枕を高うして眠ることが出来ないから検事が原告となって裁判所で裁判をして貰うのであって、やはり国家の公益を保護すると云う為に働いて居る。裁判は畏くも天皇の名に於いてこれを行うのであって、まことに神聖なるものなのである。今日の裁判は極めて略式になって居りますけれども、古い裁判書を見ると、その初に当たって菊の御紋章が明瞭に印刷してあります。そうしてそれに「天皇ノ名ニ於テ」と云うことも明瞭に刷って極めて鄭重になって居るが、今日はそういう形式がない。しかしそれはあるのも同様である。そうすると検事の仕事は、罪人が居るからこれを一つ罰して貰いたいと云うお膳立をして裁判所に廻し、裁判所はそれに対して罪を附ける。そうして三年なり五年なりの間、刑務所に入れるのであるが、それを行うのは誰がやるかと言えばやはり検事がそう云う仕事を取扱うのである。しかし実際刑務所で罪人に接してこれを教養して行き、改善の道を図って行くと云うのには司獄官あり、教誨師あり、そうして刑務所をいよいよ刑期が満ちて出ると云うことになってくると、今度はその出た者を誰が引き取るかと言えば、今日では社会事業団体として釈放者保護団体がありまして、それを引き取って行って或いは職業を見つけてやり、或いは郷里に送り返してやり、或いは宿泊所に泊めて労働に従事さすと云うように、この刑余の弱者を助けて居ります。

それから検事はいよいよ起訴するのは宜いが、それまでの仕事はどうするかと申しますと、検事自ら諸方を駆けずり廻って、何処かに泥棒が居りはしないか、何処かに罪人が居りはしないかと言って探すと言うことは到底出来ないのである。左様に検事が多く居る訳ではないのでありますから、検事の補佐として警察官吏と云う者が居ります。東京に於いて検事の補佐として働く者と言えば、各警視、警部補、巡査等で、それが総て検事の手足として働き、そうして犯人を追い駆けるのであります。故に検事は各警察官吏を指揮してそうして犯罪を検挙するのであります。

まず以上申し上げましたのが、極めて簡略ながら裁判所の概念なり仕事なりでありますから、左様御承知置を願います。そうすると、審判所と云うものを説明する上に於いても、審判所は裁判所と違うと云う事柄が能くお判りになるだろうと思います。と同時に御承知ない方は新聞を御覧になったり話をお聴きになったりする上に於いても能く御理解が出来やしないだろうかと思うのであります。

ついでに御参考までに申し上げますが、先刻申した大審院は一ケ所、控訴院は七ケ所、地方裁判所は五十一ケ所、地方裁判所支部八十七ケ所、区裁判所二百八十一ケ所、区裁判所出張所千七百四ケ所、こうあります。但しこれは大正十三年十月一日調べであります。それから判事の総数が千百十五人、検事総数五百七十四人と云うことになって居ります。

なお申し上げて置きたいのは、判事の方に於いては裁判をする場合に、自分の知己の者或いは親族などの関係にある者が被疑者として法廷で裁かれる場合があるのでありますが、そう云う場合に於いて裁判すると云う事は、世の中から不公平な裁判をしやしないかと云うような疑いを受けますから、それには別に忌避、回避、除斥と云うことを規定して居ります。つまり自分から、具合が悪いからと云うて裁判をやらないことが回避で、忌避と云うのは関係人からどうもあの裁判官は偏頗な裁判をするからと云って避ける場合で、除斥とはこういう場合には当然その裁判に携ってはいけないと云うことを法律で決めて居る場合であります。

ところが検事にはこういう場合は一つもない。と言うのは検事は裁判をするのではない。裁判をするのは判事である。検事がたといその者を無罪或いは有罪にしようと思っても、罪を附けるのは判事でありますから、検事の思うようにはいかない。幾ら親族であるからと言うても、知己の者であるからと言うても都合の好い裁判を請求しても、裁判官が確かにして居れば間違いないのでありますから、検事には忌避も回避も法律には規定していない。けれども親の裁判に子たる検事が立会う訳には行かない。しかし検事は何人立会っても宜いのでありますから、この場合には他の者が代わって立会うのであります。

ところで審判所はどうであるかと云うと、審判所の審判官は随分こういう場合がないでもない。知己の子供に対する審判をする場合もある。しかし審判所は裁判所のように子供に罪を附けるのではなくして子供を保護して行くのである。どうすればその子供の悪性が矯正されるであろうか、如何なる保護を与えたら好いであろうかというように、徹頭徹尾保護という事柄を頭に置いてやるのであって、忌避されることもなければ、また審判に携ることが出来ぬと、法律に除斥の場合を規定する必要もないのであります。しかしながらとにかく保護と云いましても、或いは保護団体にその身柄を委託する場合もあり、或いは寺院、教会に、或いは適当な個人に委託する場合もある。感化院に送り、矯正院に送り、或いは病院に送ると言う保護の種類もあり、或いは少年の関係者から見ますれば、身柄を随意に返してくれぬ場合もありますから、不公平な事をやりはしないかと云う感じが持たれる場合がないとは言えないのであります、世の中からそう云う嫌疑を受け、猜疑の眼を以て見られることは、保護処分の神聖を害する訳になるのであります。左様な場合は、自ら審判官が退きまして他の審判官に審判をして貰うと云うことにしますならば、世の中の疑惑から遁れることが出来ようと思います。しかしながら書記などは、裁判所では書記が調書と云うて裁判廷に於ける始末を書面に書き附けるのでありますが、その書面には、或いは被疑者の言うたことも、証人の言うたことも、書きますから、裁判所の書記が被疑者に愛憎を持って居ると、或いは便利のように、或いは不利益のように書く場合がないとも言えない。而してその調書が後日断罪の資料になるのでありますから、裁判所に於ける書記には回避、除斥と云う規定が設けてあります。しかし審判所の書記は唯調書を作る。将来如何なる審判の模様であったかを知らす為めの記録に調書を作るのでありまして、それが何ものをも拘束する材料になる訳ではないのでありますから、審判所の書記には裁判所の書記のように除斥とか回避とか云う規定はなく、また審判官が回避するとも、書記は回避する必要がない。ですから余程そう云う点に於いて裁判所とは異なる点があるのであります。

なおもう一言申し上げて置きたいのは、検事局に於きましては、司法警察官吏を自分の手足の如くに使って罪人を検挙するのであるが、審判所は司法警察官吏には関係がない。司法警察官吏を検事が使うように使うことは出来ないのであります。ところが審判所に来る子供は犯罪をやった子供もある。また現に犯罪とてはやらぬが犯罪をやり兼ねまじき子供もあるのでありますから、これらの調査をする上に於いて、或いは司法警察官吏の手を借らなければならぬ場合もあり、またその原籍に於ける間の事情を調べ、或いは学校教育の状況を調べ、或いはこれまでの職業の有様を調べると云うような場合に於きましても、審判所の少ない職員が一々遠方へ出掛けて行って取調べると云うことは出来ないのであります。そうかと言って調べない訳にも行かない。否、迅速に調べる必要がありますから、その為に法律には明らかに共助の規定がある。審判所は必要なる官署に嘱託しまして、自分の調べんと欲する所を調べて貰うことが出来るのであります。その子供の戸籍謄本が要ると思えば、その原籍役場に言うて子供の戸籍謄本を取り寄せる。学校の成績表を送って貰う、また裁判所で先に処分を受けた事があれば、裁判所に言ってその調書を送って貰う。或いは警察に対して、調べた子供が逃げたから捕えて貰いたい、或いは或る子供を連れて来るに就いて援助をして貰いたいと云うようなことも嘱託することが出来るのであります。ですから検事のように法律の当然の結果として司法警察官吏は使えませぬけれども、嘱託と云うことに依って司法警察官吏に対し必要なる補助をして貰うことが出来るのであります。何故司法警察官吏を使えないようにしたのであるかと云うことに就きましては先刻も言うた通りに、成るべく審判所は裁判所のように世人に厳めしいお役人の居る所であると考えさせないようにするが為に、そう云う所と連絡を絶って、特別の役所とし、且つ調査には差し支えないだけの規定はして居るのであります。

その二　少年審判所の手続

裁判所の構成に就いての大体を申し上げて置きました。判事は裁判をするけれども、自ら犯人を引っ張って来て裁判するのではなく、裁判すべき犯人は検事が起訴をして初めて判事の手に移って裁判をするようになるのであります。起訴ということは、この者には罪があると思うから然るべく処分して貰いたいと検事が裁判所に申し出ることであります。検事は犯罪のあるかないかを捜査して、犯罪があると思う時にこれを起訴して、罰して貰いたいという手続を裁判所にするのであります。

犯罪の有無を知るには第一に検事自ら認知する場合があります。これは職務の執行中に於いて犯罪があるという事を知る場合もあるし、密告や投書や風説や或いは新聞雑誌の記事などに依って知る時もあります。そうしてこれを知ったならば自ら調べることも出来、また警察官に命じて調べさせることも出来ます。

第二に告訴に依って犯罪のあることを知るのであります。告訴というのは害を受けた人が申し出るので、何の某にこういうような害を受けた。殴られたならば誰に殴られた。物を盗まれたならば誰に盗まれたというように被害人から申し出るのであります。

第三は告発に依って犯罪を知る場合である。これは自分は被害者ではないが、犯罪のあることを知った第三者がその筋に知らせることであります。甲が乙に対してこういう犯罪をした。或いは乙にはこういうような罪があるというようなことを、関係のない第三者たる丙が検事に申し出て来るのであります。前の告訴は直接間接の被害者から申し出るので、告発の方は第三者からであります。もう一つ第四は自首に依って犯罪を知る場合であります。自首と言うのは犯人自ら、犯罪を為したということを申し出る場合であって、斯様に認知とか告訴告発または自首に依って検事が犯罪のあることを知りますと、或いは司法警察官に命じて捜査を為さしめ、また自らも捜査する場合があるのであります。司法警察官を補任官として自分の手足の如くに使って証拠を集めるのであります。これで判事と検事との仕事がお分かりになったことと思います。

これからいよいよ審判所に就いて説明を致します。審判所というところは少年を保護する所であるが、これまでのお話はこの保護すべき少年を何処から連れて来るか、その手続をするに当たってよくお判りになるようにと思って申し上げた訳であります。

審判所で保護すべき少年少女は、第一検事から送致される場合で先程申した様な原因で検事が犯罪事件のある事を知った時に、これを起訴して実刑を科する事がその少年の為になると考えた場合には起訴を致しますが、それよりも少年審判所で保護を加えてやった方が少年の為めでもあり社会の為にもなると考えた時は、検事はその犯罪をなした少年もしくは少女を審判所に送って来るのであります。

第二には検事から審判所へ送致される場合であります。これは検事は少年に実刑を科して少年刑務所へ入れる方が宜かろうと考えて起訴をしたけれども、判事が自分の独立の考えに依って、少年審判所に少年を送って保護を求めた方が宜かろうと考えた場合であります。その時には判事が審判所送りの決定をして少年を送って参ります。

第三は地方長官から送致して来る場合、この場合は十四歳に満たざる少年に限ります。何故かと申しますと、感化法の条文に「十四歳ニ満タサル者ノ不良行為ヲ為シまたハ不良行為ヲ為ス虞レアリ且ツ適当ナル親権ヲ行フ者無キ……」というような者に就いては地方長官が感化院へ送るべきか、少年審判所の保護に委すべきであるかを判断して適当な処置をするように規定してあるからであります。感化院へ入れるが相当であると思った時には、地方長官から直接に感化院へ送ります。また感化院へ送るよりも審判所の審判に附して、その結果に依って矯正院へ入れるとか適当な保護司の観察に附するとか、審判所の適当な保護を加えて貰った方がよいと思った時には審判所へ少年を送致して参るのであります。十四歳以下の少年に就きましては、今申した条文に依って審判所は地方長官から送って来なければ手続を開始することが出来ませぬ。

それから第四は認知の場合であります。これは前に検事が認知をする時の説明をしたと同様に、審判所の職員が、犯罪行為を為しもしくは犯罪行為を為す虞れある少年を発見した際に、自ら進んで調査をなし保護を加えるというのであります。審判所の職員と云うのでありますから審判官は固より少年保護司、書記に於いても認知することが出来ます。

第五は通告に依って少年が審判所に来るのであります。この通告というのは国民一般何人でも出来るので、不良児のあることを発見した人から審判所に知らせて来ることであります。それに依って審判所は保護すべき少年を知る訳になります。これは別段に形式が要るのでも何でもありませぬ。口頭で知らせてくれても宜しい。書面でも宜しい。知らせてくれる事柄もむずかしいことは要りませぬ。少年の氏名年齢或いは保護者の住所氏名年齢ならびに少年の不良行為の大様を知らせてくれれば宜いのであります。それから国民一般何人が通告しても宜いのですから親が自分の子供を通告して来ても宜い。自分の子供は近頃斯様な不良行為をしたとか、不良の傾向があるから然るべく保護をお願いしたいといって知らせて来ても宜いのであります。或いは兄弟が兄弟の不良行為を知らせて来ても宜しい。親族の者でも赤の他人でも宜い。そうしてこの保護を加える少年は検事の認知の時のように警察官から持って来ることはないのであります。つまり警察官吏から審判所へ少年を送って来ることはないので、必ず検事の手を経るか判事の手を経るか或いは以上の順序でやって来るのであります。しかしながら警察官吏も一般国民として通告をして来ることは勿論何等差し支えはありません。審判所は検事局とは違って一般に警察との関係は少しもないのであります。

斯様にして審判所に通告されて来た少年は、審判所に於きましては少年保護司をして調査をせしめます。また審判官自らも調査いたしますが、その調査の方法に就いては、別にお話しがあることと思いますからここでは詳しく申し上げませぬ。唯、こういう事だけを申し上げて置きたいと思います。斯様にして少年が審判所に来るまでには警察も経て来る。検事局も経て来る。或いは警察から検事局へ行き起訴をされて判事の手に移ってから、更に、審判所に廻って来る少年もある。この様に、度々関門を通って居りますから嘘を吐く事もうまくなる。犯罪の弁解もなかなか巧みになって居る。また不良性の程度も強くなって居りますから、保護をしようとしても極めて困難であります。そこで、これらの種々の手を経ない中に審判所の方に早く来て、審判所が先に適当な処置をすることが出来たならばその効果は著しいものがあるのでありますから、左様な場合の多くなる様に審判所としては希望して已まないのであります。この趣旨から審判所の職員は努めてこの認知ということをやって居ります。認知は一度も警察の方に呼ばれたことのない者でなければならぬということはありませんから、その中には随分悪い者がないでもない。不良性の強くならない前に認知して保護を加えるように行き届かねばならぬと思って居るのであります。

　それからなお希望して居りますのは通告であります。これは何人でも宜いのでありますから、始終少年の身辺に居る所の保護者とか親戚の者とか雇主というような人は、少年に不良の傾向が出て来るような時には早く気が付かなければなりませぬ。気が付いたら直ぐ知らせてくれれば審判所では更に調査をして適当な保護を加えることが出来るのであります。通告という事柄を法律は一般国民に対して求めて居って、どうか知らせてくれるようにという希望を法律が規定して居るのでありますから、国民はこの法律の希望に副うように力めねばならぬと思います。普通選挙の如きは長らく国民が翹望して遂にその権利を得ました。これには大いに熱中したいのであります。然らば法律が要求して居るものに対しても国民の義務として尽すべきが当然である。また婦人参政権のことに就いても随分新しい婦人の間には熾んに唱道されて居る。権利の要求はなかなか人並み以上に熾んであるが、法律が国民に要望して居る所の義務——例えばこの通告というような事柄に就いてはあまり覚醒してはくれない。すなわち通告をしてくれるような人は少ない。如何にも権利の要求には力強く尽すけれども、義務に対しては何等仕事をしないというような傾向があるように思います。

　或いはどうも通告ということは人の子供に対して気の毒だ。もし親が自分の知らせた事を知ったら非常に怒るだろう。親から恨みを受けるだろうというように考える人があるかも知れませぬが、斯くの如きは少年保護の事業に就いて全然理解のない人の言である。少年保護は何も犯罪を知り罪人を作る為にやることではない。犯罪をしないように保護をしてやりたいというのが眼目であります。そうして少年の不良性が善導されて行くように、適当な処置を講じて居るのでありますから、少年の為めにこそなれ少年の害になる筈はない。従って少年やその親から恨まれやせぬかということを心配すべき事柄ではない。少年を善くするのは国家の秩序を保ち国家を保護して行くことになるのでありますから何にも遠慮会釈すべきことではありません。そこで審判所としては通告を大いに歓迎して居ります。まだ悪性の強くならぬ中に適当な保護を加えることが最も効果が多いのですから、皆様方でももし不良児を発見されたならば遠慮なく通告して戴きたい。近来ではやや少年保護ということが社会に知れ渡りましたので、父兄から通告して来る少年も相当にあります。誠に良い傾向であると我々は喜んで居るのであります。行く行くは殆んど通告ばかりで保護すべき少年を受けるようなって、それに多忙を極めるようになればその効果は充分に挙がるだろうと思います。何も不良児が沢山現われることを希望する訳ではありませぬが、審判所へ来るだけの不良児しかないということになればそれで結構でありましょう。しかし審判所へ来る少年はほんの一部分で、その他に十倍も二十倍も居るというような今日の状態では、なるべく程度の低い中にこれを発見して保護を加えるようにしたいと思って居るのであります。以上で少年少女が審判所へ来る所の手続を申し上げたのであります。

斯様にして審判所に来た少年を今度は調査を致します。それが済むと審判官が審判をする。その上で適当な保護の処分が決定されるのであります。審判というのは少年本人を喚び出して如何にこれを処置したら宜いかを決めるのであります。区裁判所では単独判事が事件を調べるのでありますが、この審判の場合もそれと同じく一人の審判官が調べることになって居ります。これには無論書記が附きます。また調査した保護司が立会うことも原則になって居りますが、必ずしも立会わなければならぬというのではない。草案に依っては少年保護司を立会わせてその意見も述べさせるのであります。それから保護者或いは附添人を喚び出して列席させる場合もあります。保護者というのは少年を保護するに適当な人であれば必ずしも親に限らず何人でも宜しい。兄姉でも雇主でも構いませぬ。少年を将来監督して行くのに適当な者と認め得る者ならば宜いのであります。

それから附添人というのは審判所の方から附けることもあり、保護者或いは保護団体が審判所の許可を得てこれを選ぶこともあります。附添人になる人は弁護士であるとか、保護事業に関係して居る人であるとか、その他審判所の許可を得た者がなるのでありまして、弁護士は裁判所に於いては弁論をする為に附くのでありますけれども、審判所では附添人として附くので、何も弁論をするような必要はありませぬ。唯少年の為めに適当な保護処分をするのに必要な参考材料を申述べるのであります。結局審判官が審判をするには各方面から充分に事情を悉してその上でしなければなりませぬから、保護者とか附添人とかを附け、なお少年保護司の意見も聴く訳であります。審判する際には一人の審判官がやりまして原則として傍聴は許しませぬ。秘密に行なって居ります。それは少年が審判を受けたということが世間に公けになると、少年の将来の為めに宜しくないからであります。

いよいよ審理が終わりますと、保護処分の決定をする。審判所の保護では到底少年の矯正がむずかしい。どうしても実刑を科して、刑務所に入れて極めて厳格なる規律の下に、教養する必要かあると思ったときには、少年を検事局に送致して起訴の手続を執って貰って、裁判の上で刑務所へ送ることになります。また審理をした結果、あまり不良性を帯びて居らぬと云うような場合には保護を加える必要はない。つまり保護を加えない場合が出来て参ります。

ちょっと審判の不開始になる場合を説明いたします。

まず調べる時分には少年は居った。そうして調べが出来たがいよいよ審判の際になって何処へ行ったか跡方が分からないと云うような事がある。そんな時には審判は出来ないから所在不明で審判は不開始になります。また東京の審判所は東京府と神奈川県とだけに存在する少年に対してのみ審判するのであります。それ以外に居る者に対しては出来ないのですから、調べる際にはこの審判所の管内、すなわち東京府か神奈川県の中に存在して居ったが、審判をする時になって埼玉県とか千葉県とか山梨県、静岡県というように管轄外の地方に行ってしまった場合には、これを引っ張って来て審判することは出来ないので、審判は不開始になります。

それから調査して居る間は十八歳未満であったが、調査が長びくとか、或いは所在を調べる為めに時間がかかって、審判をする時分には十八歳以上になって居る事があります。然るに審判すべき少年は十八歳未満ということになって居りますから、審判はやはり不開始になります。また審判せらるべき者として調べて居った子供が十四歳未満であった。ところが十四歳未満の子供は地方長官から送致して来て、初めて審判所が取扱うことになって居るのに、それが地方長官からの送致を受けた少年でなかったというような場合は、年齢不足で審判することが出来ないから審判不開始にしなければなりませぬ。そういう場合に審判所では次の如き処置を執って居ります。すなわち地方長官に対して、こういう少年が居るがこれは貴方の方でどうなさるかと照会するのであります。すると地方長官の方で受け取って感化院に入れるとかその他の処置を執るか、もし改めて地方長官が送致の手続をとり、審判所の方で保護して貰いたいということであれば当方で保護をする訳になるのであります。

東京府には保護員と云うて少年の保護係が居ります。この保護員というのは今二十四、五人居るようでありまして、男子も女子もあります。しかし唯東京府に置いてあるだけで法律には根拠がありません。能く少年審判所の保護司と間違えられますが少年保護司とは違います。保護員には法律上の権限はありませんが、少年保護司は少年を保護するに必要なる権利を有って居ります。

それから審判をするまでに死んでしまうこともありますが、その時も審判は出来ませんから不開始になります。以上が審判を開始しない場合であります。

審判を開始しますと、事情に依って検事局へ送る少年と、次には保護の処分を加うべきものとが出来て参ります。保護処分の目的は不良児の矯正教養に在る。矯正教養と云うのは不良性を矯正し教育して行くことであります。言葉を換えて申しますと反社会性を帯びて居る少年を矯正してやって将来に於ける犯罪を防止し、その少年を保護するのみでなく、更に社会全般を保護するものであります。それから保護処分の範囲は刑事処分よりも広いということが云い得られます。刑事処分は十四歳以上の者にして犯罪をなした者に加える処分である。ところが保護処分は十四歳未満の者にも及ぶのみならず、十四歳以上十八歳未満のものであるならば、犯罪をなした者は申すまでもなく、犯罪は為さないけれども一歩踏み違えれば犯罪を為す虞れある者に対しても加えることが出来るのであります。十四歳未満の者でも不良行為がある者に対しては処分が及ぶことになって居ります。

保護処分に就いて具体的に申しますと、第一には訓戒であります。これは少年の不良の程度が低くて已に悔悟して居る場合には、その少年を矯正院へ送る必要もなく、少年保護司の観察をも必要と致しませぬから、その者には不良行為を云い聞かせて将来注意すべき点を教えてやれば宜しい。訓戒だけで再び不良行為を為さない少年も随分ある訳であります。

第二は学校長に訓戒を委託する場合、これは少年が学校に通学して居る場合に審判官が自ら訓戒をしないで、その学校長に対してこの少年は斯様な行為がある。斯様な不良傾向があるから斯く斯くの点に就いて訓戒をして貰いたいということを知らせて、学校長に訓戒をして貰うのであります。随分今日では小学校や中学校に現に通学中の者で不良行為を為して審判所に来る者もあります。大正十三年の六月から大正十四年の七月までに東京少年審判所で取扱った少年二千四百六人に就いて、その教育程度を調べましたところが、現に小学校に通学中の者が約百九十六人であったと記憶いたします。小学校以上と申すのでありますから、男は商業学校とか中学校とかいう方面に通学中の者、女は女学校或いは商業学校に通って居る者であります。実に驚くべき傾向で大抵窃盗をやって居ります。中には喧嘩をして傷害罪を犯す者もあります。

そこで現に学校に在籍して居る者に対しましては、学校長に頼んで訓戒して貰うことを法律は規定して居る。学校から云われるとその少年が良く聴くというので訓戒を委託するのでありますが、今日の実状に於いてはどうも法律に左様な規定があるに拘らず、これを実行することが出来ないので我々は困って居ります。というのは、学校では生徒の不良行為が知れなければそのままに済まして居るが、苟も通告を受けたとなると、訓戒の程度を飛び越して左様な不都合がある者は困ったものだ。学校の名誉に関する、そんな者は退学させてしまわなければならぬと云うので、早速退校させると云うのが多いのであります。無論、小学校では義務教育ですからそういうことはありますまいが、中等学校以上になりますと今申したような結果になります。

審判所ではよくしてやりたいと思えばこそ学校に知らせるのに、そんな有様では退校させてしまうような事が多いので、却って少年の為めに不利益な結果を来しますから、今では学校長に訓戒を委託するということは出来難い状況にあるのです。一体退学した者がどういう経路を取るかというと大抵自暴自棄に陥る者が多い。退学した者は他の学校にも入れてくれないから悪い性質がますます悪くなるばかりであります。「濡れぬ先こそ露をも厭え」という俚諺の通り今までは誰も知らなかったが、もう、退学させれたのだからやれる所までやって見ようということになって結果は必ず良くないのであります。これも、法律が学校長にもよく少年法の趣旨を了解して貰って、この方面にも活動して貰いたいと希望して居るに拘らず、それが出来ないというのは誠に情ない話であります。しかしながら総ての学校がそういう訳であるのではない。近来やや理解する人も増して、学校に依っては決して退学などはさせないから知らせて貰いたいと申し出て来る学校もあるのであります。早晩学校長に訓戒を委託するという時機も来ようと思いますし、またその一日も早からんことを我々は希望して已まないのであります。

第三は書面を以て誓約させることもあります。これまで悪いことをしましたが、今後は決して悪いことは致しませぬということを書面に書いて出させるのでありまして、これも犯罪性のまだ単純な者に対しては非常な効果があります。日本人は昔から詫び証文を書くという事柄を非常に重大に考えて居ります。これは詫び証文ではありませぬけれども、誓いの書面を書くということになればすこぶる重大なことと考える習慣がありますから、これも相当の効果を挙げ得るのです。

第四は条件を附して保護者に少年を引き渡す場合であります。これは少年が不良行為を為すに至りました原因を考えまして、如何なることを少年に守らせたならば左様な不良行為をしなくなるか。すなわち、今後少年をして守らしむべき事柄を列挙して示してやるのであります。これを例えて申しますと、或る少年が本屋で本を盗んで、それを売った金で活動を見たということがあると致します。その場合には活動を観る金がないから本を盗んで売ったのですから、家庭に於いて活動見物と云うことに注意しなければならぬ。左様な時には少年に対しては活動を見るということは慎まねばならぬ。夜遊びに始終行ってはならぬ。金を無駄に使うのは良くないことであるというようなことを申し聞かせる。また親に対しても親が活動を見に行くのに子供をやらぬ訳にはゆかないから、親も見に行ってはいけない。また子供が活動に行かないように気を付けよと双方に注意を与えて少年を引き渡すのであります。この条件はその時々の事情に依って異なるのは申すまでもありませぬ。要するに少年をして不良行為に陥らざるようにするに就いて守らしむべき事柄を示してやるのであります。以上申し述べました訓戒と、学校長に訓戒を委託する場合と、書面を以て誓約を為さしむる場合と、条件を附して少年を保護者に引渡す場合、の四つの場合をば一時的処分と申し、いわゆるその場限りの処分であります。これは少年の不良性が単純である場合になす所の保護処分であります。

第五は委託処分であります。「寺院、教会、保護団体及適当ナル個人」に委託する場合であります。少年の不良化ということの原因を探究して見ますと、或いは生まれつきに依る者もありましょうし、また生まれた後の各種の事情に依る者もありましょう。家庭の欠陥であるとか環境であるとかの事情から来る者もありましょう。そこで少年の不良化の程度或いは事情に依っては、一時的処分ではいけない場合も随分ありましょう。家庭の欠陥の為めに不良性を帯びたという者を再びその家庭に還せば不良性の直らないことは明らかである。家庭の改善が出来ないのに拘らずそこに還すとか、環境のよくない為めに不良化したに拘らず元の環境に還すとかいうのは決して不良性を直す所以でない。そういうような少年は元の家庭へは還さずに他処に移してやる必要があります。この境遇を転換させる為めに「寺院、教会、保護団体または適当なる個人に委託する」ということを規定して居るのであります。お寺とか教会とかは人を善導して行くところである。坊さんでも牧師でも神職でも人を善く導くのが仕事でありますから、そういう人に不良児を託して面倒を見て貰うのであります。そうして寺院なり教会等の環境の善い所に移して教化していただくのであります。

それから保護団体に委託するということを法律は規定して居ります。これは民間の篤志家が集って少年を保護して行こうという団体であります。慈善団体とか社会事業の団体とか少年を良くしてやろうという目的の為めに立って居る団体に託するのでありますが、斯様な団体は少年法の実施される前にあった訳ではありませぬ。少年法が出来て国民に対して斯様な団体を作って貰いたいということを法律が希望してから、段々慈善家や社会事業がこの種の団体を設立しまして、現在に於いては、東京少年審判所より少年を委託する団体は二十数ケ所、大阪には既に三十ケ所もあるようになりました。これはアメリカなどに於きましては、少年に対して特別の裁判を為すということになります前に、既に慈善団体等がありまして、そういう事業を盛んにやって居たのであります。ですから法律が出来て少年に対して特別の取扱いを始める時分には、ちゃんと、もう少年を引き取って世話をするお膳立が出来て居ったので、容易に保護事業を進めて行くことが出来たのであります。ところが日本に於いては、法律が出来て左様な事を国民に希望してから、やっとぽつぽつこの種の団体が出来始めたという有様で、アメリカなどとは全て反対であります。我々は世間の方がこの事業の大切な事を自覚して、保護団体の如きもますます多く且つ基礎の鞏固（きょうこ）なものが出来ることを希望して已まぬのであります。

さて、保護団体に於いて少年を引き取りますと、教育の足らぬ少年に対しては教育をしてやります。また実地の学問、実業上の学問も教えてやります。今日審判所から少年を託して居る保護団体にも或いは農業をやらせて居る所もあり、印刷を教えるとか、裁縫を教えるとか、大工を教えるとか種々な実際の仕事を教えて居る所があります。唯少年を食わせて遊ばせて置くのが保護団体の能ではありませぬ。将来世の中に立ち独立して仕事の途を開き得ると云うだけの教育をしてやらねばなりません。朝から晩まで為す事もなく、成程食わしてくれるのは宜いが、「オルガン」を弾いてブーブドコドンをやって居たのでは社会に出て活動して行く少年は出来ませぬ。

それから適当なる個人に委託するというのはつまり少年保護という事に就いて理解のある個人に頼むのであります。少年の中にはこれまで活版屋に居って将来活版屋になりたいとか、鍛冶屋になりたいとか、或いは洋服屋になりたいとか、自分は女工をしたいとか種々な希望があります。そこでそれに応じて適当な道を教えてやらねばなりません。大工の家にやって大工の弟子にするのもあります。左官屋の弟子にするのもあります。「ミシン」屋の仕事を習わせる為めに洋服屋にやるのもあります。ですから少年を理解し少年を教育してやろうという個人に委託するので、これも今日では相当に審判所の少年を連れて行って世話をしてくれる人があります。しかしながら、よく考えて調査をしませぬと、審判所から来る少年はただ使えて金が要らないから、使えるだけうんと働かせてやろうというような非道な人も中には居ります。世の中には慈善の面を被って偽善をやる人が随分あって、時には少年があれば世話をしてやろうというような書面を寄越す者があるのです。これは、とにかくその少年には審判所が関係して居るのだから賃銀はやらなくてもよい。使えるだけ使ってやろうという利己主義から預かってやろうと云って来るので、そういう点は常に審判所としては注意を払って居るのであります。

その三　刑事処分と保護処分

保護処分の第六は少年保護司の観察に関する場合であります。これはどう云うことかと申しますと、少年を唯家庭に還して置く、或いは悪くなった元の境遇に還して置くとか、或いは個人の家に委託する、委託はしても保護が不充分であると云うような場合に、その少年を始終監督する為め、少年保護司を附けるのであります。それで、少年保護司はどう云う事をするのかと申しますと、その仕事がいわゆる少年を観察すると云うことになるのであります。簡単に申し上げますと審判を致しまして、無論審判に於いて悔悟しますれば審判だけでも善くなると云う事になるべき筈であります。けれども、唯審判そのものだけで直ぐ効果を表すべきものでないのでありまして、その後の少年に対する監督または保護方法の善悪、善悪と申しますと語弊がありますが、その保護方法の適当であるかどうかと云うことに依って、この審判の効果が現われて来る訳でありますから、この観察と云うことが最も必要なのであります。

それでは観察とはどうするのかと申しますと、少年保護司がその少年の先主ともなり或いは親代わりにもなり兄弟代りにもなろうと云うような心持ちで監督をして行くのであります。従って直接少年に面会を致しまして種々な訓戒を与えると云う事柄も、その一つのやり方でありますが、子供を自宅に招きましてお茶でも飲ましたりお菓子でも与えたりしまして種々の話を為しその間に善導して行くと云うのも一つの方法であります。

また少年が学校へ参るような者である場合にしましても学校の都合が悪いと云うことであれば、種々面倒を見てやり就学の出来るように学校を尋ねてやるとか、或いは或る学校を退学させられて居る者で今後更に学校へ行かねばならぬと云うような者に適当な学校を選んで世話をしてやるとか、或いは職に就かねばならぬ少年であるならばその者の為めに適当な職を見出してやる、仕事にあり付かしてやると云う事柄もやらなければならぬのであります。

また子供が悪いと云うのは子供が悪いだけではない、その家庭が悪いから自然少年が不良化すると云う場合も随分多いのでありますから、そう云う場合には少年に対して適当に善導する方法を講ずるのは当然であります。けれどもその家庭の改善からして行わねば少年は善くなる筈はないのであります。家庭の改善をするのには父母であるとかその他兄弟であるとか云う様な保護者に対して、保護のやり方の悪い点に就いて忠告をしてやらなければならぬのであります。また保護者の相談相手となって子供を導いて行くと云う事もやらなければならぬのでありますから、少年保護司が少年を観察すると云う場合には、唯少年ばかりに眼を付けずしてその家庭にまでも眼を付けてやって行かねば、その効果を充分に収むることは出来ないので、この観察はなかなか必要であってまたなかなかむつかしい仕事であります。

それで少年を自分の家に喚(よ)んで種々な話をしてやると云うことにしましても、喚び付けられると云うようなことになれば少年の自尊心を傷けるような感じを起こす場合もあるのであります。子供を自分の家へ呼んで宜いか悪いかと云うような事柄もこれは少年保護司としては充分に考えなければならぬのであります。要するに少年の個性および少年の心理状態をも能く考えてやらなければ折角の観察も失敗に帰するようなことになります。随分むずかしい仕事であると同時に少年保護に就いて最も必要なる仕事である。実に少年保護の中枢事業であると云う事を申して差し支えないのであります。

また観察しますに就きましても、これは無論昔の制度に於ける警察の監視と云うような事柄ではないのであります。昔は警察官が監獄から出た者に対して監視と云うことを為したのであります。つまり時々その者の家へ行ってその者が居るか居らぬかと云うようなことを調べて居ったのであります。けれどもこれはサーベルを吊してガチャガチャ行くのでありますから、その家の者は罪人であった者だと云うことを世の中に吹聴するような結果を持来して居ったのであります。それでどうも彼所の人は傭う訳に行かぬと云うような風に人から嫌厭される。自から仕事も充分にないと云うようなことになりまして、甚はだ困ったこともあります。この制度は失敗に終わったので、今日では監視と云うことは廃めて居るのであります。けれども警察に於きましては不良少年であるとか前科者であるとか云う者に就きましてはやはり視察と云うことをして居るのであります。けれども警察はやはり大手を振って大っぴらに視察を行うので自然と隣近所の者達へは彼所の家へは警察官が視察に行くと云うようなことが知れる場合が多いのであります。その結果はやはり面白くないのであります。それ故、この少年法に於ける趣旨が秘密にやると云う事にあるのですから、かかる観察を行います場合でも外部に知れないようにやらねばならぬのであります。ここがむずかしいところであります。ですから鞄を提げて洋服を着た人間が出入りしますと、誰れか彼処へ出入りをして居るが執達吏であろうかと云うようなことになって人が疑い出す。しまいにはあれは審判所の者だと云うようになると彼処の子供は不良少年だろうと云うように云われるのでありますから、そんなことにならないように極めて秘密に観察してやらなければならぬのであります。ここはやはり少年保護司の力量に依る所でありましてむずかしい処であります。ですから或いは朝早く行く人もあります。或いは夜遅く行くことにしなければならぬ場合もあるのであります。時には着流しで行く場合もありましょう。また時には詰襟の洋服で行く場合もあるのであります。

先般或る少年保護司よりこういう事をして大変成功したと云う報告を受けました。それは或る少年、これは女の不良児でありますが、それを観察する為に家に行った。行ったけれども元来向こうではこれは警察官吏だろうと云うような考えで、どうしても有体のことを云うてくれない。その少年なりその家庭の者と親しみを以て、お互いに信頼して偽りを云わないように、その間何等の隠し立のない様にやらなければ到底その少年を保護すると云った処で駄目であります。ところが警察官吏にはなかなか親しみを持ってくれませぬ。それでこの人もこれでは仕方がないと云うのでこの時はそのままにして帰って来ました。ところがその後、或る晩の事、所は深川の方でありましたが大水が出た。そこで今晩こそは好い秋だと云うので早速着流しで尻をはしおりまして訪ねて行った。ところが恰度夜の十一時頃だったそうでありますが、お母さんと娘がバラックの中に居るので、行きなり戸をどんどん叩くと誰だと云うから、誰も彼もない一寸開けてくれと云うようなことで開けて貰って中に這入った。今日はとにかく大水が出て何も食わないが西瓜を一つ買うて来てくれぬかと云うて一円出した。すると向こうでも巡査ではなさそうだと思うたのか、西瓜を買うて来てくれたので互いに西瓜を食いながら話をした。ところが成程これは巡査でない、自分の為を種々思うて来てくれる人だと云うようなことでこれまでの事を一切懺悔をして、その身の振り方を保護司に頼んだので、保護司はその後娘を或るパン屋に世話したところ、段々と落ち着いて善良になった。

ところがその娘の友達で審判所に関係のない者までもどうか世話をしてくれと云うようなことを頼んで来る。審判所に関係はないけれどもそれの世話をしてやると云うことになると、保護司に対して年少のみではない、他の者までが信頼して来て非常に喜ばれる。また保護司にしても非常に愉快に観察して居ると云うことであります。そう云う次第で役人であると云うて大きな顔をして行ってはとても駄目であります。常にお前さんの親身として世話をしてやる、お友達である、兄さんである、姉さんであると云うような心持ちにならなければそう云うことは出来ないのであります。その気持ちが大事なのであります。

またこういう事もありました。これも甚だ注意をせねばならぬことであります。少年の調査または観察に行き、その宅が分からないことがありますが、何番地と云っても広いバラックの小さな所に居る少年の名前は分からぬ。これはあまり考えの良くない保護司が或る時交番に行きまして、自分は少年審判所の保護司だが何番地の何某は何処でありますか、と云うて問うた。交番には戸口調査簿がありますから、それはこういう所だと云って教えてくれた。そうして或る少年の家へ行ったのであります。さて一方巡査は、成程これは審判所の保護司が訪ねるからは不良少年であるに違いないと云うので、巡査は後からやって来ましてお前の所の子供は審判所の世話になって居るから多分不良少年であろうと云うような訳で、早速本署に向かって不良少年であると云うようなことを報告することになって、少年が甚だ迷惑したと云うような話もあります。これは非常に注意を要することでなかなかむずかしい仕事なんであります。それと同時にもう一つ申し上げて置きたい事柄は、少年保護司が観察をすると云う事柄は、唯その少年をして将来不良行為を為さしめぬと云うだけではないのであります。単に不良行為を為さしめぬ上に、一層より善くしてやると云う点にまで行かねばならぬのであります。唯悪い事をしない不良行為をしないように保護して居ると云うだけの消極的の仕事ではいかぬのであります。その少年を善導して行って忠良なる国民に仕立てて行くと云う積極的の仕事をやらなければならぬのであります。そうなればこの観察と云う事は非常に大切な事であります。種々な考えを運らしてその効果を挙げなければならぬことになるのであります。これは申し上げれば限りのないことでありますが、他に観察と云う事に就いての説明がありましょうからこれ位にして置きます。

それから第七の場合は感化院送致であります。感化院には国立感化院と府県立感化院の外に代用感化院もあります。国立感化院は武蔵野学院と云うのが一つあるだけであります。これは埼玉県北足立郡大門村に設けられてあります。此処には日本国中から最もむずかしい者を集めて居るのであります。

最もむずかしいと云うのは日本中の他の感化院で感化困難と思われる者を集めて居るのであります。これも元は百人位の定員であったようでありますが、行政整理の為め近頃は七十人位の定員であるそうであります。此処へ入れます者は内務大臣が入れることになるのであります。それから府県立の感化院になりますと地方長官が入れることになるのであります。地方長官の鑑別に係って居るのであります。東京府でも井ノ頭の感化院と云うのがあります。井ノ頭学校と云って居ります。この府県立の感化院に少年を容れますに就いては、地方長官が入れるべき者と思った者を入れる場合もありまするし、また父兄の方から頼んで来て入れる場合もあるのであります。少年法に於いては少年審判官の審判の結果当然入れらるることになって居るのであります。これは感化院法にも少年審判所から送致になる場合と云う規定が出来たのであります。しかし国立感化院の方はやはり府県立と同様に審判所から入れると云うように、法文の改正をすると云うことを議会では内務大臣も言明して居たのでありますが、未だに改正がありませぬので直接に入れると云う訳に行かぬのであります。しかしながら府県立へ這入れると云うことになって居るのでありますから、審判官が少年を見まして感化院へやった方が通常だろう、こういう考えの場合には感化院へ送致すると云う保護処分をすることになるのであります。しかし今日では感化院へ送致すると云う場合は甚だ稀であります。極く年の行かぬ者などを送るようなことがありますけれども、審判所の開設以来（大正十四年七月頃までに）感化院へ送りましたのは十二、三名位のものではないかと思います。とにかくそう沢山は送って居りませぬ。神奈川県には薫育院と云う感化院があります。そこへ送ることになって居るのであります。

第八の場合は矯正院送致であります。これは少年の不良化の程度の最も強い者、感化院へ入るる為めには不良化の程度が強い、しかしながら刑務所へ入るるまでの者でないと云う者をこの矯正院に入れるのであります。御承知の如く少年刑務所に於きましては全く外部との交通を遮断して居ります。こういう獄舎に収容して居るのであります。周囲に高い塀を繞らして活社会と交通をさせないと云う所へ収容して居るのであります。しかしながら矯正院は左様な厳格なる障壁を設けて社会との交通を遮断して居る所ではないのであります。もっとも内部に於きましては或いは懲戒室などと云うようなところを設けまして監獄の監房類似の設備をして錠前の掛かった室へ入れて置く場合もあるのであります。また少年の居る所に致しましても少年の性質に依りましては寮舎の入口などに錠前を掛けてある所もあるのでありますけれども掛けてない所が多いのであります。従って逃げようと思えば何時でも逃げられるような所へ置いてあるのであります。しかし普通の保護団体であるとか個人の家であるとか云うような所ではありませぬ。職員も始終居りまして監視をして居ると云うことにはなって居ります。それで不良化程度を考えて送ると云うことになって居ります。

東京の審判所から少年を送るこの矯正院は八王子市外の由井村にありまして、これを多摩少年院と称して居ります。大阪の審判所の関係と致しましては大阪府の三島郡春日村に浪速少年院と云うのがあります。

第九の場合は病院送致と云うことであります。少年に限りませぬが、この犯罪の中には病的で犯罪をやると云う人が随分あります。病的犯人に就きましては、その病気を癒してやらなければ他の方法を講じた所でその不良性を矯正すると云うことは困難であります。病気を癒しますのには病院へ収容すると云う事が必要なのであります。随って審判官が審判の上でこれは病院へ入れる方が適当である、病気をまず癒すが第一であると考えました者には病院送致の処分をするのであります。しかしながら法律には病院送致と云うことの規定がありますけれども、まだ送致すべき病院と云うものは設立されて居らぬのであります。法律に規定がある以上、国家が病的の犯人を収容すべき病院を造るのが当然でありますけれども、未だに出来て居りませぬ。自ら審判官が病院へ送りたいと思いましても、今日では病院送致と云う処分は出来ないのであります。そう云う場合に於きましては仕方がない、私立の病院で適当と認むる病院へ委託するより外に方法がないのであります。ところが今日ではそう云う適当な病院もない為め、病院へ委託すると云うようなことも出来ないので甚だ困って居るのでありま す。もっとも病院へ入れます以上は、とにかく犯罪と云う事柄とその者の病気と云う事柄が関係がなくてはいかないのであります。唯あの少年はどうも肺が悪そうだとか脳が悪そうだと云うだけでは病院へ入れると云う訳にいかぬのであります。その者の病気とその者の不良化と云う間に関係がある、つまり因果関係があると云うことでなければなりませぬ。この点を御考え置き願いたいのであります。

以上申し上げましたような一ないし九の保護処分が出来る。ところでその保護処分とはこの九つの場合のいずれか一つをしただけでよいのであるかと申しまするど、そうではないのであります。その保護処分は何時でも取消、もしくは変更をする事が出来るのであります。この九つの保護処分は、伸縮自在に使うことが出来るのでありまして、非常にこの少年法の保護処分は、弾力のある保護処分であります。その事をこれから申し上げたいと思います。

その前に保護処分の効力に就いて一言申し上げて置きたいと思います。刑事訴訟法に於きましては一事不再理、すなわち一つの事柄を再び審理しないと云うのが原則であります。これは、例を取って申しますれば、甲が乙を殺したと云う事件がありますそれで一度処分を受けたと云うことがあるならば、同じ事柄に就いて二度三度処罰さるると云うことはない、こういうのであります。窃盗事件に就いて申しますれば、何月何日に何処其処で書物を盗んだ者があるとしますれば、その後再びその書物を盗んだと云うことに就いて審理をされぬと云うことであります。そうでないと一度処分されたにも拘らずまた外の方で引ッ張り出されて処分される、また外の方で調べられて再処分をされると云うことがありますれば、一度罪を犯した犯人と云う者は何時も安まることが出来ないのであります。何時も不安の状態に置かるるのであります。悔悟して仕事に就こうと思っても仕事に就けないのであります。東京で一度処分されてまた大阪で処分されると云うようなことでは困るのであります。これは刑事訴訟法上の原則なんでありますが、少年法は刑事訴訟法に則ってやるべき法律ではないのであります。ですからこの一事不再理と云う原則を持って居る訳には行きませぬが、この原則を準用して差し支えないのでありまず。

それでありますから、一度審判所で審判されたる事実に就きましては、外で再び審判される、或いは裁判所で勝手に裁判さるることは決してないと云うことになって居ります。そうでありませぬとこの審判所で一度審判を受けたのに裁判所でも己の方で罰すると云うことになりましては、少年は非常に困るのであります。それからまた審判所で一旦審判して保護処分を加えて居るに拘らず、審判しました時の事実より前の事実に就いて裁判所で勝手に裁判さるると云う事になれば、この方で保護処分を加えて世話をして居るのに拘らず勝手に裁判所が連れて行って裁判して監獄へ入れると云うことになって、何等処分の効果がないことになりますため、そう云う事は出来ないことになって居ります。それ故少年法に於きましては、審判所で審判したる事件より以前にあった事件でその事件より軽い事件に就いて裁判さるる事はないのであります。それより重い事件がありますればこれは仕方がありませぬ。例えば泥棒をしたと云う事に就いて審判所で保護処分を加えた。ところがその前に人殺しをして居ると云うような事があって、後にあらわれたような場合に、人殺しと云うことに就いて裁判さるるのはこれは止むを得ないのであります。

それから審判官は保護処分を適当なりとして或る処分をしたのでありますけれども、その後種々なる事情に依りましてその少年を裁判所の方へ廻して実刑を加え刑務所に入るる方が適当なりと云うことでありまするならば、審判官は曩の審判を取消し、既に審判した事件を検事の方へ送るのであります。そうして起訴して貰うと云うことになり、刑務所へ入るる手続を取ると云うことになるのであります。保護処分には斯様な効力があるのであります。

要するに少年が少年審判所に於きまして保護処分を受けましたならば、早く気を落ち着けて不安の状態から遁れて立派な途に進み得るようにしてやると云う趣旨の下に、この一事不再理の原則が準用されて居る。こういうことに考えて御出になれば宜しいのであります。それはこの点に就いては少年法の第六十三条にそう云う規定が出来て居ります。それは

「第四条ノ処分ヲ受ケタル少年ニ対シテハ審判ヲ経タル事件又ハ之ヨリ軽キ刑ニ該ルヘキ事件ニシテ処分前ニ犯シタルモ

ノニ付刑事追訴ヲ為スコトヲ得ズ但シ第五十九条ノ規定ニ依リ処分ヲ取消シタル場合ハこの限ニ在ラス」

この点に就いては少年法の第六十三条と第五十九条とを御覧願いたいのであります。

それから次に申し上げるのは保護処分の取消変更と云うことであります。これは保護処分を致しまして後に或いは少年保護司の観察に付し、或いは付せざる場合もあります。いずれに致しましても少年が或いは遁げまして何処へ行ったやら分からぬと云うような場合もあります。こんな場合には観察しようとしても観察が出来ないのであります。また保護団体へ委託をして置いてもすぐ遁げてしまう。そうすると保護団体が教養をしようと思っても出来ないのであります。そう云う場合には仕方がない、取消をして保護処分を解くと云うことになるのであります。つまり審判所から世話をすると云う部類から除いてしまうと云うことになるのであります。それからまた少年が漸時悔悟して善くなって来ると云う場合に於きましては、善くなった者を何時までも観察する必要もありませぬ。保護団体に委託して置く必要もありませぬ、適当な所に奉公さすとか、或いはその他独立自営の途を講ぜしむるなりした方が本人の為めでありまた国家の為めであるのでありますから、そう云う者は、もう審判所の方で世話をしないでも宜いと云う見込みが立ちますと保護処分を取消してやるのであります。そうして一本立ちにしてやるのであります。

　それからまた、審判の場合に、大変不良化の程度が低いようにまた単純なるように、考えます場合には一時的処分をして置くのであります。すなわち一号ないし四号の処分であります。すなわち訓戒するとか学校長の訓戒に委すとか、誓約書を取るとか、条件を附して保護者に引渡すと云う単純なる保護処分のものでありまして、それが段々悪くなって来たと云うことになりますと、他の処分をせねばならぬ。その悪くなった程度に依りまして或いは少年保護司の観察に附する。今まで附けなかったのを今度は少年保護司の観察に附する、それでなければその少年を連れて来て保護団体に委託する、或いは感化院へ入れる、或いは矯正院へ入れると云うことになるのであります。また継続処分中の者でありましたならば、もし観察だけではいかないと云うならばそれを今度は矯正院へ入れることも出来るのであります。此処で云う軽い重いと云うのは語弊がありますけれども、軽い処分を重くすることも出来るし、重い処分を軽くしてやることも出来るのであります。要するに一号ないし九号の処分は動きの取れぬ処分ではないのでありまして、対象物である少年の性格に依りまして、いずれの処分にでも適当な処分に取消変更することが出来ます。だから先に申したように裁判所は十年の懲役に処すると云うて監獄へ入れて置く以上は、これを勝手に軽くしたり重くしたりすることは出来ないのであります。裁判官自身も勝手に出すと云う手筈は出来ないのであります。また、二年なら二年の裁判をして置いたがどうもあれは軽かったと思っても、これを三年にしたり、二年が至当だと考えましても三年を二年にすると云うことは出来ない。一旦言い渡したならば、それが間違って居ろうがどうしようが取り返しが付かぬ、そのままになるのであります。けれども少年法の保護処分はとにかく人間がやることでありますから種々の思い違いもあり考え違いもありますから、漸次に分かって来れば来るように、それに従って適当なる処置をしてやる、こういうことになるのであります。それと同時にこの五号以下の継続処分は、これは少年が二十三歳に至るまで続けることが出来るのであります。少年法は先にも申したように審判を致します時分には十八歳に満たざる少年少女でなくてはなりませぬが、十八歳に満たざる間に審判をしたならばその者に対して満二十三歳に至るまで審判所が世話をしてやる。こういうことになるのであります。ですから十歳の子供に対して保護処分を加えると云う場合がありますれば、これを二十三歳まで世話をしてやるのであります。随分長い間世話をしてやることが出来るのであります。

それから保護処分の成績に就きましては未だ正確な統計が出来て居りませぬ。しかしながら一時処分の子供の如きは大抵善くなって居ります。再び不良行為をして裁判所や審判所の厄介になりに来るような者はそう多くはありませぬ。また継続処分に於きましても相当の成績を挙げて居るのであります。まだ開設以来僅かでありますけれども既に相当な仕事などを覚えて独立してやって行くようになって居る者もあります。殊に、学生の如きに於きましては、観察その宜しきを得まして中等学校を卒業して、今では高等学校へ進んで居る者もあると云うような結果になって居ります。これは先程も申したように一に審判官の審判の適否と云う事柄が大なる関係を持つのでありますけれども、それよりも、この少年保護司の観察と云う事柄が最も必要であると云うことになるのであります、少年保護司の観察に就きましては、アメリカなどでも随分論ぜられて居るのであります。一体、月給を取って少年保護司として仕事をして居る人、これが観察をして居ると云う事柄はなんとなく月給に対するだけの相当の観察をしたら宜いと云うような気分になり易いのでありまして、観察と云う事柄も形式的に流れ、機械的に流れ易いと云う弊がある。それよりは、篤志家が保護と云うことやまた観察をしてくれると云う方が、真に心から同情を以てやる為めに報酬であるとか社会的の地位とか名誉とか云うものを度外視して誠心誠意にやられるので非常に成績が好いと云うことを云うて居るのであります。或いはそうであろうと思われます。何事に依らず報酬に依って仕事をすると云うことは自然、報酬相当にと云うことになるのでありますから、どうしてもこういう事業は篤志家がやって成績を挙ぐべき事業と思われるのであります。しかしながら、何も有給の者が悪いと云うのではありませぬ、アメリカなどにはそう云う議論があると云うことを申し上げるのであります。またそう云うようになり易いものであると云うことを申し上げて御考えを願いたいのであります。

刑事処分のお話を致すに就きましては、刑法の原則的規定を申し上げる必要があるのであります。左様いたしますと如何に刑法の原則規定と少年法の刑事処分の規定とが異なるかと云うことが判るのであります。しかしそれも大体を申し上げて比較を取ることにしようと思うのであります。刑法の方でまず刑罰と云うものには、生命刑と自由刑と財産刑と云う、この三つがあると云うことをお考え置きを願いたい。それで生命刑すなわち死刑と云うものは何かと云うと命を取ると云う刑であります。命を取るにはどうするかと云えば、裁判が確定しまして後に、司法大臣からこれに対して死刑を執行せよと云う執行命令がありまして、その上で執行するのであります。これは刑務所内で執行するのであります。昔は一般の人が見て居る前で死刑の執行をなし、またはその首を曝したりしましたけれども、今日ではそう云うことはしないで凡て刑務所内に於いてこれを絞首して執行するのであります。私も検事時代に死刑の検視に立合ったことがありますが、或る年末の如きは、一日に三人の死刑執行に立ち合うたことなどもございました。大抵十三分ないし十八分位で絶息してしまいます。身の軽い人は遅くなるのでありますが、身体の重い人は早く死ぬようであります。

次に自由刑は無期と有期に分かれる。無期とは一生涯刑務所内に拘禁して置く刑であります。有期と云うのは三年とか五年とか八年とか期限の決まった間刑務所内に置くのであります。法律では無期はすなわち終身であるし、有期は一箇月以上十五年までと云うことになって居ります。もっとも種々な事情に依りまして減刑しますと一箇月以下になすことも出来、それと同時に、前科がありまして加重する場合には二十年まで監獄へ留め置くことが出来るのであります。懲役と云うのは、刑務所に入れて置いて作業を強制的にさすのです。禁錮と云う方は強制的には仕事はさせないのであります。それにやはり無期と有期とがあることになって居ります。何故、仕事をさせたりさせなんだりするかと云えば、破廉恥罪の者に対しては強制的に仕事をさす、懲役を科するのであります。けれどもそうでない者には強いて仕事をさす必要がないと云うので、禁錮と云う事になるのであります。窃盗であるとか詐欺とか強盗或いは横領と云うようなものは皆懲役を科して居ります。それからもう一つ拘留刑と云うのがあります。これは懲役にせないのであります。これは三十日未満で拘留を二十九日以上やることは出来ませぬ。しかし拘留に処すべき犯罪を沢山犯して居るならば、拘留を三つも四つも重ねますから随分長くなることがありますが、それは別であります。ここで一寸申し上げて置きたいことは以上と云うことと未満と云うことと以下と云うことであります。一箇月以上と云う場合には三十日を含むのです。未満と云う時分はそれまでは達しないと云うことになる。それで十八歳と云う声が掛かれば少年審判は出来ないのであります。一日でも欠けて居れば出来るのです。以上、以下の場合にはその線を含んで居るのであります。未満と云う時にはその幾つと云う線に達して居らないのであります。けれども減刑する場合には懲役なり禁錮なりでも一月以下になることがあると云うことを一つ御考え置きを願いたいのであります。それで少年法には懲役に就いての特例があるとこういうことになるのです。それは少年法の第七条を御覧になると分かります。

「罪ヲ犯ス時十六歳ニ満タサル者ニハ死刑及無期刑ヲ科セス死刑又ハ無期刑ヲ以テ処断スヘキトキハ十年以上十五年以下ニ於テ懲役又ハ禁錮ヲ科ス」

普通の刑法では一般の人には死刑も科すのであります。けれども少年法では科せない、すなわち少年に対しては普通軽い刑を以て臨むことになって居ります。若い者は将来がある、然るに、命を取ってしまえばもうそれ切りである、生かして置くならば将来如何なる事情かで世の中の役に立てることが出来るかも知れない。その時はどんな国家有用の人になる者があるかも知れない。未知数なものでありますから、命を取るとか或いは一生涯監獄に入れて置くと云うような事はやらない、こういうことになって居ります。唯刑法の第七十三条第七十五条また第二百条の、皇室に対する危害罪、或いは親を殺すとか国を亡ぼすとか云うような場合には、これは十六歳未満の少年であっても仕方がない。皇室に対しての危害罪は日本国民として到底倶に天を戴くべき人間ではない。また親を殺すと云うような者も到底日本の人倫道徳上許すべき者ではありませぬ。そう云う者ならば十六歳未満であっても事情によっては死刑を科する。その他に於いてはそう云う刑は科せない、つまりこういう特例が設けてある訳であります。十六歳未満と云うことは第七条に規定してあるのであります。十六歳以上になりますればそれはいいのでありますけれども、十六歳未満の者に対しては今申し上げたようなことになります。それから次に申し上げたい事柄は刑法に於きましては総ての刑が無期とか死刑とか或いは有期とか云う様にチャンと決まって居りますが、少年法に於きましては不定期刑を科すると云うことになって居るのであります。不定期刑と申しますが、前にも申した如く刑務所へ何時まで這入って居るのか分からぬと云うのではない。少年には短期と長期とを決めた不定期刑を科すると云うことになって居るのであります。それは第八条に規定があるのであります。

「少年ニ対シ長期三年以上ノ有期ノ懲役又ハ禁錮ヲ以テ処断スヘキトキハ其ノ刑ノ範囲内ニ於テ短期ト長期トヲ定メ之ヲ言渡ス」

と云うのであります。三年以上に処断すべき罪を犯した少年に対しましては不定期刑をやらなければならぬ。或いは一年以上三年以下、或いは一年以上五年以下、また一年半以上五年以下、これは適当に裁判官の考うる処に依って定めればいいのであります。こういうように、短期と長期とを決めて云い渡すことになって居ります。これは或る点から申しますと、不定期刑は少年に対して、寧ろ自暴自棄になると云うので反対する人もあるのです。が、何年と決まって居るならば何年何月と云って出獄の日を楽しみにして居る。けれども不定期刑はそう云う楽しみがないからいけないと云う反対をする人もあります。しかし少年法に於いては短期と長期とを決めた不定期であるから出獄の日は決まって居るのであります。それで自分の考え様に依ってはまた考え様一つで改善して行くならば早く出られると云う訳でありますから、希望に生きて行く事が出来るのであります。だから、寧ろ少年も早く出るようになりたい為めに努めるようになるであろうと、斯様に思われるのであります。

それで、この短期長期を決める。それでこの不定期刑は今日の場合に於いて最も適当した刑ではあるまいかと、斯様に考えて居ります。無論悔悟することが早ければ仮出獄と云うようなことで出してやるのであります。そう云う場合には短期を標準として出しますから少年には非常に利益と云うことになるのであります。それからまた犯罪に依りまして、例えば強盗殺人と云うような犯罪の如きはこれは刑法にては七年以上の刑に処すべきである。然るに十八歳未満の者であれば、少年法では短期五年と云うように短くなるのであります。五年以上十年以下と云うような言い渡しをすることになるのであるから現に刑法の規定では七年より軽く出来ないと云うのでも、少年であるが為めに七年以下になる。短期は五年にしてやろうと云うことになって居ります。ですから少年の為めには非常に利益になって居る訳です。それで結局不定期刑に関する特別規定が少年法に規定されて居ると云うことを御考え置きを願いたい。

それから次には犯罪人は総て刑務所へ収容すると云う事になって居ります。ところが少年と大人と同じ刑務所に収容すると云う事が、少年に対し種々なる悪影響を及ぼすことは従来から唱えられて居った処であるし、また実際そうであります。刑務所は犯罪学校であると云うまでに極論される人もあります。先輩から種々な犯罪の方法を覚えて来ることになる。だから、無垢なる少年は別に収容し、また一般とは特別の保護を加えることは必要であると云うので、収容するに当たりまして特別な場所に入れる事になって居るのであります。

それが為めに全国に於きまして少年を収容する刑務所と云うものが特に設けられて居ります。それは目下の処では北の方から申すと、札幌・盛岡・川越・小田原・岡崎・姫路・岩国・久留米の八ケ所にあります。これらを少年刑務所と申しまして、その附近の少年囚をそこへ集めて居るのであります。また普通の刑務所に於きましても少年法の趣旨に則りまして二十三歳未満の者は、他と分界したところに於いて刑の執行を為すことになって居ります。それでありますから刑務所に収容する時には、少年に就いては非常に法律は考えて居るのであります。それから仮出獄に関する規定はこの少年法が特別の規定を設けて居ります。これを申し上げますと、刑法の原則としましては、仮出獄と云うものは、死刑は無論死んでしまうのでありますから仮出獄と云うことはありませぬが、仮出獄と云うのは自由刑でなければなりませぬ。

前に申した通り、自由刑の中には有期と無期とあるのでありますが、無期は十年服役しましたならば事情に依っては、つまりその悔悟の程度に依って仮出獄が出来るのであります。無期は十年、有期の方は言い渡したる刑の三分の一を終わったその後に於いて仮出獄と云う恩典に浴するのであります。

そうしますと、三年の懲役、三年の禁錮などと云う言渡を受けて居りますれば、一年間無事に務めまして、そうして悔悟が出来たと云うことになれば、もう仮出獄に浴する資格が出来る訳ですから、刑法の方では有期は三分の一で、無期は十年である。こういうことになって居るのであります。ところが少年法に於いてはどうであるかと云えば、少年とても無期の言渡を受ける場合があるのであります。それでも無期の場合は七年務めれば仮出獄を許されることになるのであります。それから不定期の場合は短期の三分の一を務めれば仮出獄の恩典に浴し得る、こういうことになって居ります。

ですから、普通の刑法から云えば十年であるものが七年、有期にしましても短期の三分の一、こういうことになるのですから、非常に少年に取っては有利であります。また仮出獄の場合に於いて、もし普通の者でありますれば、仮出獄の期間内に再び犯罪をすれば、その仮出獄で出て居った期間と云うものは何もならぬ。仮出獄の際残って居った刑を務めその上新なる犯罪に対する刑をも服役せねばならぬと云うことになります。然るに少年法に於きましては、たとい悪い事をしましても、その悪い事をするまでに経過した時は、もう務めおわったものと見做すのであります。でありますからその残りだけの刑を務める。それと今度の悪い事の刑を務めればいいと云うことになるのであります。刑法と少年法とは此処が余程違うのであります。つまり出獄中の期間を刑期に算入するかしないかと云う結果になるのであります。それから刑法でも無事に残りの仮出獄の期間を過ぎましたならば、もう他の犯罪を犯しても仮出獄の期間の方は服役しなくても宜しいのです。何時までも何時までも不安の状態に置くと云うことは良くありませぬから、どうしてもまた服役さすと云うようなことは宜しくないのであります。

それから次に申し上げるのは、科料罰金に対して少年法には特別の規定があるのであります。罰金と云うのは、三十円以上でありまして、科料は三十円未満であります。ですから仮に賭博をした人がある、しかし常習的に賭博をして居る者ではないと云うような場合には罰金を科するのでありますが、これは千円までを科するのです。或いは不注意の為め火事を起こすとか、或いは運動場で円盤を投げて居って向こうに居る人に当たった、そうしてその人が死んだと云う風な過失致死などの場合でも皆罰金であります。また能くあることでありますが、若い奥さんが子供を抱いて寝て、添乳をして居りまして知らずに子供の口や鼻を乳房で抑えて子供が死んだ、と云うような事件が世間には始終あります。そう云う場合には無論自分の子を殺すなどと云うつもりはない、つまり過失で殺すと云うような場合、こういう場合も皆罰金であります。

ところでその罰金が納められない場合にはどうするかと云う問題、そう云う場合には、罰金の代わりに労役場に留置して置くと云うことが刑法の規定であります。例えば、此処に百円の罰金を科せられた人があって、それが納められない場合には労役場に這入って幾日か務めればよい。その日数は罰金の言渡の場合に決めるのでありますが、それで罰金を納めたことになるのです。この決め方はどうして決めるかと云うに、その人の地位・財産・収入等に依って決めるのであります。一日を五円と見なければならぬ場合もあり、一日二円なり、或いは一日十円と云う場合もありますから、同じ百円の罰金でも、一日を十円と見ればその人は十日間で済む、また一日一円と認められた人は百日間労役場に這入らなければならぬのです。また罰金百円の処を二十円だけ納めたと云うような場合には、残りの八十円に相当する期間だけを六十日なり八十日なりと云う風に計算して這入るのであります。またその間に、家族その他の者が金を持って来たとすれば、労役場に這入って居りましてもそれを出してやるのであります。ところが少年法に於きましては成るべく少年をそう云う労役場などには入れない方法にして善導したいと云う趣旨でありますから、労役場に入れると云うような場合はないのであります。少年も罰金に処せられる場合もありますけれども罰金が納められなければ取らぬのであります。このことは第十三条にその規定があります。

「少年ニ対シテハ労役場留置ノ言渡ヲ為サス」

これは刑法の方では労役場の言渡を罰金刑と一緒にせねばならぬ。少年法とは大変な違いが生じて居るのであります。

それから次に申し上げたい事柄は刑の執行猶予に関する規定で、これも詳しく申し上げますとなかなか容易でないのであります。刑法の原則から申しますれば、執行猶予と云うのは、裁判所に於いてただ今一年の刑を言い渡すけれども、今刑務所へ入れなくても宜い、何年間か刑務所へ入れる事を猶予してやる、もしその間無事に済むならば、刑務所に入れずに済まして、そうして裁判を受けなかったものと見做してやる、まず大体こういう原則なのであります。それで執行猶予の言渡が出来る場合は、二年以下の懲役または禁錮の言渡をした場合である。そして猶予期間は五年まででであります。ですからつまり二年の懲役或いは禁錮に処する。但し五年間その刑の執行を猶予する。而して猶予期間は五年以下でありますから一年とでも二年とでもまた三年とでも裁判官が適当に定め得るのであります。しかし最も長くて五年ですから、その期間中で定めるのであります。しかし単なる人殺しならば死刑、無期もしくは三年以上の懲役と云うのでありますから、軽く見て三年、これを酌量すれば一年半になし得るのであります。そうすれば二年以下に言い渡す事が出来るので、執行猶予になる場合があるのであります。また人を殺して金品を取ろうとしたような場合にはどうしても駄目であります。また親の仇であるとか、或いは恥ずかしめられたからと云うような事で人を殺した、と云うような場合には執行猶予になる場合が能くあります。しかし強盗殺人などの場合、人を殺してまでも酒が飲みたい、贅沢をしたいと云うようなのは事情が非常に悪いのですから、かかる強盗殺人等は法律上では非常に重く見て居るのであります。

また以前に申し上げたかも知れませぬが、嬰児殺し、これは随分能くあることであります。つまり若気の至りで遂に子供が出来てしまった、しかし子供があっては嫁に行くことも出来ないし、社会的には非常に具合が悪いし、或いは親に迷惑を掛けるとか、名誉に関すると云うような憐れなる事情から生まれたばかりの赤子を殺すと云う場合が能くあります。そう云うような気の毒な場合は最も軽くして執行猶予を与えてやる事が随分あります。それで、刑法の原則はそう云う事になって居りますが、その執行猶予をした者に対して、その期間内に於いて適切なる保護をして行くと云う機関が刑法にはないのであります。ですから今日は各地方に於いては、地方裁判所の検事正がこれを監督して保護方法を講じて居るのであります。各地に在る免囚保護団体、つまり刑務所を出た者を保護して居る団体がありますので、その団体等の役員などに託して視てやると云うことになって居ります。しかし一般の者として特に執行猶予者を保護して行く機関はないとこういう訳であります。

ところが、少年はどうであるかと申しますと、少年が或る実刑を科せられると云う場合は、不定期刑を科せられると云うのが大抵普通でありますが、もし裁判官が執行猶予を与えるのが適切なる処置と考えました場合には定期刑を科するのでありります。ところが少年に対して定期刑を科しました場合には、その執行猶予を受けたる少年はその期間中は少年保護司がこれを観察してやると云うことに、少年法ではなって居るのであります。一般の場合にては、前にも申した通り観察して行く者がないのであります。然るに少年法の保護の行き渡って居る処、すなわち少年法の保護処分の行われて居る地方に於きましては、少年保護司がこれを始終観察して善導して行くことになるのであります。従って期間中再び悪い事をしないように導いて行くから、少年の為めには非常に有利であるのであります。

仮出獄の場合もそうであります。一般の場合に於いてはこれを観察する規定がないために前申す通り地方裁判所の検事正がこれを視てやることになって居りますけれども、少年の仮出獄の場合に於いては、やはり少年保護司の観察に附する事になって居ります。つまり子供の先生ともなり、或いは忠告者ともなり、また相談相手ともなって、仕事でも見付けてやるとか、或いは学校へ行くべきものならば学校の世話もしてやると云うように、子供を始終善導してやる方法が規定されて居るのであります。それから普通の刑法に依りまして処罰を受けましたる者はいわゆる前科者と云うことになるのであります。

従って世間で能く戸籍が汚れるとか、戸籍の上に赤文字を書かれるとか云うことを云いますが、従来から監獄へ這入りました者は総て検事局から戸籍役場に通知をして居るのであります。従って戸籍役場に於いては戸籍の台帳にその事を記入して居ります。その人が何時何処でどう云う犯罪に依ってどう云う刑を受けたと云う事が戸籍役場でも直ぐ判るのであります。しかも戸籍と云うものは、何人でも見ることが出来る。役場などで見せて貰うことが出来るのでありますから、甚だ困るのであります。また戸籍を出して身分を証明すると云う場合でも、いわゆる戸籍面が汚れて居る、前科があると云うことになれば、信用に非常に関係して来るのであります。現にこの通知をして居りますが、これは余程考えものでありまして、何時までもその者が犯罪をしたと云うことを明らかに残して置く必要はないと云う議論が随分多いのであります。また理由もあるのであります。監獄へ這入った者でも必しも悔悟の出来ない者ばかりではない。皆悪い者とは限らぬ。それで出て来て悔悟して居る者も随分多いのであります。そう云う人に対して若い時分に何か悪い事をして罰金を科せられたと云うようなことが何時までも附きまとって居ると云うことは非常に気の毒であり迷惑であります。

故に今度の普通選挙になりましては、或る前科ある者は選挙権がないと云うことに法律の規定がなって居りますが、そうしますと、今まで知れないで居ったのが選挙権がないと云うことから前科者だと云うことが判って来るのであります。今までは税金を払って居らぬからあの人はまだ選挙権がないのであろうと云うことで済んで居った者が、今度は税金に依らずして二十五歳になれば男は皆選挙権があるのですから、或る人が選挙人名簿に載って居らぬと云うことになると、その人が前科者であると云うことが判ると云って非常に議論が多いのであります。現に監獄から明かるみに出て来た人が非常に困ると云うようなことを唱えて居り、実に気の毒な訳であります。従って他の官吏になるような場合でも差し支えが生じて来るのであります。そう云う風に、普通の刑法はなって居ります。

然るに少年法に於きましては、少年の犯罪に就いてはたとい罰せられても前科者とは見ない。しかも少年時代ばかりではないのでありまして、少年時代にやった犯罪に就いて十八歳以上になって刑罰を受くる場合であっても罪を犯した時が十八歳未満でありますれば、これを前科者と見ない。すなわち十八歳未満に於いて犯罪を為し、また刑罰を受けたと致しましても、身分上何等の影響を持来すことはない。将来役人になろうと、教員になろうと、大臣大将になろうと何等の差し支えがない。選挙と云うような場合に於いて何等の差し支えがない。監獄へ這入った事なぞ少しも外部に判らぬのである。こういうことになって居りますから、非常に少年を考えてやり、少年の利益を図って居る規定であると云うことが云い得るのであります。従って少年法が実施になりまして以来は、少年が刑罰を受くる、実刑を受けたと致しましても、前科にもならず身分上に何等の影響がないと云うのですから、これを村役場に通知すると云う必要もないのであります。まず少年法の刑事処分に関する規定の大要は今申し上げたようなことになるのであります。

それから次は、この身分上に関する効果と云うことは非常に宜い事であると思うのですが、前にも云うたように少年は将来の有る者である。今それ位の一時の間違いで将来までの身分を制限したりする必要はない。元来少年の犯罪は原因を考えて見るならば、社会的の欠陥であるとか、或いは家庭の欠陥だとか或いは自分の生まれ付きであると云うように、自分自身が願ってなったのではなくて、外部から左様な事をするような地位に置かれる、また悪いとは知りながらも意思の薄弱な為めにそれを制する事が出来ずにやったと云う様な、気の毒なのは罰する必要もないのであります。総ての調に於いて寛大にして、そうして保護の仕甲斐があるようにしてやるのであります。第二の国民を作らなければならぬと云う法律の趣旨から云って当然な訳でありますけれども、大体に於いて少年法は時代の要求に適応したる法律なりと云い得るのであります。

それから刑事手続の所に規定してありますのは、これまでも申し上げましたことでありますから、詳しいことを云う必要もないのであります。これは少年法の第六十二条ないし第七十一条なりを御覧下されば判ります。これは先に審判所で受理する場合のお話の時に大体お話してあります。送致の方法は申し上げなくてもお分かりだろうと思います。つまり、検事が審判所の保護が適当なりとすれば検事から送って来るし、また検事が刑を科すべき者として、それが相当なりとして起訴したけれども、判事が能く考えて見て審判所へ送致することが適当なりと考えた時には、これを審判所へ送致する、こういうことになって居ります。それから保護の効力に関しましては、先に保護処分の効力と云う処で申し上げましたように一事不再理の原則が準用されて居ると云うことになる。すなわち審判所で審判をした事件よりも以前の事件、およびその事件よりも前の軽い事件に就いては裁判所で処分することは出来ない。また審判所で審判に付したる事件そのものに就いても裁判所は裁判することは出来ないのであるとこういう訳であります。

それから、刑事処分を為す場合の調査に関する点に就きまして、すなわち刑事訴訟法に於きましては別にどう云うことを調査せねばならぬと云う規定もないのであります。裁判するのに適当なりとする調査をすれば宜いのであります。ところがこの少年法に於きましては、裁判所で少年の裁判を致します場合に、審判所が保護処分を為す場合に調査すると同様な調査をする事になって居るのであります。つまり審判所に於きまして審判を致します場合には、事件に就いての事実・関係・本人の性行・境遇・経歴・学業・職業或いは心身の状況等を調査することになって居るのであります。これと同様な調査をして然る後に裁判をすることになって居るのであります。つまり出来るだけ鄭重な調査をして、そうしてこれに対して適当なる刑事処分を為さねばならぬ。審判所へやるが宜いか或いは実刑を課するが宜いかと云うことまでもそこで決めねばならぬと云うことになります。ですから出来るだけの調査をするのであります。それから裁判所に於きまして少年を調べる場合に、これを調べる間刑務所へ留置かねばならぬ必要のある場合があります。そう云う場合に刑事訴訟法から申しますと刑務所へ置かねばならぬ。しかしながら少年を刑務所へやってはあまり結果が好くないのでありますから、少年を留置く場合には或る保護団体に委託をするとか、もしくは矯正院に委託をすると云うことも出来るのであります。左様にすべきものであると云う規定が少年法にはあるのであります。つまりこれを仮処分と申します。つまり刑務所へ置く代わりに矯正院の方へ預ける、そうしてその間保護司に観察を命ず、こういう手続を取ることになって居るのである。

それからいよいよ公判をやります場合に於いて、裁判所では一人の罪人を作るのでありますから秘密に裁判することは出来ぬことになって居ります。天下の耳目の前に公明正大に審理をして相当する罰を加うると云うことにせねばならぬのであります。従って公開すると云うことが原則になって居るのであります。それからまた少年の調べ等に対しても、一般の場合に於いては被告人の居る眼前で証人に証言せしむるのであると云う事になって居ります。従って被告人に不利益な事柄を云う場合などは、証人は非常に云い難い。自然に思うだけのことが云えないことになる。そう云うことになると裁判が適切なる訳にいかぬ。適切な裁判の出来ない場合が多いのであります。これはとにかく日本人の弊害でありますが、裁判所へ行って本当のことをあまり云わない。当たらず障らずの事を云えばまだ宜いのであるが、何となく被告に対して利益のようなことを云う人が能くあって困る事があります。宣誓などと云うことに就いて八釜(やかま)しく云って居るのでありますけれども、外国人のように宣誓と云うことに、どうも日本人は重きを置かぬようである。外国では宣誓と云う事柄に重きを置いて居りまして、牧師が出て来て宣誓せしむると云うようなことがあるのであります。或いは、信仰と云う問題から来るのかも知れませぬけれども、どうも証人が有体のことが云い難い場合があると見えて云わないのであります。ところが少年法に於きましては第七十条に規定がありますが、どうも、証人がその少年の居る前で思い切ったことが云われないような場合には、少年を何時でも退廷さして少年の居らぬ所で裁判官が事情を充分に聴取ると云う場合がある、と云う条文が第七十条にあります。すなわち

裁判所ハ事情ニ依リ公判中一時少年ノ被告人ヲ退廷セシムルヨトヲ得

と云う規定であります。これで真実の事を求めることが出来るのであります。少年といえども今日の少年には随分強盗をやるとか、或いは放火をやる者とかがありまして、公判中に証人を睨み付けると云うようなことになると証人はピリッとして縮んでしまう場合が随分あるのであります。そう云う事があってはならぬと云う必要を考えまして、少年を他の所に置くと云う場合が規定されて居るのであります。まず以上申し上げた所が刑事処分の極めて概略であります。

その四　罰則

それから最後に申し上げて置きたい事柄は、少年法に規定されて居る罰則規定であります。この少年法は先に申しましたように少年の前途を考えて規定されて居る法律であります。無論罰すべき場合は罰しなければならぬが、なるべく保護の手に依って、これを善導して行くと云う趣旨であります。しかしながら罰すべき場合といえども、また保護を与うる場合にしましても、その原因、すなわち本人の総ての条件を考えて適当にやらなければならぬ。罰すると云っても罰すると云う事柄がその少年の為である、社会の為であると云う考えでなければ罰する必要はない。唯その少年を悪むべしと云うように考えて罰するのではない。刑事政策は決して左様な事を求めて居るのではないのであります。また一方、保護するにしてもその保護と云う事柄が、その者を善導して忠良なる国民たらしむるには、保護が必要であると認めたならば保護を加えるのであります。唯可愛相とか、気の毒だと云うような考えだけではないのである。それに就いては罰する場合といえども、また保護を加える場合といえども、これを天下の多くの人に知らしむると云う事柄は、少年を保護善導する途ではないのでありま す。それからまた少年に対しましても、その不良行為を外部に知らせると云うと少年は外部に出て行っても合わせる顔がない。それ故、たとい悔悟して、仕事をするにしましても、信用がない為めに就職も出来ない。自然自暴自棄になり易い事になるから、いずれの点から見てもこれを秘密にする必要があります。

従って少年法では総てを秘密に調査し、秘密に審判し、秘密に観察すると云う規定になって居ります。その秘密と云うが如きは外部の者にもこれを守って貰わなければならぬのである。殊に犯罪行為の如きは直ちに少年の間に伝播するものである。また模倣する者が多く出て来るのであります。近来はあまり新聞に書きませぬが、例のジゴマ［注：怪盗ジゴマ。フランスの小説を元にした映画で、模倣犯を多く生んだ」なんと云う犯罪の如きは、これは明治四十一、二年頃でありましたが、私の承知して居る所では、徳島市に於きまして初めて起こった事件であります。無論これは雑誌等で見たことを少年がやったのである。金持ちの者に対して何百円を何時までに何処其処の電柱の下へ持って行って埋めて置け、そうでないとお前の家を焼き払うと云うような脅迫の書面を出した事件があったのであります。而してそのことが新聞に発表されますと同様の犯罪が他にも起こって困ったことがあります。金を何々までに置いて於かぬと学校へ行って居る可愛いお前の子供を攫って、それを苛めるぞと云われ、仕方なく金を持って行ったと云うような者も随分あったのであります。今日でも時々はありますけれども新聞にはあまり書かぬことになって居ります。そう云うような犯罪にしましても、多く最初は少年がやったのでありますけれども、それが伝播して困った事があります。

とにかく少年は模倣性に富んで居りますから直ぐ真似てやる。善悪を考えてやらない。直に発見されて醜い目に遭うと云うことも考え至らずにやると云うことが多いのであります。それで少年がどう云う方法で犯罪をしたかと云う事が知れることは極く悪いのであります。大人の犯罪でも時候の変わり目などになると、或る人が人を殺した。あれはどうも夫婦仲が悪くて女房を殺した。こういうのが一つあると、それに大抵似たのが次から次へと出来て来るのであります。模倣と云いますかなんと云いますか、人がやった、己も連れがあるからやろうと云うような考えを持ちまして、恰度同じような犯罪か簇出するものであります。短銃強盗が出ると直ぐ流行って、そう云う犯罪をやる者が出て来る。そう云うのが一人出て来ると直ぐ他でも二人三人と出て来ると云う風で、常に犯罪を模倣する奴が出て来る。でありますからそのやり口の如きはなるべく秘密にして天下に表さないようにする方が宜いのであります。一般の犯罪としては仕方がありませぬが、少年に就きましては、少年の将来を考えなければなりませぬから、またその動機などを考えますれば非常に同情すべき者がありますから、これは是非とも秘密にしてやらねばならぬと云うので、この第七十四条にその規定が出て居るのであります。すなわち

少年審判所ノ審判ニ付セラレタル事項又ハ少年ニ対スル刑事事件ニ付予審又ハ公判ニ付セラレタル事項ハ之ヲ新聞紙其ノ他ノ出版物ニ掲載スルコトヲ得ズ

前項ノ想定ニ違反シタルトキハ新聞紙ニ在リテハ編集人及発行人、其ノ他ノ出版物ニ在リテハ著作者及発行人ヲ一年以下ノ禁錮又ハ千円以下ノ罰金ニ処ス

と云う規定が設けられてあります。これは、審判所で審判に付した、審判に取り掛かったと云う後に於いては、その子供に関して審判所が今現に調べつつある事件の事実は、新聞でも雑誌でもその他の印刷物なりに載せることが出来ない。もし載せれば、一年以下の禁錮もしくは千円以下の罰金、事情に依りましては二箇月なり三箇月の禁錮に処する場合もありましょうし、五十円か八十円かの罰金に処する場合もありましょう。また裁判所で現に公判に付せられた事件、予審に付せられた事件に就いては、これを公けにしていかぬのであります。

こういう規定をして置かないと云うと、或いは新聞雑誌その他の出版物で公になれば少年の為めにならないのであります。それが何時までも残って居ると、あの人は昔少年時代にこういう悪い事をして居る、大人になって充分改心して居る人でも、こういう事で審判所の保護を受けた人であると云う事になりますれば、身分に関係がないと云うにも拘らず、人の口端に上ることにもなりますから、審判所その他関係官庁に於いてのみこれを秘密にするのみでなく、外部の発表機関をして、やはり秘密を守らしむると云うことにせなければその効果がありませぬから、この規定が出来て居るのであります。他に斯様の規定のあるものは少ないのであります。ですから如何にこの法律は少年の事を徹頭徹尾考えて先々の事までも心配して居るかと云う事を、我も人も共に国民として感謝せなければならないのであります。甚だ概然的ではありましたが少年法の大綱だけを申し上げた次第であります。

少年少女に関する民法

長島　毅

第一講　婚姻とその効力

少年少女保護に関する民法のお話をするのでありますが、どう云うことをお話して宜しいかと云うに、それが親族相続上の事柄として、親族、相続法の範囲内でお話すれば宜いと思うのであります。

まず第一に、婚姻のことをお話致そうと思います。順序はどうでも宜いのでありますが、婚姻のお話と致しましては、第一に婚姻の意義から始めましょう。この定義はどの本にもあることでありますが、つまり婚姻と申しますのは、法律に依って認められたる、一男一女の終生的の結合を謂うのであります。婚姻を法律の上から申しますと法律に依って認められたるものに限るのであります。それでありますから単に男女が終生の共同生活を目的として結合したと云うだけでは、法律の上から申せばまだ婚姻にはならないのであります。法律の認めたる要件を充たさねばならないのであります。それ故いわゆる男女の私通野合の如きものは婚姻とはならないのであります。

而してその要件の最も主なるものは届出であります。この事はなお要件の所で説明をすることに致します。その次には、一男一女の結合と云うことが要件になって居るのであります。これも御承知の通りに、或いは一男数女または一女数男の結合を婚姻と認めて居る国があり、また今こそ認めては居ないが昔かつてあったものでありますが、少なくとも今の文明国に於きましては一男一女の結合のみを婚姻なりとして居るのであります。随って民法にも規定があって、いわゆる重婚を禁じて居るのであります。民法第七百六十六条には配偶者ある者は重ねて婚姻をすることは出来ない、夫の有る者が更に他の人と婚姻をすることは出来ない、また妻の有る人が更に他の女と婚姻をすることは出来ない、と云うことを明文で極めて居るのであります。単に民法の規定のみではなく、刑法第百八十四条にも重婚に対して刑罰を以って臨んで居ります。つまり何処までも一夫一婦の制と云うものを我が刑法は厳格に守って居るのであります。これは無論申すまでもないことでありまして、一家の平和の上から云いましても、或いは血統の混乱を防ぐと云う上から申しましても、一夫一婦の制が正当であります。

それからその次の要件はいわゆる終生的の結合であります。これも殆んど申し上げるまでのことはないのでありまして、唯一時の結合と云うようなものが婚姻ではあり得ないのであります。終生を目的としたものでなければならないのであります。而してその結合は精神的にも物質的にも終生的のものでなければならないのであります。これはなお、婚姻の効力の所でもお話を致しますが、例えば夫婦が同居をしなければならぬとか、或いは夫婦がお互いに扶養せねばならぬ、お互いに養い合わなければならぬとか云うような事柄は、いずれも婚姻の終生を目的として居る性質に起因して居るものであります。

なお婚姻は法律の言葉から申せば一つの契約であります。しかし契約と申しますと多くの場合に吾々通俗の意義に於いては財産上の権利義務を目的として居る所の行為のみを謂うのでありますから、此処では契約と云う言葉は当たらない。一寸素人が考えても、水臭い意味を表して居るのであります。法律の言葉で云うと今でもやはりこれは契約と云う言葉を使って居ります。すなわちその婚姻の当事者双方の合意に依って効力を生ずるものであります。昔ありましたように当事者の意思を構わないことにして、唯両親とか目上の者だけの意思で婚姻を成立せしめるようなことは、現今の法律では認めなくなりました。いわゆる終生的の結合を目的とするのでありますから、当事者自身が宜しいと云う合意がなければ無論婚姻なるものは成り立たないのであります。しかしこれも婚姻の要件で申し上げたように、当事者の合意と云うことは、当事者の勝手で宜いと云う意味ではありませぬ。気まま勝手を許すと云うのではなくて、やはり傍に居られる相当の人の合意を必要とすると云うことになるのであります。しかしながら婚姻が当事者の合意を必要として居り、いわゆる広い意味に於ける契約の中に這入る事は最も重要な点であります。

それから次には婚姻の成立であります。つまり婚姻は法律上どう云う要件を充すことに依って成立するか、および完全なる効力を有するに至るか、と云う問題であります。婚姻の成立要件に就いての詳しい規定は、民法第七百六十五条以下第七百七十七条にあります。しかしながらその詳しい規定に就いての説明は略します。民法を御覧になれば大体は御判りになるのでございますから、大体の筋だけを申し上げることに止めましょう。

婚姻の意義の所でも説明をしましたように、まず婚姻の成立に一番初めに必要なることは合意であります。夫婦たるべき者の合意であります。それから年齢の制限であります。これは七百六十五条にも書いてある通りでありまして、男は満十七年、女は満十五年にならなければ婚姻が出来ないことになっています。その所以は、無論御承知のことでありましょうが、或いは健康の問題であるとか、共同生活をなす能力、すなわち家族の形を作る能力とかが、どの年齢に到達したら充分になるかと云う点を考えて年齢に制限を置いてあるのであります。

それからその次は、婚姻の意義の所で申し上げたように、一夫一婦と云うことが婚姻成立の要件になるのであります。それからその次には第七百六十七条、第七百六十八条等の要件がありますが、つまり第七百六十七条の要件は、女は再婚する場合には初めの婚姻が効力をなくしてから後、つまり初めの婚姻を離れて後可能であります。またその婚姻関係がなくなってから或る期間内は、再婚が出来ないと云う制限であります。これはつまり血統の混雑を防がんが為めであります。露骨な言葉で云えば先夫の子供であるか、後夫の子供であるか、分からないような結果を生ずることを防ぐ為めに、或る一定の期間内は再婚は出来ぬことに極めたのであります。

それから第七百六十八条、これは説明する程のことはないのであります。それからその次の要件は、近親の婚姻禁止であります。これは条文としてはやや複雑して居りまして、第七百六十九条から第七百七十一条までの間に規定されています。大体のことを申し上げますと、まず直系の血族間では婚姻が許されないのであります。直系の血族と云う意義は、これは後で親族の意義のことを述べる時に申し上げます。今仮に一例を申し上げますと、つまり自分の両親、祖父母、それから子、孫、これは皆直系の血族であります。出生に依って直ぐ上から下へ続いて居る血族間の関係を直系血族と云うのであります。この間ではつまり婚姻を許されないのであります。これはつまり人倫の関係から来るのでありまして、この事も深く説明を要しないと思うのであります。

なお直系の法定血族の間に於いても婚姻は許されないのであります。これは実際に血縁は繋がって居りませぬけれど、法律の上から血縁が繋がって居ると同様に見て居る所の関係であります。例えば養親と養子、これは実際に於いて血縁は繋がって居りませぬけれども、法律にあります通りこの関係は実親子間の関係と同様な規定を設けて居るのであります。或いは継親と継子の間もやはり法律は実の親子と同じ関係に認めて居るのでありますが、これらはいずれも直系法定血族であります。この事もなお、親族の意義を説明する時にお話致します。

これらの間には、いずれも結婚することを許されないのであります。それからまた直系姻族の間に於いても婚姻を成す事は許されませぬ。姻族の意義も後で詳しく説明致しますが、大体姻族と云うものは夫婦の配偶者の一方と、それぞれ他の一方の親族の関係を云うのであります。甲乙が互いに配偶者である場合に、甲から見て乙の血族との間の関係を姻族と云うのであります。それでありますから、仮に甲が夫で乙が妻としますと、この妻の両親とか兄弟は夫から見れば皆姻族でありま す。また逆に、夫の両親とか兄弟或いは祖父母等は、妻から見れば姻族になるのであります。この姻族の中で直系姻族と申しますと、配偶者の一方から見て他方の直系血族を云うのであります。つまり一方の直系血族が他方の直系姻族になるのであります。この直系姻族の間にも再婚を禁じて居るのであります。それでありますから舅とその息子の妻と結婚することはいけない事になって居ります。

これらはいずれも人倫の関係から来た所の制限であります。これは直系の血族でありますが、傍系の血族に於いても制限があります。傍系血族の意義も詳しいことは後で申し上げますが、今申しましたように、出生に依って上から真直な筋が直系の血族であります。本人から云いますと真直な筋が直系血族、傍の方のが総て傍系であります。例えば兄弟などがそうであります。何故ならば両親から分かれて居ります自分と、直接に何等出生の関係がなく、その共同の祖先へ遡ってその人に下って行く関係であるからであります。自分の叔父とか叔母、これもやはり傍系になります。共同の祖先と云うのは自分の祖父母になります。それが丁度自分の両親の兄弟、すなわちそれが叔父叔母、そしてその叔父叔母の子は自分の従兄弟であるが、これらはいずれも出生の関係上直接に連絡がとれて居らないのでありますから、総て傍系の血族になるのであります。

そこでこの傍系の血族間では三親等に限って、結婚することが出来ないものと規定されています。四親等以上ならこの限りでないことになって居ります。この等親と云うものは極く平たく云えばつまり出生の数でありますから、出生の数に依って一親等二親等と云う風に決めるのであります。直系の血族ならば出生の数が子は一つで一親等、孫は二つで二親等、自分の親は一等親、祖父母は二親等こういう風に簡単に行く線でありますが、つまりこの出生の数と云うものは、共同の祖先へ遡って、また他の一方の方へ下って行って出生の数を勘定するのであります、例えば兄弟でありますれば、まず自分から親へ行って一親等、親から上って一等親を合わせて二親等、こういう風になるのであります。そこで自分の叔父とか叔母は三等親であります。すなわち自分から祖父母が二等親、それから自分の子供に下りて一親等、合計で三親等になるのでありま す。従兄弟はもう一つ親等が加わって四親等になるのであります。つまり叔父叔母までは勿論婚姻は許されないのであって、従兄弟になれば許されることになって居るのであります。

これらは人倫の関係からもありましょう、また医学上の健康の問題からも来て居るのであります。御承知でありましょうが、この従兄弟姉妹の間の婚姻と云うようなものが田舎などに能くありますが、必然の結果ではないのでありましょうが、その間に出来た子供には弱い人が多くあるようであります。医学上から云えば従兄弟間の相婚といえども、ややともすると弱い子供を生ずると云う恐れがあるそうであります。しかし法律の上では従兄弟からはもう婚姻をしても差し支えがないと云うことになって居るのであります。大体この近親間の婚姻の禁止は今申した程度であります。詳しい事を申すとまだ随分ありますが、大体これ位にして置きます。

それからその次は婚姻の意義を述べた際にも一寸申し上げましたように、同意権者の同意を得ることを必要とするのであります。まずその第一に得ねばならないのは父母の同意であります。すなわち親権者の同意であります。第七百七十二条にありますように男は満三十年、女は満二十五年に達しなければいけない。各その年齢に達しますれば格別でありますが、達しない間はその家に居る父母の同意を得ねばならないのであります。ここに家にあると云うのは戸籍を同じくすると云う意味であります。

なおその上に詳しいことを申しますと、父母の一方が知れないと云うような場合、或いは行衛が不明であるとか、或いは父母の一方が死んで居る場合とか、もしくは父母の一方が死んで居なくても同意をすることが出来ないような場合、例えば精神に異状があって同意することが出来ないような場合には、その一方だけでも宜いのであります。また双方共に今申したような差し支えがあれば、その時には親族会が必要になるのであります。後見人と親族会が同意をすれば宜いと云うことになって居るのであります。そう云うことに就いてこの父母と申しますのは、これは実父母は勿論でありますが、継父母養父母等も皆這入るのであります。ところが場合に依りますと、継父母の如き者は子の婚姻に無理に反対するようなことが無いとも限りませぬから、もし継父母とかが反対をした時にも第七百七十三条の規定に依りまして親族会の同意を得れば継父母が反対をしても婚姻が出来る事にして、つまり或る救済の途が講ぜられてあるのであります。嫡母子の関係も同じでありますが、これを説明すると面倒でありますから、これは親族の意義を説明する時にお話致します。

斯くの如くに結局家にある父母の同意を必要としたのはどう云う訳かと云えば、これも貴方がたの十分に御存じの事でありまして、一体吾々が大きくなりましたのは自分自身の力ではない、両親が育ててくれて大きくなったので、独り物質的に於いて吾々を養育してくれたばかりでなく、精神的にも吾々を愛護してくれて、そうしてとにかくに吾々が人間らしくなることが出来たのであります。斯くの如き両親の愛情から来る精神的保育を蒙って居るにも拘わらず、吾々が大きくなって、さあこれから結婚をすることが出来ると云う際に、自分の事は自分に自由がある、婚姻は自由意思で決定して宜いのだと云うような勝手なことは、これはどんなことをしても出来ない義理であります。それは普通の人の交際でも同じことでありまして、人の世話になって偉くなり、その後になってはもう独りで偉くなり独りで立って往けるようになったから、今まで世話になった人の世話にはならぬと云って、勝手次第の事をするならば誰だって不道徳の奴だ怪しからぬ奴だと云われるのと同じであります。

親子の関係はそれと少しも変わらない、親に物質的精神的の保護の下に育てて貰って居りながら、大きくなってから独りで大きくなったような題をして勝手次第に自分で配偶者を見付けると云うことは宜くないと云うことは明らかなことでありまます。こういうことは女の方などには滅多にないのでありますが、男の人には往々あります。親は勝手に己を可愛いがってくれたのだ、自分が可愛がりたいから可愛いがって大きくしてくれたのである。つまり親の愛情満足で吾々は大きくなった、だからその愛情満足と云うのは自分の子供に対して尽しさえすれば宜いのである。子供が一人になって、今度は子供が親に尽すべしと云う必要はありはしないのだ、と云うようなことを公けには云わぬかも知れないが、冗談半分に云うような人がありますこれは私に云わせれば間違って居るのであります。およそ世の中に愛情と云う外に何も利益を求めないで、可愛いと思って可愛がってくれる程、世の中に有難いことはないと思います。それをも顧みずして、背逆を敢えてする事は、言語同断であります。話が少し脇道に外れましたが、そう云う意味に於いて、我々が婚姻などをする時に両親の同意を得ると云う必要がどうしてもあると信ずるのであります。

なお家族団体に於いて、最も尊敬すべき者は両親であります。この両親との折り合いの悪い配偶者を入れると云う事は、結局配偶者相互間の関係を、将来に於いて破綻せしむべき重大原因となるのであります。実際にありふれた事実でありますが、吾々の家庭に於いて夫婦の仲が初めは良かったのであるが、後になって自然に仲が悪くなって往く所の原因は、外部関係から来るのも往々にしてあるのであります。故に、この親族の平和、一家の平和と云う見地から考えても、両親の同意を得ると云うことは非常に必要であります。なおまた両親と云う者は大体から云えば、九分九厘までは自分の子供のことを一番考えてくれる、自分のことよりも子供のことを寧ろ多く考えるものであります。斯様に、子たる孝養の点から、一家の平和と云う点から、それから配偶者選択上の利害得失の点から申しても、両親の同意と云うものはどうしても必要であります。法律はこの点に着眼致しまして、両親の同意を婚姻成立の要件にしたのであります。臨時法制審議会と云う一つの政府の諮問機関がありまして、これは皆社会上の地位の偉い人から成って居るのでありますが、この会議で民法の修正を議して居ります。その大体の決議に於きましても、婚姻に就いては両親の同意を得ねばならぬ、なおその両親の同意に就いては年齢の制限をも除こうと云うような議があるのであります。すなわち幾つになりましても両親の同意を得させると云うような議があるのであります。

それから第二には婚姻に就いて戸主の同意を必要と致すのであります。それは第七百五十条であります。家族が婚姻をなすには戸主の同意を得ることを要すと書いてあります。何故に戸主の同意を必要と致すかと申しますと、婚姻に依りまして結局家籍の異動を来たすのであります。それは婚姻の効力の所でお話を致します。

要するに原則としては妻が夫の家に入るのでありますが、入夫婚姻の場合には夫の方が妻の家に入るのであります。いずれに致しましても夫婦は家籍を同じくするのであります。その結果として夫婦のいずれか一方が自己の戸籍を出て他の一方の戸籍に這入らねばなりませぬ。そう云う結果を生ずるだけ戸籍に変動を来たすのであります。戸籍の変動に就きましては、その戸籍の頭に当たって居る戸主の同意と云うことを必要にしたのであります。戸籍の頭の気に入らぬような者が這入って来られては困るから、また気に入らぬ者のような所に自分の籍から出て行かれては困ると云う意味に於いて、戸籍の頭に当たって居ります戸主の同意を必要とすると云う様にしたのであります。これは主に家族関係と云う方面からこの同意を必要にしたのであります。

それからその次の要件は婚姻の届出であります。民法の実施せられます前の婚姻と云うものはその成立に届出と云うことを必要としなかったのであります。すなわち夫婦としての実際共同生活があり、習慣で一般に認められたような式を挙げて居ればそれで宜い。まず普通の三々九度の式が挙げてあればそれで夫婦になれると云う様な事にしていたのであります。しかし現在の民法が実施せられてからは、必ず届出がなければいけない。如何に長い間夫婦としての実際生活をして居ても、届出のない限り夫婦ではないと云う事にしたのであります。

で、婚姻の届出の記載事項などはこれは戸籍法の規定する所でありまして、この事は別段お話する必要もないと思います。唯民法の規定して居る所だけを申しますれば、当事者の双方が、すなわち夫たり妻たるべき所の双方、それから証人が二人以上、それが戸籍吏に届出をすると云うことが必要となって居るのであります。届出は書面を以ってしても宜いし口頭を以ってしても宜いのであります。書面に於いては届出をする人ならびに証人が署名して捺印をせねばならぬ事になって居るのであります。届出をする役所も戸籍吏と云うものも市町村長を云うのでありまして、どの市町村に届出れば宜いかと申しますと、原則としては夫の本籍地もしくは夫の所在地であります。所在地と云うものは実際に居る場所を云うのであります。極端なことを申しますれば、宿屋に居りますれば宿屋に居った場所で届出ても宜いのであります。しかしながら入夫婚姻の如く夫の方が妻の家に這入る場合には妻の居住地または妻の所在地に届出ることになって居るのであります。

以上申したように婚姻の成立要件には届出と云う事があるのであります。この点は十分に考えて置かなければならないのであります。少年少女の保護と云う問題にこれが関係があるかどうか判りませぬが、しかしながら子供も大きくなれば結婚をするのでありますから、先のことも考えてやらなければならぬ。婚姻をすれば直ぐに届出をすると云うことを怠らないように気を付ける必要があるのであります。能く世間では婚姻をして置きながら届出を長く怠って居るような慣習がまだある。まあ家風にあまり合わないとかなんとか云うようなことであれば、離婚をすると云うような考えかも知れませぬが、それはいけない。結婚をするまでに実際双方で調べ合って居るのでありますから、結婚の式を挙げたならば直に結婚届をするようにしないと云うと後日間違いが起こるから、これは遅滞なくお互いに心懸ける必要があるのであります。

殊に下層社会になりますと届出を怠って居るものが非常に沢山あります。いわゆる内縁の妻と云うものが沢山にありまして、その結果は自然この夫婦の関係を紊(みだ)すと云うような弊害が非常に多いのであります。また生まれた子供は皆私生児になるのであります。たとい自身が認知をしても庶子となるだけであります。唯僅かに庶子を有する夫婦が後になって婚姻の届出を致しますれば、その時から嫡出子身分を取得するのでありますけれども、それまではつまり庶子もしくは私生児であります。届出をしないで居る間に夫婦の一方が死んでしまいますとその子供は永久に私生児もしくは庶子になってしまうのであります。それで下層社会には婚姻の届出を励行させると云うことが必要であります。

恩給法等の関係に於きましても扶助料を受ける者は妻でありますから、そう云う長い間共同生活をし、苦楽を共にして居りましても、届出がないと扶助料は貰えないのであります。能く水兵などが実際は婚姻して置きながら、婚姻の届出がしてなく、死んでから後に届出をするが、それが為め扶助料が貰えないと云う気の毒な結果を生ずることが随分あるのであります。そう云うのはなんとかして、その届出を有効にして助けたいと云うので、色々の方法を講じて居るのでありますが、成るべくそんなことにならないようにこの届出を励行させるようにせねばならぬと考えて居ります。

以上を以て婚姻の成立要件を説明致したのでありますが、大体今まで申したような要件が備われば婚姻は有効になるのであります。然らばもしこれらの要件を欠いたならばその婚姻と云うものはどう云う効力を有するかと申すと、これらの要件を欠いたからと云って法律は必ずしも直に婚姻を無効とはしないのであります。既に一旦実際夫婦と云う関係が出来てしまった後はこれに基づく色々の関係を発生するのであります。これに依って、実際家族関係が出来上がります。子供が出来るとかその他色々の関係が出来ますから、これを無効にしてしまうと云うのは、累を他に及ぼすことが多いのでありますから、これらの要件が欠けたからと云って滅多に婚姻を無効とはしないのであります。

次は、婚姻の無効と取消のことをお話するのであります。そこで婚姻の無効の場合は唯、第七百七十八条に二つの場合だけ掲げてあります。第一は婚姻をなすの意思がない場合であります。こんなことは殆んど絶無でありますが、法文に例が掲げられてありますように、人違いその他の事由に依ると云うのであります。

まず婚姻をなす意思がないと云えば大体人違い位のものでありますが、人違いの婚姻と云うものも殆ど絶無で、これは想像が出来ないのであります。強いて云えば写真結婚の如き場合で、海外に行って居る人と、単に写真か手紙の往復位で結婚をすると云うようなときには、人違いの問題が起こるかも知れない。唯手紙かなにかで日本に居る人と外国に居る人と結婚の約束をした。あの人かと思って居ったところが、船に乗って来た所を見ると、飛んでもないまるで違って居った人であったと云うようなことがあれば、これは人違いであります。それでなければ滅多に起こり得ない事であります。

それからその他の例で云えばまず当事者の婚姻をなす意思がないのに、全然脅迫かなにかでまるで意思がなくて結婚届出に署名するに至ったと云うような場合に就いても、また無効とせねばならぬと云う事にしたのであります。それからその次は当事者が婚姻の届出をしない場合でありますが、これは殆どありませぬ、もし届出をしなければ始めから婚姻は成り立たないものであります。或いは婚姻を届出でたような形になって居るが、実際は婚姻の届出になって居らぬと云うような場合に就いては、これも殆どないのであります。届出をする形式が悪いならば戸籍吏が直ぐに書き直させる、これではいけないからこういう風に届出なさいと云って、それが間違って居れば直ぐに書き直させるのでありますから、二項に当たるような場合は殆どありませぬ。結局人違い等で当事者に結婚の意思のなかった場合に於いては、婚姻を無効にするのであります。その他の場合は大体に於いて今まで申した要件が欠けて居りましても婚姻を無効とは致さないのであります。取消得べきものにして居るのであります。細い事はこの第七百七十八条以下に規定がありますが、こういう細い事は何にもなりませぬから略しますが、大体は取消し得ると云うことだけにして、全然無効にはしないのであります。しかもその取消権の存続期間に就いても一定の制限がありまして、或る時期が経ちますともう取消すことが出来ないと云う事になって居ります。すなわち法律は前に申したように要件を必要として居りますけれども、どうかした間違いで婚姻が成立した場合にはその要件と云うものが緩和されます。例えば夫婦の関係が出来てしまい、婚姻の届出もなされてしまった後には最早致方がない。出来たものであるからこれを崩すと云うことはしないで、成るべくは婚姻の関係を以持せしめる事にしたのであります。しかしながら或る時期に於いて利害関係のみによって成った婚姻はこれを取消すと云う場合には、これは取消さして宜い。但しそれも一定の制限の下に於いてするのであると云う事にしたのであります。つまり出来上った以上は已むを得ないから、成るべく婚姻関係を持続させるのであります。能く俗に云う、出来たものは仕方がないと云う訳であります。

まあ大体常識と云いますか、世間話にある通りであります。大体法律もそう云う考えを採って居るのでありますから、無効の場合は殆んどありませぬ。これは初めから婚姻のないのと同じにしてしまうのであります。取消の場合はどう云うことになるかと申しますと、その効力は第七百八十七条以下に大体書いてありますが、これはあまり詳しく説明する必要はないと思います。普通取消すと云いますと、前に遡って効力をまるで無くするのでありますから、まるっきり前からの関係がなくなるのであります。契約を取消すと云えばその契約はしなかったと同じことになるのであります。取消した時までは契約の効力を認めて、それから効力がなくなると云うのでなく、契約をした時に遡って効力が無くなるのであります。ところが婚姻の取消の場合はそうはしないのであります。婚姻の取消はその効力を既往に及ぼさずと、こう書いてありますから、つまり婚姻が出来てそれから取消すまでの間は婚姻が有効なものになって居り、遡って無効にはならぬのであります。そう致しませぬとその取消されるまでの間に於ける種々な行為、もしくは種々な事実、そう云うものは皆覆されることになりまして、一般人に迷惑を及ぼすのでありますから、この取消の効力は遡らないようにしたのであります。つまり取消までの間に子供が生まれれば嫡出子になるのであります。後になって取消がありましても、その子供は庶子もしくは私生子にはならないのであります。それからまた婚姻中に何か夫婦間の財産関係等のありました場合には、それはやはり取消前に於ける婚姻関係は有効なりとの前提を致すのであります。あまり夫婦間の財産関係のことは云う必要はないのでありますが、例えて云えば第七百九十九条には、夫または女戸主——夫に就いて云いますれば、夫は妻の財産を管理する、そうしてその収益を納める、その財産から生ずる所の利益を取ると云うのであります。その代わりに、その財産の管理の費用等は一切払う、こういうことになって居るのであります。

で、この婚姻中に夫が妻の財産を管理致しまして、それから得たる所の収益と云うものは、これはもし婚姻の取消の時にはどうなるかと云いますと、初めからまるで婚姻がなかったと云うことになれば、その収益は全然初めからなかったものであるから、全部返してしまわなければならぬのでありますけれども、それでは困るから、そこでそう云うような時には現にその得たる収益が残って居るだけのものを返えせば宜い、使って無くなって居る分はかまはない、つまり自分の身を切って出さぬでも宜い、現に残って居るものだけを返えせば宜いと云うことになっています。これが財産関係でありますが、斯くの如くにして取消の効果と云うものは絶対的に遡ると云うことを避けて、そうして他人に迷惑を掛けないように致してあるのであります。これがすなわち婚姻の無効と取消であります。大体これで、婚姻の広い意味に於いての要件の話を終わったのであります。

その次は婚姻の効力であります。婚姻の効力は第七百八十八条以下に規定せられてあるのであります。まず第一に妻は婚姻に依って夫の家に這入ると云うことになって居るのであります。すなわち妻と夫と云うものは戸籍を同じうせねばならぬと云うことになって居るのであります。普通の婚姻の場合であれば妻が夫の家に這入らねばならぬが、但し入夫婚姻の場合、婿養子の場合は夫の方から妻の家へ這入るのであります。入夫と云うのはつまり女戸主、すなわち女が戸主である場合にその女戸主の家へ夫が這入って婚姻をする場合であります。いわゆるこれは入夫婚姻であります。入夫婚姻と云うのは一方が女戸主でなければ起こらないのであります。女が家族の戸主でない所へ男が這入り込むと云う入夫婚姻はないのであります。婿養子の場合これは御承知の通り養家に男が這入って養家の娘と婚姻するのでありますから、これは無論養家の方へ夫として這入らねばならぬ。つまり妻の方へ這入らねばなりませぬから、いずれに致しましてもつまり婚姻に依りまして夫婦が同じ戸籍に這入らねばならぬと云うことになるのであります。これは婚姻の成立当初のみではありませぬ、婚姻が出来上ってしまった後でも同じであります。それでありますから如何なる事情がありましても夫婦と云うものは戸籍を別にすると云うことは絶対にないのであります。夫が何かの原因で動けば妻は必ずくっ随いて行くのであります。妻だけが夫の家から離れて出ると云うことはもう絶対に出来ませぬ。その時の例は第七百四十五条にあります。夫が他家に入りまたは一家を創立した時はその妻は夫に随いてその家に入る、こう書いてあります。例えば、夫が外の家へ親族入籍かなにかで這入って行きますと、妻は必ずくっ随いて行きます。つまり家を同じうせねばならぬからそう云うことになるのであります。それから例えば夫が一家を創立すれば妻はその夫の家に這入って行くのであります。こういうことになって居る。また例えば妻が養子をすると云う場合に夫婦は一緒に養子とならなければならぬと云う規定があるのであります。或る人が養子に夫だけをする、その妻は放って置くと云うことは決して出来ないのであります。夫が養子になればその妻も一緒に養子にしなければならぬことになって居ります。これは家を同じうする所ではない、それ以上に養子関係までも同じうしなければならぬと云うことになって居ります。

それから例えば妻を相続人に選定する。相続人のないような戸主が、自分が死んだ時は何の某を自分の相続人にすると云うように相続人をば遺言で決めて居る場合、そう云う場合には、妻なら妻が相続人に指定されたとしても、これは直ぐに相続人にはなれないのであります。これは夫と一緒に死んだ戸主の家に這入らなければ相続人にはなれないのであります。相続人になって妻だけはその戸主の家に這入って、夫は別の家に居ると云うことは出来ないのであります。それならば相続を許されないのであります。必ず夫と一緒に行かなければならない、こういうことになるのであります。つまり夫婦は必ず家を同じくする、始めに於いてのみならず、一生涯家を同じうすると云うことになる。

同時に、それでありますから夫婦と云うものは氏を同じくする、姓を同一にするのであります。これはまるで別問題でありますが、その親族関係に於いても配偶者と云うものは無論親族でありますが、配偶者の間には親等と云うものを設けて居らないのであります。外国の法律などでは配偶者と云うものは一等親であると云うように云って居りますけれども、日本の法律には、親等と云うものは全然ないのであります。親等がないと云うのは寧ろ親等があるよりもより以上に近いものであると云う風に考えたのであります。

それからその次は第七百八十九条であります。つまり夫婦が同居する義務であります。これは戸籍を同じくすると云う意味でなくて、実際の住居を同じくすると云う意味であります。申すまでもないことでありますが、戸籍が同じであると云うことと、実際の住居の同じであると云うこととは一緒ではないのであります。能く戸籍は同じでありましても或いは夫婦相談の上で食うに困ったり家庭の都合などの為めに、妻は何処かに奉公に行くと云うことがある。これはつまり戸籍は同じでありますが住居が違うのであります。しかしながら夫婦と云うものは同居する義務があるのでありますから、話し合いの上でお互いが承諾して一時住所を別にすると云うことはこれは決して婚姻の継続には差し支えがない。話し合いがない以上はどうしても同居をしなければならぬ。その同居は、男の方が勝手であるかも知れませぬが、男の方へ妻は同居をせねばならぬ、こういうことになって居るのであります。つまり夫の方が居所を決める、その居所の方へ妻の方が行かなければならぬ、こういうことになって居ります。

同時に夫は必ず妻を同居せしめなければならない、これを拒むことは出来ないのであります。これも大体夫が外で働いて、一家の生計を主として維持すると云うような思想から恐らく来て居るのであろうと思うのであります。それから次には夫婦がお互いに扶養をせねばならぬ、お互いに相当の物質上に於いて給与をしなければならぬ、無論食べるにも困るようなことをさして置くことは出来ないし、それから病気の時なども相当の療養をしてやると云うような義務があるのでありますが、それ等が主なものであります。なお細い事を云うと種々なことがありますが、大体それ等が民法の規定に於ける必要の行為の主なるものであります。

もう一つ最も主なるものを申せば、いわゆる貞操の義務であります。これは無論申すまでもないことでありますが、これは甚だ日本の法制は理想的には出来て居らないのであります。つまり貞操の義務と云うものはこれを法律の上から申せば女の方にだけあって、男の方にはないのであります。しかしそれは法律上女の方だけにあって、男の方にはないのであるかと云うと、やはり法律上男の方にもあるのではないかと思いますが、少なくともいわゆる刑罰を以て臨んで居り、刑罰を以て制裁に附して居りますのは、これは女の貞操に就いてだけであるのであります。御承知の通り夫のある妻が他の男と通じますと刑法上の制裁がありますけれども、妻のある男が他の女と通じましても男の方は刑法上の制裁がないのであります。しかしこれが為めに法律上から云って夫には貞操の義務がないとまでは云えないと思うのであります。しかしながらそれは程度でありまして、結局今の法制は男の方には寛大でありまして、女の方には非常に厳格なのであります。甚だ忌まわしいことでありますが、女は一回でも他の男と通ずれば直に刑法上の制裁に触れるのでありますが、男の方は一回位はまず宜いと云う訳でもないでしょうが、まあそれ位のことであったらあまり社会上も法律上も大して文句を云わないと云うことになって居るのであります。しかしながらそれがどの程度でありますか、相当甚しい程度になればこれは妻から離婚を請求する一つの理由となるのであるから、この意味から云えば妻の離婚請求権を発生せしめる、すなわち法律の上から見ましても男と云うものは貞操を守る義務がないとは云えないのであります。唯程度が――ややと申しますと大分違うのでありますが、程度が違うと云うことであろうと思うのであります。しかしこれは必ずしも理想ではないと思いますが、とにかく現行の法制はそう云う風になって居ります。

なお細かい効力と致しましては、次に、妻の財産上の能力に就いて制限を受けると云うことをお話致したいと思うのであります。これはやはり少年少女の保護にそれ自身直ぐに必要もないかも知れませぬが、前に申す通り少年少女が将来に於いて夫となり妻となった時分に、どう云う地位に立つものかと云うことを知って置く方が宜いと思うのであります。それでなければ少年少女の将来を考えての指導が出来ませぬから必要なことと思うのであります。

民法には婚姻に就いての財産上の効力に関して、夫婦財産制の規定があるのであります。夫婦間の財産がどう云う風に法律上取扱わるべきものであるかと云うような規定があるのでありますが、この規定はあまり現在の日本の国状には適して居らないようでありまして、いずれこれらの点は改められるであろうと思いますし、事柄がやや専門的になりますからこれは暫らくこの所では説明をしないことに致します。

この所で申上げますのは主として妻の行為能力の制限の問題であります。行為能力と云うのは行為を為す能力であって、その制限に関する話をするのであります。この問題は女子の方から見れば、実際に於いてやや不公平の結果になって居ると云えるのであります。つまり女子は女子たるが故に私法上に於いて何等行為の能力に就いては制限を受けて居りませぬ。公法の関係としてはこれは別でありますが、私法の関係に於いては特に男子に劣った取扱いを受けて居らないのであります。しかしながら女子が妻と云う身分を取得致しますと、ここに或る種の法律上の制限を行為の上に受けるようになるのであります。その如何なる制限を受けると云うことは、民法の第十四条に規定せられてあるのであります。大体申しますれば、妻が自己の財産に関して重要なる行為を為す時には夫の許可を得ねばならない、もし夫の許可を得ないでこれらの行為をすれば、その行為を夫に於いて取消すことが出来る。妻も勿論自から取消すことが出来るのであります。それで夫の財産に就いて処分を為す場合に於いて夫の同意を得ねばならぬことは勿論でありますが、妻が自己の財産を処分するに当たっても、なお且つ重要なものに就いては夫の許可を得ねばならないのであります。これはすなわち夫権の尊重と云うことに在るのだと民法の学者が説明をして居るのであります。一家の中に主人公になる者が二人あっては一家の平和を維持するに不便であります。夫を主人公と云うのは語弊があるが、とにかく夫が一番中心の人として立てらるべきものであるから、或る種の重要なる財産上の行為に就いては、たといそれが妻自身の財産に関するものであっても夫の同意を経てやるべきものである。妻が独断でやってはいけないと云うことになるのであります。

しかしこれは随分議論の在る所でありまして、それであるならば、或る種の行為に就いては夫もまた妻の許可と云いますか同意と云いますかを得なければなりませぬ。行為の種類は必ずしも同一でなければならないと云うことはないかも知れないし、またその同意を受くべき行為の範囲が必ずしも同じでなければならないと云うこともないかも知れないけれども、やはり等しく妻の許可をも或る場合には必要とすべきであると云う議論も起こり得るのであります。しかしとにかく現在の法制に於いては夫の許可を必要とする場合のみであります。妻の許可を必要とする場合はないのであります。唯例外として妻が夫の許可を得ないでいいような場合があります。それは民法の第十五条または第十七条等に規定せられて居るのであります。その第十五条に規定せられて居るものは、夫が妻に営業を許した場合であります。妻に営業を為すことを許した以上は、その経営に関することに就いては妻は夫の許可を得ないで独立して行為が出来る。それから第十七条の場合は規定を御覧になれば大体御判りになりますように、夫の許可を受けることが非常に困難であり、或いは夫の許可を受けることにするのが非常に不条理であるとか云うような場合があります。例えば夫が妻を遺棄したるとき或いは妻に必要なる衣食を給与しないと云うような場合、こういうような場合ならば、夫の許可を得ないで独立して妻が行為を為すことが出来る。或いは夫が禁錮一年以上の刑に処せられ、その刑の執行中で刑務所に入って居ると云うような場合、こういうような時に妻が夫の許可を得ると云うことは事実上殆んど不可能でありますから、これらの場合には許可を得ないでも宜いと云うことになって居るのであります。斯くの如くにして結局婚姻の結果一家の平和を維持する為めに妻の能力に就いて或る種の制限が附せられると云う結果になるのであります。これが大体婚姻の効力であります。

それからその次には離婚の問題でありまするが、これも極く簡単に申し上げますと、離婚の規定は民法の第八百八条以下に規定してありまして、その初めの方には協議上の離婚と云うことの規定があります。後の方には裁判上の離婚と云う規定があるのであります。夫婦は前にも申した通りに合意に依って成り立った関係であります。合意と云うと何だか水臭い言葉のようでありますが、結局夫婦たる者の意思の一致に依って出来上った関係であります。そこでその夫婦たる者が婚姻関係を止めようと云うことに意見が一致しますれば、これは離婚が何時でも出来る、こういうことになって居るのであります。

しかしながら前にも申したように、婚姻と云うものは当事者の意思に重きを置いて居るけれども、なお親権者もしくは戸主の同意を必要とすると云うことを申したのでありますが、それと同じように協議上の離婚に就きましても、やはり婚姻に就いて同意を経べきような人の同意を経ねばならないと云うことになって居るのであります。これは既に婚姻の時に申し上げましたと同様の理由に基づくのでありまして、唯当事者が自分の勝手で婚姻関係を止めてしまうと云うことは出来ないのであります。今まで自分を哺育してくれた親、自分の為めに最も親切でありまた最も適切なる判断を与えてくれる所の親、その親の同意と云うものを経ねば濫りに離婚は出来ないと云う事になって居るのであります。また同時に婚姻の時に申し上げましたように、離婚と云うものはつまり家籍の移動を来たすものである、普通の場合に於いて妻が夫の家を出で、自己の実家に帰る――つまり一つの家を出て今一つの家へ這入ると云う関係を生ずるのでありますから、戸主の同意を必要とすると云う事になって居るのであります。但しこれは満二十五年に達しない者に就いてであります。二十五年を越えた者に就いてはその同意は要らないことになって居ります。

而して婚姻の場合と同様に離婚もやはり届出をしなければ効力を生じませぬ。唯当事者間に於いて離婚をすると云う協議が整っただけではまだ離婚にはならないのであります。必ず戸籍吏にこれを届出でると云うことを必要とするのであります。婚姻に就いて届出を必要とする以上は、離婚に就いてもまた届出を必要としなければならぬと云うことは当然の結果であります。次に裁判上の離婚と申しますのは、これは協議上の離婚の成り立たない場合であります。一方は離婚をしようとしても他の一方がこれを承知しない場合に於いては、裁判上に訴えを起こして裁判の結果に依って離婚をするのであります。裁判上の離婚は如何なる場合でもこれを為すことを得ると云うのではありませぬ。法律は明らかに裁判上の離婚を為し得べき所の原因を列挙して居るのであります。すなわち第八百十三条にその事由が列挙されて居ります。列挙主義でありますからこれらの事由以外の事由では一切離婚は出来ない、必ずこのいずれかに当たらなければ離婚は出来ないと云うことになって居ります。なお細かい規定が第八百十三条以下に在りまして、成るべくまず裁判上の離婚などはさせないと云うことを法律が希望して居ると云うことがこれらの規定からして表われて来るのであります。以上で大体婚姻と云うことに就いての説明を終わったのであります。

第二講　親子関係

それからその次は親子と云う関係に就いてのことをお話しようと思うのであります。婚姻をすれば大体子供が生まれる、こういう順序でありますから、婚姻の次には親子の関係を述べようと云うのであります。親子の関係は大体これを分かって実親子と、実親子に準ずる者、とこの二つに別けることが出来るのであります。実親子と云うのはこれは血縁に依る所の親子であります。つまり出生関係に依る親子を云うのであります。実親子はこれを別けて嫡出子と庶子と私生児にするのであります。嫡出子と申しますのは婚姻に依って生まれた子供であります。極く平たく申しますれば婚姻した男女の子供であります。夫婦の間の子供と云うことになるのであります。しかし民法の規定はそれに就いてやや細かい規定を設けて居るのであります。第八百二十条の規定がすなわちそれであります。第八百二十条の規定を一々細かく申し上げると却って面倒になりますから簡単に申しますれば、大体に於いて婚姻の成立した日から二百日後、そうして婚姻関係がなくなってから三百日内に生まれた子供はその夫婦の間の子供と一応見ると云うのであります。反対の証拠がなければその夫婦間の子供であると見るのだとこういうのであります。これを裏から云いますれば婚姻が成り立ってからまだ二百日経たない中に生まれた子供は嫡出子とは見られないのだ、絶対に認めないと云うのではありませぬが、一応はそうは見られないのであります。それから婚姻関係が止んでから三百日以後に生まれた子供もやはりその婚姻に依って生まれた子供とは一応は見ないのであります。これは直ぐ御判りになるように何か医学上の経験から書いたのだそうであります。婚姻をしてからまだ二百日経たない前に生まれる子供はそれは婚姻せぬ中の子供である、すなわち少なくとも二百日位は子供は腹の中に居るのだ、こういうようなことから婚姻をしてから二百日以内、まだ二百日経たない前に生まれた子供は婚姻中の子ではないのであります。それからまたどんなに長く腹の中に居る者でも三百日以上は腹の中には居らないと云うことからして、婚姻関係が止んでから三百日以後に生まれた子供はこれは婚姻中の子供ではないのだと云うように一応致したのであります。反対の証拠が挙れば別でありますが、証拠が挙がらぬ限りはそう云う風に見たのであります。

そこで能く実際に起こる問題は婚姻と云うものは前に申したように、届出に依って成立すると云うことになって居るのであります。そこで実際には式を挙げて総ての人が夫婦であるとして居るような間でありましても、もし届出をすることを怠って居りますと云うと、戸籍の方が遅れていわゆる二百日内に子供が生まれると云うような結果をややもすると生ずるのであります。それは後に述べますようなこれを嫡出子とする方法はあるのでありますけれども、しかしながらそれは極く変則のことでありまして好ましいことでありませぬから、そこで婚姻の時にも申したように婚姻が実際成立したならば成るべく早く届出をする、そうして婚姻の届出を出すと直ぐに子供が生まれると云うようなことにならぬようにして置くと云うことが、夫婦双方の利益と云いますか夫婦双方の為に宜しいのであります。大体嫡出子と云うものはそう云うものであります。

それからその次に庶子と申しますのはこれは婚姻をしない男女の間に生まれた子供であります。而して父が認知したものを云うのであります。認知の規定は第八百二十七条以下に在ります。元来婚姻をしない者の間に於ける子供と云うものは父に於いて認知致しませぬ場合に於きましては後に述べますように単純なる私生児であります。母の私生児になってしまうのであります。実際外から見て父が判って居るような場合でありましても、父が認知をしないで放って置けばそれは父の子供と云うことにはならないのであります。すなわち必ず父が認知すると云う意思表示をしなければならないのであります。その意思表示は戸籍吏に届出でると云うことに依って為さねばならないと云うことになって居るのであります。第八百二十九条にも「私生児ノ認知ハ戸籍吏ニ届出ツルニ依リテ之ヲ為ス」こういうことになって居るのであります。父がもし認知をしなかったならばどうするかと云えば、その場合にはその母等から認知を求むると云うことになるのであります。第八百三十五条にもありますように「子、其直系卑属又ハ此等ノ者ノ法定代理人ハ父又ハ母ニ対シテ認知ヲ求ムルコトヲ得」とありまして、大体申せば子供とかその母は認知を求むることが出来るのであります。父がもし応じなければ訴えを起こして父に対して認知をしろと云うことを求むる、こういうことになるのであります。この方法に依りまして父が認知を致しませぬ間は、先刻申しましたように、如何に実際は彼の子であると云うことが分かりましても、父とその子との間には何等の関係は生じないのであります。認知に依って初めて父子の関係を生ずるのであります。これが庶子であります。すなわち父に依って認知せられたる私生児と云うものが庶子になるのであります。

而してこの庶子は嫡出子たる身分を或る条件の下に於いて取得する事が出来るのであります。その重なる場合を申しますと、まず第一に男女間に庶子があります場合に、その男女が婚姻を致しますと庶子は当然嫡出子となるのであります。これは特に嫡出子にするとか何とか云うような意思表示がありませぬでも、当然それが嫡出子になってしまうのであります。第八百三十六条にもありますように「庶子ハ其父母ノ婚姻ニ因リテ嫡出子タル身分ヲ取得ス」とこういうことになって居るのであります。また私生児で庶子になって居らぬ者は男女が婚姻して後になってもし父がこれを認知すれば、この場合にもやはりその私生児は嫡出子になるのであります。既に初めに認知されて居る庶子のある場合に、その男女が婚姻したる場合と、未だ認知せざる前に男女が子のある場合にして後に認知したる場合、いずれもこれは嫡出子たる身分を取得するように法律には規定してあるのであります。つまり庶子と申します者は嫡出子に比較すれば相続権に於いても後の順位に在るものであります。而して甚だ露骨な言葉を以て云いますれば、つまり男女の私通関係の一種の記念と……云うようなものでありまして、しかもそれは庶子たる人には何にも罪がないのであります。庶子たる人には如何にも気の毒でありますから、法律は成るべくこういう身分をなくなそうと云う事を努め、その結果今申したような方法で庶子が嫡出子たる身分を取得し得るような法律が出来て居るのであります。ただ今述べたのは庶子に就いてであります。

それからその次は私生児であります。私生児のことはもう既に庶子の説明をする時に殆んど説明し尽したのでありまして、婚姻をしない男女間の子供を云うのでありまして、その子供を母に対する関係に於いてこれを私生児と云うのであります。

そこでこの私生児は父が認知致しますと、それは父に対する関係に於いては庶子になるのであります。しかしながら母に対する関係に於いてはやはり私生児であります。父の認知の有無に拘わらず母に対しては私生児であると云うことになるのであります。母は自分の子供を認知する必要のある場合は殆んど絶無であります。僅かに棄子のような場合であります。それ以外には常に親子の関係と云うものは認知を俟たずして発生して居るのであります。この関係がすなわち私生児であります。父の方は認知をしなければ父子の関係は生じませぬ。認知をして親子の関係が父子の間に生じますとそれは父の方からはこれを庶子と云うのであります。しかしながら母に対する関係に於いては何時まで経ってもそれはどこまでも私生児でありま す。そうして相続関係等に於きまして、私生児はずっと後廻しになるのでありますが、母がもしたとえば戸主であるとしてこれを相続するような場合に於きましては、その私生児は父の認知を得て居ようが居なかろうが等しく私生児でありまして、父の認知の有無に依りまして母に対する所の相続の順位には何等の影響を生じない、等しく私生児であると云うことになるのであります。

これで大体実親子としての区別の嫡出子と、庶子と、それから私生児の説明を終わったのであります。なお申しますが、婚姻成立後二百日内に生まれました子供は、夫婦つまり婚姻関係に於ける子供であると云う風に一応は認められないのであります。婚姻後二百日以後に生まれた子供でなければいけない、と云うことになるのであります。しかしながら、もし婚姻成立後二百日以内に生まれた子供に就いて嫡出子出生届を父が致しますれば、それは直ちに戸籍には嫡出子として記載せらるるのであります。理窟を云いますと、これはもう初めに父が認知を致しまして庶子として記載せられ、同時に婚姻が成立って居るのでありますから、その瞬間に於いて嫡出子になるとこういうのであります。第八百三十六条に在りますように、庶子はその父母の婚姻に於いて嫡出子たる身分を得るのであります。婚姻後二百日内に生まれた子供はとにかく婚姻に依って生まれた子供とは一応見られないのでありますから何時も庶子になるのであります。理論上は庶子になり、そうして同時にその父母は既に婚姻して居るので嫡出子になると云うてあります。それで成るべく庶子と云うようなことは戸籍に残して置きたくないと云うのが戸籍法の精神でありますから、婚姻成立後二百日以内に生まれた子供は直ぐに嫡出子として届出られるのだと云うことを、戸籍法に於いて便法として規定致して居るのであります。

それからその次は実親子関係に準ずる者であります。これは後の分類で御判りになりますように、出生関係血縁関係のない者でありますけれども、法律は我が国古来の習慣風俗に準拠致しまして、実親子と同様に取扱って居る場合であります。まずその一つは継子であります。継子の意義は専門的に申しますと大変にやかましいことになりまして、いろいろとこれが意見の分かれて居る所でありますが、極く簡単に申しますと、配偶者の一方から見たる他の配偶者の子供を云うのであります。それで配偶者の一方の実子ではないが他の一方の実子であると云う場合に一方の継子であると云うのであります。でありますから、夫に子供があるその所へ後妻が来れば、その後妻から見てその子供は継子になるのであります。或いは妻が連子をして参りますとその際の連子は夫に対して継子であります。すなわちいずれもその一方の子供ではないのであって他の一方の子供であるとこういうだけであります。これは極く詳しく説明申しますと、必ずしも他の一方の実子には限らないのでありまして、養子のような者でもやはり継子になるのであります。でありますから、例えば女が嫁に行く前に養子があった。養子のある所へ嫁に行きますれば、その養子と云う者は後から行った妻の継子になるのであります。また私生児でも庶子でも継親子関係を生じ得るのであります。でありますから例えば夫に庶子がある所へ後妻が来たと云えばその庶子は妻に取って継子になるのであります。或いは妻に私生児がある所へ夫が入夫で入って来たと云えば、夫と私生児の間には継親子関係を生ずるのであります。配偶者の一方から見て他の一方の子供は如何なる種類の者でもつまり継子になると云うわけであります。勿論この種子の範囲に就いてはいろいろな議論がありまして非常に面倒なことになるのでありますが、大体そう云う風に見て置いて戴いて宜いと思います。この継親子関係に於いては、民法は実親子関係に於けると同一関係を認めて居るのであります。第七百二十八条にその規定があります。「継父母ト継子トノ間ニ於テハ親子間ニ於ケルト同一ノ親族関係ヲ生ス」とこういう風になって居るのであります。つまり実の親子と同じ関係に置くのだと云うのであります。

それからその次は庶子であります。この庶子は前の実親子間の関係に於いて申し上げました庶子と云う者とは少しその意味と趣きが違うのであります。これは嫡母庶子の関係に於ける嫡子を云うのであります。すなわち言葉を換えて申しますと、夫の庶子とその妻の関係を云うのであります。夫の庶子がその妻から見て庶子であります。庶子から見てこれを嫡母と云うのであります。御承知の通り昔は妾と云うようなものがありまして、この妾と云うものは能く知りませぬが、本当の正式の妾と云うものは何と云いますか、血統を重んずる為めに男系がなければならぬと云う風なことから、つまり血統上主に上流の社会に於いて認められた制度だろうと思いますが、この妾の子と云うものは今の法律で父から言えば庶子であります。ですから妾の子は父の妻に対してやはり庶子と云うのであります。そうして妾の子から見まして父の妻のことを嫡母と云うことになって居るのであります。この庶子は嫡母に対して決して実親子の関係はありませぬ。出生の関係はないのでありますからこれは実子に準ずべき者であります。つまり庶子と云う言葉には二種あるのであります。実親子関係に於いて申し上げました庶子と云う関係は、これは常に父に対する関係でありまして、これは父が自分の子を認知した場合に生ずる関係でありますから、本当の実親子関係であります。此処で庶子と申しますのは実親子関係を申すのではありませぬ。自分の生んだ子供ではないのである、妾の子である。それと妻との関係をすなわち実親子間と同様に扱うのでありますから、これは実親子関係ではないのであります。そこで、私が前に申したように母に対しては私生児があるばかりであって、庶子がないと云うのはその意味であります。つまり母の生んだ子と云うものに就いては庶子と云うものは絶対にないのであります。婚姻以外に於いて母の生んだ子供は皆私生児でありまして、幾ら父が認知を致しましてもそれは私生児であります。母に対して庶子なる者は此処に申す所の実子にあらざる者に就いてのみ存在するのであります。つまり妻と夫と庶子との間の関係に於いて庶子と云う言葉があるだけであります。だから女の庶子と云うのは、これは女から生まれない子供に就いてのみあるのでありまして、女から生まれた子供は幾ら父が認知を致しましてもそれは私生児であります。唯それは父に対する関係に於いてのみ庶子と云うことになるだけであります。この嫡母庶子の間はやはりこれは実親子と全然同様に取扱って居るのでありまして、法律はこの関係に於いてやはり実親子関係と同様の関係を認めて居るのであります。第七百二十八条に嫡母と庶子との間に於いては実親子間に於けると同一の親族関係を生ず、と書いてあるのはこの意味の庶子であります。この継親と継子、嫡母と庶子との間に果たして実親子関係と同じ関係を認めるのが宜しいかどうかと云うことに就いては相当に議論のある所であります。元来その継親子の間、嫡母庶子の間はいわゆる血族に依る愛情と云うものがないのであります。愛情のないものに無理に法律で以て実親子と同じ関係を認めると云うことが果たして宜いのであるか、それは無理な註文となりはしないか。無理な註文をすると云うとここに何と云いますか虚偽が出来る。そうして却て一家の平和を紊すと云うことになってしまいはしないかと云うような議論があるのであります。これももっともな議論であります。しかし御承知の通り日本の道徳と云うものは或る意味に於いて、何と云いますかいわゆる愛情を義理で抑えると云うことがまず日本の従来の道徳になって居ったのであります。芝居だとか義太夫だとか云うようなものには随分吾々が見ましても悲惨な無理だと思われるような事柄が沢山あって、しかもそれは義理であって、これで愛情を抑えると云うようなことが極端に現われて居るのでありますます。そう云うような昔の道徳の観念から、この継親子関係、或いは嫡母庶子の関係なども全然実親子と同じように見るのであると云うようなことに規定してあるのであります。この規定は或いは極端に行き過ぎて居るかも知れませぬが、また反対に極端に血縁のないものであるから他人と同じようにして置いたらいいではないかと云うのもあまり極端ではないかと思います。

御承知の通り継親子関係、嫡母庶子関係はいずれも家を同じうして居る所の者の関係でありまして、つまりたといその血縁はありませぬでも、一家の平和と云う方から云えばどうしても何とかお互いに我慢をして仲良くして行くより仕方がない関係であります。つまり継子でありますれば、それは自分の夫、もしくは妻の実子であります。嫡母庶子でありましても自分の夫の実子であります。それでありますから夫婦の間の仲を良くして行こうと云うには、やはり継親子関係、嫡母庶子の関係を良くして行かなければ結局どうもいけないことになります。人間が非常に偉くなりまして、殆んど人情と云いますか、自分の自然の情の発露と云うものが甘く道徳に合うようになって行きますれば、これは最もこれに越したことはないのであります。いわゆる自己の欲する所に随って為してしかもそれが則を越えないようになってしまえば、これは非常に良いことであります。しかし吾々普通の人間にはそれが出来ないのであります。そうすれば勢い人情と云うことを義理で抑える、我慢をする、不自由をする、それが虚偽であっても仕方がない、そう云うようなことを多少道徳の根本にして置かなければならないと思いますから、継親子や嫡母庶子の関係はやはり実親子の関係を或程度に於いて同一に認めて置くと云うことは止むを得ないことと思うのであります。これは立法論でありまして、現在の法律では継親子、嫡母庶子の関係を実親子関係と同様に認めて居るのであります。

それからなお次に実親子に準ずるものは養親子であります。そこで養親子の一方である養子——この養子はどう云うものであるかと云うと、これは定義を挙げる方が却ってむずかしい事になるので、皆様は遠うの昔に御存じでありましょうが、結局養親子の縁組に依って養親たるべき者と、養子たるべき者との間に成り立つ所の合意に依るものでありまして、而して届出に依って効力を生ずるものであります。やはり婚姻とほぼ同様の振合に出来上って居るのであります。これは寧ろ表から行くよりは裏から規定してあるのでありまして、今申したように合意と届出と云うものは必要でありますから、もし養子縁組に於きまして養親たる者と養子たる者との間に合意がないと養子と云うものは決して成立致しませぬ。第八百五十一条にありますように人違いその他の事由に依り当事者間に縁組をなす意思がなければ効力は生じないのでありまして、これは婚姻の時と同じことであります。

しかし合意だけではいけませぬ。すなわち合意をして届出をしなければ絶対に縁組と云うものは成り立たぬことになって居るのであります。それはやはり第八百五十一条の二項でありますが、この時はやはり効力を生じないのであります。斯くの如く致しまして、婚姻の時に申し上げた如く幾ら養子縁組に就いて習慣に依る立派な式を挙げましても、戸籍吏に届出をしなければこの縁組も成り立たないと云う関係になります。これは婚姻の時に述べたと同様にお互いに注意をしなければならぬものであります。なおもし養子となる者が十五未満である場合にはその家にある父母が代わって縁組の承諾をする事が出来るようになって居るのであります。婚姻の場合には前に述べましたように相当の年齢に達しなければ婚姻は出来ないのでありますけれども、養子の場合には小さな子供の中にこれを養子にすることが随分あるのであります。無論小さな子供には意思を決定する能力がないのでありますからこの場合には勢い誰かが代わって意思を表示しなければならぬと云うことになりますから、この時に十五未満でありますれば、その家に在る所の父母が代わって縁組の承諾をすると云うことになって居るのであります。つまり十五未満の時だけは例外として養子たる者の合意は要らないのであります。父母が代わって合意をすれば宜いと云うことになって居ります。以上申しましたように当事者の合意があれば養子縁組は成り立ちますが、婚姻の場合と同じようにやはり当事者の勝手には出来ないのであります。すなわちその家に在る父母の同意が要るのであります。これは婚姻の場合に父母の同意を必要としたと同じ理由に依るのであります。なおその上に戸主の同意が必要でありま す。やはり養子縁組と云うものは家籍を移動するのであって、婚姻と同様に一つの家を出て他の家に入るのでありますから、その家族の頭になって居る戸主の同意を必要とすることになって居ります。その他養子に就いてはその要件に就いての種々の規定がありますが、此処では述べないことに致します。その規定は第八百三十七条以下でありまして、御覧になれば大体のことは御判りになります。養子の一種類に婿養子と云うのがあります。婿養子と申すのは、これも御存じのことと思いますが、女婿と為すの目的を以てなされたる養子の事であります。つまり養親たるべき人に女子があるとその女子に女合せる為に養子をする。こういう場合にこれを婿養子と云うのであります。この養子と云うものは必しも家督相続人とすると云う目的から出て居るではないのでありますが、普通の養子は大体に於いて家督相続人となすの目的に出でて居るのであります。細いことを申しますと、戸主にあらざる者も養子をなすことを得ますから、この場合には家督相続と云う問題を生じませぬ。これは相続の所でお話を致しますが、家督相続と云う者は戸主権を相続することであって、戸主にあらざる者は家督相続人たる者でないのでありますから、戸主でない者が養子をした時にはその養子と云うものに就いては家督相続は起こらないのであります、すなわち家族が養子をする場合にはないのであります。大体に於いて養子と云うものは家督相続人を得る為にやるのであります。然るに婿養子と云うものはそう云う目的ではありませぬが、他に種々の目的があります。或いは金持ちの商売人やなにかで、どうもあの相続人一人では不安心だと云うような時に、自分の娘に信用の出来るような人を婿養子として迎える、そうして協力して自分の家政を執らせると云うような目的で婿養子を迎えると云うような場合が非常に多いのであります。この婿養子は今申したように家督相続人とすると云うような目的に出でて居りませぬから、そこで法定の推定家督相続人たる者が居る場合でも婿養子と云うものは出来るのであります。当然法律上家督相続たり得る男子がある場合でも出来ることになって居ります。普通の養子は家督相続人たるべき男子のある時には出来ないのであります。ですから男の子供のある時には普通の養子をすることは出来ませぬ。これに反して婿養子の方は出来るのであります。男の子供がありましてもその姉なりもしくは妹なりに婿養子をすることが出来ます。それは結局婿養子は家督相続人を得る目的でありませぬから、男の法定相続人がありましても幾らも婿養子は出来ることになって居ります。第八百三十九条がつまりその趣旨であります。すなわち今まで説明を致しましたように、実親子に準ずべきものは継親子と嫡母庶子とそれから養親子とこの三つであります。これで大体親子間の区別と云いますか、親子関係の種類を述べた訳であります。言葉を換えて申しますと子供の種類のことを申したのであります。

それからその次には親権と云うことを説明致します。親が子供を保護すると云うことにはまず最も適当な者であることは申すまでもないことでありまして、自然の愛情と云う方から云っても適当であるし、また子供の性格を知って居ると云う方から云っても、子供と終始一緒に居ると云う点から云っても適当であるし、その他総ての点に於いて子供を保護し、またこれを立派な者に仕上げて行くと云うことには最も適当な者である事は異論がないのであります。

そこでこの親に対して親権と云うものを与えることになって居ります。第八百七十七条にもあります通り、子はその家に在る父の親権に服す、こういうことになっているのであります。ですから、まず第一にその子は、その子供と一緒に居る、すなわち同じ戸籍に居る所の父の親権に服するのであります。その家に居ると申しますのは籍が別になれば別になった親の親権に服し、元の家に戸籍を同じくして居った方の親権には服さないと云う意味であります。例えば一人の子供がありましてその子供が他家へ養子に行ってしまう、つまりその籍から出てしまえば最早その家に在る実父の親権には服さないのであります。養父の親権に服すことになります。子供が分家をした場合でもそうであります。分家をしてしまえば最早その本家にある父の親権に服さない。子供が小さければ結局後見人を撰ぶと云うようなことになるのでありますが、但し父がない場合に、または父ありましても親権を行うことが出来ないような場合には母が親権を行うことになって居ります。例えば父の行方不明である時とか、或いは死んだ時、または精神病者であると云うような場合に於いては父が親権を行えませぬから母に於いて親権を行うと云うことになって居ります。

而してこの父とか母とか申しますのは実の父母には限らないのであります。養父養母、継父継母、嫡母等皆これに申す父母であります。それは前にも申しましたように養親子或いは嫡母庶子、継親子間に於いて、実親子と同じ関係を認めるのであると云うことから来る当然の結果であります。これらの人はいずれも親権を有して居るのであります。唯その親権の行使に就いては多少違う所がありますけれども、それは細いことになりますから述べませぬが、大体は同一の親権を有して居ると云うことになって居ります。

それからこの親権に服する者は、大体に於いて未成年の子供だけであります。成年の子は親権に服さないのであります。

服すと云っても、極く非常なる例外の場合であります。しかしながらまず大体から云えば親権に服す者は未成年者ばかりでありります。例外の場合のことは後で一寸申しますが、大体に於いては未成年者に限って親権に服すと云うことになって居るのであります。そこで、この親権と云うものは権利と云う言葉を以て表して居りますけれども、一体は権利であるか義務であるか、義務の方ばかりから見れば義務であるとも云えるのでありますが、親が子供を保護し、これを一人前の者に仕立上げて行くと云うことは権利でもあり、同時に義務でもあります。つまり一人前の者に仕立ててやることが出来ると云う方から云えば権利であります。また社会一般に対して仕立てて行かなければならぬと云う、つまり義務を有って居るのだと云う方から見れば義務になるのであります。第八百七十九条にも、親権を行う父または母は未成年の子の監護および教育をなす権利を有し義務を負うと書いてあるのであります。親権と云う言葉は権利のようでありますが、同時に義務になるのであります。

そこでもし親権者がその親権を行うに当たって不適当なことがありますれば、その親権者は親権を失うことになるのであります。つまり裁判所が裁判を致しまして親権喪失の宣告をする事が出来るようになって居ります。第八百九十六条以下に規定してあるのがそれであります。親権を濫用する、つまり親の権力を振り廻して子供を虐待する。子供の為めになると云う事を考えないで子供を苛めると云うことは親権の濫用であります。或いは親に著しい不行跡があればとても子供を教育する事は出来ない。子供の教育と云うものは口で叱ったりなにかするよりも、親自身が自分の行跡を慎むと云うことが一番善い教育になるのであります。それで随分吾々も子供の為めに窮屈な思いをさせられて、つい見に行きたい物も見に行かないと云うようなことになります。子供に見に行っちゃいけないなどと云って置いて、自分が出掛ける訳には行かないのでありますから、それが為めに自分の身を束縛されて困るようなことが起こるのであります。結局どうも子供に行っちゃいけないと云う以上はそう云う所へは自分も行く訳には行かなくなります。親爺は充分考えて居て間違いはないから行っても理屈としては宜いのでありますが、どうもそれが子供に云えないのであります。こんな訳で自分でも子供の教育の為めに随分窮屈な思をして困って居ります。しかしながら子供に酒を呑んで見せた所で呑みたがりもしませぬから大丈夫でありますが、子供の行きたがる所へやらないことになると親も行きたい所へ勝手に行く訳には行かなくなります。まあとにかく、そう云うような訳でありますから、親があまり不行跡でありますと、とても子供の監護や教育は出来ませぬ。そう云う場合にはその親権を喪失させる――これは裁判所の宣告を待たなければなりませぬが――親権を喪失させることが出来るようになって居ります。これは親権が権利であると同時に義務であるが為めであります。

然れば今度は親権とはどんなものであるかと云う親権の意味であります。親権は子の身上に関するものと、子の財産に関するものとに分ける事が出来ます。もっとも法律に規定して居る所は極く僅かなものでありまして、実際に於いては親権と云うものは法律などで規定されるような無味乾燥なものではないのであります。文字などではとても表せないものであります。法律ではこれを最少限度に於いて規定して居ると云うに過ぎないのであります。子の身上に関するものと致しましては、今申しましたように、親権を行う父または母は未成年の子供の監護および教育を為す権利を有し、義務を負うのであります。監護と申しますのは、寧ろ消極的の保護であります。子供の身体でありますとか、或いは精神上等に何か外部から危害が来る妨害が来る発達を妨げると云うような事がありますときに、それらのものを防いで現状を維持すると云う方からの監護であります。教育の方は積極的でありまして、その子供を能く指導して、ますます立派な者にする人格の立派な者に仕上げる、と云うのが教育であります。消極積極の方面から子供を保護すると云う権利を有し義務を負う。これがすなわち親権の寧ろ中心になって居るものであります。

これは子供の身上に関するものであります。その結果と致しまして、その次にある第八百八十条の規定の如きは未成年の子供の居所を指定すると云う権利であるのであります。未成年の子供に就いては、例えば己の膝下に居れと云うことも出来、或いは学校の寄宿舎へ這入れと云うことも出来るのであります。つまり監護教育をなすの権利義務がある以上は、その子供の居所を指定すると云う権利義務も同時にあるのであります。またその結果と致しまして営業の許可権もあるのであります。

子供が親の許可も得ないで勝手に商売をすると云うような事では、とても子供の監護教育などは出来ませぬから、営業に就いてはやはり親権者の許可を得なければならぬと云うことになって居ります。これはすなわち第八百八十三条であります。なおそれに加えて懲戒権と云うものがあるのであります。これもやはり子供の身上に関することであります。つまり子の身体に就いて苦痛を与えると云うことも懲戒権で出来ることであります。能く世間にある話ですが、灸をすえるとか、或いは暫くの間押し入れの中へ押し込んで置く。あまり云う事を聴かなければ、たまには一度位食事を抜いても構いませぬ。そう云うような或る程度の身体上精神上の懲罰として苦痛を与えると云うようなことを法律は許して居ります。これが懲戒権であります。第八百八十二条に、親権を行う父または母は必要なる範囲に於いて自らその子を懲戒する事が出来るとあるのであります。裁判所の許可を得てこれを懲戒場に入れることを得るとありますが、これは別と致しまして、自分で懲戒することが出来ることになって居ります。この懲戒だけが、前に申した所の未成年の子でない者にも行うことが出来ることになって居ります。すなわち成年の子でも出来るのです。しかしながら第八百七十七条にありますように独立の生計を立てて居る子供には出来ませぬ。通俗の言葉で云えば、親の脛を齧って居ります間は、たといそれが成年者でありましても懲戒することが出来ると云うことになって居ります。親が親権を行うのに、懲戒以外のことは成年者に対して行うことが出来ないと云うのは、少しおかしいようであります。この釣り合いは甚だ取れて居ないのであります。或いは独立の生計を営まない者であるなれば、たとい成年者であるといえどもその他の親権を全部行なってもいいではないか、居所の指定、営業の許可も全部行えるのが筋ではないかと云う風にも考えられるのであります。しかし法律上の規定と致しましては、懲戒権だけを成年者に対してもこれを行うことが出来、他のことは未成年者に対してのみこれを行えることになって居ります。それでこの懲戒場と云うものは現今に於いてはありませぬ。しかしながら懲戒場に準ずるものがあれば、まずそれに入れられるものと解すべきだと思うのであります。

次は親権の効力として子の財産に関するものであります。昔は家の財産があるばかりで家族の財産と云う物はなかったのであります。随って子の財産などと云う物も特になかったのであります。しかし今は御承知の通りに段々子供の特別の財産と云う物が出来て来たのであります。しかしながら子供の未成年の間と云うものは無論完全能力のない者でありますから、自分の財産を完全に処理することは出来ないのであります。七つや八つの子供ならば全然自分の意思を発表する能力がありませぬ。十とか十二とかになれば智慧はありますが、未だ自分でその財産を処理するだけの能力がないのであります。こういう場合には、勢いその財産を管理するには一定の保護者の力を藉らなければなりませぬ。

而してその保護者として一番適当の者は何人であるかと云えば、やはり前に申した通り親権者でなければならぬと云うことになります。そこで子供の財産の保護の任に当たる者は第一にこれを親権者であると云うことにしたのであります。次に親権者と云う者は民法の第八百八十四条により、親権を行う父または母は未成年の子供の財産を管理し、また財産に関する法律行為に就いてその子を代表するとこういうことになって居ります。これを詳しく説明することになりますと、一寸込み入って困りますが、つまり子供の有って居る財産を管理するのでありますから、その財産を無くならないように保存する、或いはその財産を利用してそれより地代とか家賃とかを取るようにするとか、或いはその財産を有利な物と取り換える、と云うようなことをする。これは無論子供の財産でありますから、全然自分の名前で親がする訳には行きませぬ。子供の名前に依ってするのであります。つまり子供に代わって親がその財産を管理する事が出来る、こういうことになって居ります。なお民法の第四条にありますように、未成年者が法律行為をする時には親権者が同意をすることになって居ります。でありますから、親権者は子に代わって子供の財産を管理し処分することも出来ますし、また子供が自分で財産を処分するようなときに、その子供の財産処分に就いて同意を与えると云う権限があるのであります。であるから結局子供の方から申しますれば、親権者に代理をして貰って自分の財産を処分して貰うか、それでなければ自分が処分するときは必ず親権者に相談をしなければならぬ。こういうことになって居ります。相談もしないでそれを勝手に処分しますと、その処分は後になって取消すことが出来ることになって居ります。すなわちこの意味に於いて親権者は子供の財産を親権の作用として保護すると云う立場に立って居ると云うことになります。以上の如く致しまして親権の効力は子の身上ならびに財産上に及んで居ると云うのであります。しかしながら往々にしてこの親権者には実際に親としての務めをしないような者がありまして、それが為めに濫用になるとか、もしくは不行跡になれば、これは親権喪失として親権者がなくなる。その代わりに後見人と云うような保護者が出来るのでありますが、そうでなくて別段親権の濫用と云う程のこともなく、また不行跡でもない、唯放ったらかして居ると云うような者が能くあります。こういう場合には親権を喪失させると云うことは出来ない。結局こういう場合には親類の者とか云うような他から特殊な者がこれを保護してやらなければならぬ結果になります。

第三講　親族関係

親族の範囲のお話、言葉を換えて云えば親族の意義の説明をまず第一に申し上げようと思います。民法の第七百二十五条にもあります通りに、親族と申しますのは六親等内の血族と、それから配偶者と三親等内の姻族とこれだけを謂うのであります。血族と申しますのは血統に依って連結せられて居る者――すなわち出生という関係で結び着けられて居る者を謂うのであります。なお此処にいわゆる血族の中には法定血族もしくは準血族と申しまして、法定上血族と同じ取扱いを受ける者をも合わせて含んで居るのであります。例えて申しますれば、親子或いは兄弟――親子が出生に依って連絡をして居ることは論を俟たないのでありますが、兄弟に致しますれば、つまり両親が同じである。やはりこれも出生に依って連結して居るのでありますから等しく血族であります。それから前に親子関係の所でお話を致しましたように養子と養親との関係、それから継親と継子との関係、或いは嫡母庶子の関係――つまり妻と夫の庶子との関係等に於きましては出生の関係はありませんが、法律はこれを出生関係ある者に準じて取扱って居るのでありまして、これらの者は共にいわゆる法定血族になるのであります。そうしてこれらの者に就いては六親等内の者に限って親族になり得るのであります。

そこで親等ということの意義をお話する順序になります。これは婚姻の所でも簡単に申し上げましたが、なお繰り返して此処でお話を致します。親等の数は結局出生に依って決めるので、出生の数に依って勘定をするのでありますが、その計算方法は直系親に於きましては至極簡単であります。しかし傍系親に就いてはやや説明を要するものがあります。血族にして直系親に属する者を直系血族と云い、傍系親に属する者を傍系血族と申します。この直系血族というのは、自分の出でて居る所に真直に上へ遡るのと、自分から出て居る所に下へ下る所の血統の連絡の中にある所の血族、これを直系血族と申すのであります。ここに自己がありますと自己の両親、自分の祖父母、自分の子、自分の孫、これらはいずれも自己の出ずるその血統の連絡の中にある者でありますから直系血族であります。法定血族に就いてもやはり同様でありまして、これは別段に出生の関係がありませぬから、大体今申した説明に準じて直系血族法定血族の関係を決めるのであります。つまり、自分者は直系の法定血族になるのであります。

その外これに準じまして自分の継子は勿論のこと、自分の継子の子、自分の継親の親、嫡母庶子に就いて申しますれば自分の庶子、庶子の子供、以上記した者はいずれも直系の法定血族になるのであります。この法定直系血族もしくはこれに準ずる広い意義の直系血族、これらの者の親等の数を決めるには、そこに問題になって居る人の間の出生の数を勘定すれば宜しい。それでありますから、自分から見れば自分の子供であるとか、自分の養子であるとか、或いは継子等はいずれも一親等であります。出生の数が一つでありますから一親等であるのです。それから自分の孫とか養子の子とかいう者は二親等であります。また自分の父や養父なども自分の子供と同じく一等親でありまして、自分の祖父母の如きは二親等になります。この直系血族に於ける親等の数の計算に就いては大した困難はありません。

そこで傍系血族と申しますのは自分と同一の始祖から分派して居る所の血統の連絡の中にある者――これがいわゆる傍系血族で、これに準ずる者は傍系の法定血族、すなわち広い意味の傍系血族になるのであります。例えばここに自己があると、自分の兄弟は親という自分と同一の始祖から分派して居る所の血統の中にある者でありますから、兄弟は自分に対しては傍系血族であります。傍系の法定血族の場合を説明いたしますれば、例えば自分の継親の実子はすなわち伝来の法定血族であります。自分の継親の実子でありますから本当の血の繋がりはない。また妻が連子をして来た場合に前の妻の子供と後妻の連子との間には血族の関係はありませんから、これは狭い意味の血族ではないが傍系の法定血族ということになります。この場合の親等の計算方法は、やはりその両方の問題になって居る人の相互間の出生の数を調べれば宜しい。すなわち同じ血統の始祖から溯って、そうして相手の人の方へ下ってその出生の数を計算するのであります。第七百二十六条の第二項に書いてある計算の方法はこれを謂うのであります。そこで自分の兄弟は自分から共同の始祖たる親に上がり、親から今度は一方の方に下りますから出生の数が二つで、自分から云えば二親等になります。また自分の甥は自分の親に上がり親から自分の兄弟に下り、兄弟からその子に下るので、出生の数が三でありますから、甥は自分からいえば三親等であります。それから従兄弟同志は四親等であります。従兄弟同志は祖父母或いは祖父か祖母のいずれか一方を共同に有って居るのでありますから従兄弟同志は四親等であります。従兄弟同志は祖父母或いは祖父か祖母のいずれか一方を共同に有って居るのでありますから、共同の始祖に溯れば相互が二親等ずつで加えて四親等になる訳であります。法定血族に就いても同様であります。

唯今云った計算方法に基づいて血族または法定血族に於いては六親等までの者が親族になるのでありますが、実際の場合に直系血族に於いては殆んど六親等などはあり得ないのであります。孫が二親等であってその次の孫が三親等、もう一つで四親等、それ以上は殆んど生存する者はありませんから、六親等などは実際にはないのです。しかしながら傍系血族に於いては再従兄弟すなわち従兄弟の子供同志の間が六親等になります。それでありますから、再従兄弟の関係以上に隔たって居る場合には法律上親族とは申さないのであります。

その次には配偶者、これは勿論親族でありますけれども、我が国の民法に於いては配偶者に就いては親等を設けて居りませぬ。外国の法律などでは一親等にして居る所もありますが、日本の法律では絶対に親等を認めて居らないのであります。その次は姻族であります。姻族と申しますのは配偶者の一方の法定血族がその中に入ります。つまり、配偶者の一方の血族と、それから他の一方の配偶者との間の関係を姻族と称するのであります。それでありますから、夫の父であるとか夫の兄弟であるとかいう者は妻から見れば姻族であり、妻の母や兄弟は夫から見れば姻族であります。而して配偶者の一方の血族と他方の血族との相互の間には姻族関係を認めて居りませぬ。すなわち夫の父や母と妻の父や母との間には何等姻族関係がなく同時に親族関係がない。また夫の兄弟と妻の兄弟との間も同様であります。これはやや日本の風俗習慣には適して居らないようでありまして、まだ決まっては居りませぬが、臨時法制審議会――これは重に民法の親族法の改正を審議する会議でありますーーに於いては配偶者の一方の血族と他の一方の血族との間にも姻族関係を認めようという議があります。しかしながら現行法に於いてはこれらの間には姻族関係なく従って親族関係もないのであります。なおこれは少し細かくなりますが姻族関係は配偶者の一方が死んでも生存配偶者がその家を去るまでは続くものでありまして、この事は第七百二十九条の二項にあります。例えば夫が死んでも妻がその婚家に止まって居る間は夫の両親或いは兄弟……つまり夫の血族との姻族関係は已まないことになって居るのであります。

この姻族関係にもやはり直系と傍系の区別があります。それは一方の配偶者とその親族との関係で決めるのでありまして、言葉が少し足りないかも知れませぬが、一方の配偶者との血族関係が直系血族関係であれば、他の配偶者との姻族はいわゆる直系姻族になり、一方の配偶者との血族関係が傍系血族であれば他の配偶者との姻族関係も傍系姻族になるのであります。判り易いように例を以て申しますと、夫の父は今申したように直系血族であるから妻に対しては直系姻族になる。夫の兄弟は夫に対して傍系の血族でありますから、妻に関する関係からいえば傍系姻族になるのであります。世間で夫の実父を妻が父と呼び、夫の兄弟を自己の兄弟の如くに呼んで居るというのは、すなわち今申した関係に出でて居るのでありまして、これは夫の血族のみでなく夫の法定血族に就いてもやはり同じことになるのであります。それでありますから例えば夫の養父に対して……これは養子縁組ということは夫婦を同時にしなければならぬことになって居りまして、多くの場合に夫を養子にして妻を養子にしないということはありませぬが、しかしながら夫が先に養子になって然る後に妻を迎えた時を考えて見ますと、やはり夫の養子というものは妻から見れば直系の姻族になるのであります。

結局姻族の直系なりや傍系なりやの問題は配偶者の一方の血族もしくは法定血族が直系なりや傍系なりやに依って決まり、また姻族の計算方法は配偶者の他の一方とその親族との親等計算方法に依るのであります。そこで夫の父は妻から見れば直系姻族であって、同時に一親等であり、夫の兄弟は傍系姻族であって二親等であるということになります。何故かといえば姻族の親等は血族の計算方法に依るのでありますから共同の始祖たる父に上がり、そうして兄弟に下って二親等になる。その二親等の親族というものを基礎として姻族関係に於いても二親等になる訳であるのであります。この方法に依って計算した結果三親等の姻族までが親族になって居るので、結局姻族の方が血族よりも親族たり得る範囲が狭いのであります。つまり大体に於いて夫の甥とか姪とかいう関係の者まで、また夫から見れば妻の甥とか姪とかいう範囲までが親族でありまして、それ以上になれば、すなわち四親等以上の姻族になりますと親族関係がないということになって居ります。これは唯単に民法の親族の定め方でありまして必ずしも実際に於ける我々日常の交際がこの親族に限られるという訳ではありませぬ。まだこれよりはずっと遠い親族でありましても、本家分家というような関係があって、なおそれより親等の濃い者よりも親密な交際をして居ると云うこともありますが、法律はどこまでと或る一定の標準で親族関係を限らなければなりませぬから便宜上斯様な規定を置く訳であります。親族の範囲のことはこれ位にして置きます。どうも甚だ飛び飛びでありますが、少年少女に関する民法に就いてお話するには、少年少女の家庭の関係を知る為めに大体親族とか姻族とかに就いて知って置く必要があると思いますので極く簡単にその方面の説明を致す訳であります。これで大体婚姻のことと、婚姻から生ずる親子の関係と、それから生ずる親族の関係に就いての説明を終わって置きます。

今度は後見人のことを申し上げたいと思います。後見人という者は一体どんな時に設けるものであるか、いわゆる後見の開始、後見は如何なる場合に開始するのかと申しますと、これは民法の第九百条にその規定があります。すなわち未成年者に対して親権を行う者のない時に後見人を設ける。親権者の如何なる者であるかということはこの前に大体親子関係の所で申した通りであって、まず第一にその家に在る所の父――戸籍の同じ所の父が親権者であります。父がない場合――父が死んだとか、或いは父の行方が不明であるとか、或いは父が精神病などの為めに親権を行うことが出来ないというような場合には母が代わって親権者になります。この親権者がない場合――つまり両親がない場合とか、またはあっても親が親権を濫用した為めに裁判所に於いて親権喪失の宣告を受けたとかいうような場合には、未成年者に対して保護者が要りますから後見人を附けて後見を開始するのであります。それから親権者が財産の管理権を有って居らぬ場合――これも簡単に前に申して置いたつもりでありますが、母親が親権を行う場合には財産の管理権を辞することが出来ることになって居ります。

親権というものは子供の身上に対するものと、子供の財産に対するものと二つがあるという事を前に申しましたが、母が親権者である場合には子供の身上に関することは自ら親権を行うけれども、財産上に関する管理のことは辞することが出来る。これは第八百九十九条にこの規定があります。それから親が親権者である場合にもその財産の管理の方法が宜しくないというような場合には、管理権の喪失ということを裁判所で宣告することが出来ます。この規定は第八百九十七条にあります。親権全部を喪失せしめないで親権の中の財産管理権だけを喪失させることが出来るので、その場合にも後見が開始いたします。つまり未成年者に就いて親権者が全然ない場合、あっても親権喪失の結果親権を行う者がなくなった場合、親権者は居るが親権の中の財産管理だけを喪失した場合、以上述べたような時に後見人というものを未成年者の為に選ぶのであります。

その次には禁治産の宣告があった場合であります。これに就いて詳しく説明いたしますと大分長くかかりますが、大体に於いて精神状態に異常のある者に対しては禁治産の宣告をすることが出来るようになって居ります。精神に異常のある者は禁治産の宣告をしないで抛って置くと種々不都合を惹き起こすることがあります。ちょっと見て精神に異常のある者だということが直ぐに判れば宜しいが、唯少し位顔を見たり話をしたりした位では判らない精神病者がある。そういう人間を相手に取引をするとか何か約束でもした場合に起こった不都合に就いては、法律上は果たしてその行為は精神に異常のある時にやったものであるか、或いは精神の回復して居る時にやったものであるかを検査した上で、その取引なり約束なりに対する責任の有無、その有効であるか無効であるかを判断しなければなりませぬから相手の人に非常な危険不利益を与える。精神状態の異常のない普通の人間だとのみ思って取引をしたところがその人は精神病者であったというようなことがある。一方から云えば精神病者というものは精神の回復して居る時と、精神の狂って居る時との間の状態が曖昧でありますから、精神の狂って居る間にやった行為でもその証拠が挙がらない為めに、それに対する責任を負わなければならぬというようなことがある。その精神病者であるということを明らかにして置かない為めに双方で困ることがあるから、裁判所で禁治産の宣告をして貰う。そうするとその宣告を受けた人の行為というものは常に取消すことが出来るのであります。つまり禁治産者という者は自分では法律行為をすることが出来ないことになって居るので、裁判所が札附きにして置くのでありますから、その人に対しては後見人を必要とします。禁治産者であるからといっても財産を持つことが出来ないというのではなく、自分で自分の財産を処分することが出来ないだけであります。禁治産者が財産を沢山持って居るような場合にその財産を処分するとか、保管するとかいう必要がある。その意味に於いて禁治産の宣告があった時には必ず後見が開始することになって居るのであります。以上が後見の開始の原因であります。

次にそれならばどういう人が後見になるかと申しますと、未成年者の場合には最後に親権を行う者が遺言で後見人を決めて置くことが出来ることになって居ります。これは第九百一条にこの規定があるのでありまして、父親が死んで母親が残って居ると、母親が死ぬ場合に遺言で後見人を定めて置くことが出来るのであります。これがまず第一順位の後見人で一番初めに後見人になる者であります。もし最後の親権者が遺言で後見人を定めて置かなかった時には戸主が後見人になります。そうしてその後見人もない場合、すなわち未成年者たる被後見人が戸主である場合には親族会が後見人を撰ぶことになって居るので、以上が未成年者の時の後見人であります。それから禁治産者の後見人は大体に於いて、もし配偶者のある場合には夫婦の一方が後見人になります。夫が禁治産者ならば妻が後見人になって、妻が禁治産者であれば夫が後見人になるという訳であります。もし配偶者がない場合には親権を行う父または母が後見人になる。それがない時には今度は戸主が後見人になります。そうして禁治産者が戸主である時には親族会が後見人を選ぶという順序であります。

それから後見人を設けた場合には、必ず後見監督人という者を置くことになって居ります。つまり後見人が専横なことをして被後見人の不利益になるようなことをしないように監督させる意味であります。どういう者が後見監督人になるかというようなことは省略いたします。

次に後見人の職務は大体未成年者或いは禁治産者の保護であるということでお判りだと思いますが、極く簡単に説明を致しますと未成年者の後見人は親権と殆んど同じことが出来ます。未成年者の身分ならびに財産に就いて親権者と同じ程の権利を有って居るので、未成年者に対する後見人の職務に就いては第九百二十一条と第九百二十三条と第丸百二十九条とに大体規定してあります。例えば親権者は前申したように未成年者の子の監護および教育をなすの権利義務を有って居るというのでありますが、後見人もまたそれは同様であります。或いは親権者は子を懲戒することが出来る。場合に依っては裁判所の許可を得て懲戒場に入れることが出来る。懲戒場なるものは実際はありませぬので、唯矯正院へ入れることが出来るということになって居りますが、強いていえば民法の懲戒場というものは矯正院位のものであります。とにかく斯様に懲戒をすることも出来ます。それから営業を許可するとか、その他未成年者の身上に就いて後見人は親権者と殆んど同様の権利を有つ者であります。また子供の財産を管理し、未成年者に代わって各種の法律行為をなし、もしくは未成年者が各法律行為をなすことに同意をなすに就いて、同意をなすの権限を有って居るのであります。唯親権者とやや違いますのは極く重要なる財産上の行為に就いては、後見人が未成年者に代わってその法律行為をなし、もしくは未成年者の行為に就いて同意を与える場合に親族会の同意を必要とすることになって居るのであります。しかしこの点は母が親権者である場合と比較すれば大して違いがありませぬ。母が親権者である場合には子供の財産上の重要なる行為に就いては親族会の同意を必要とすることになって居ります。以上述べたように大体後見人は親権者と同様の権利義務を有って居るのであります。

次に禁治産者の後見人に就いては、第九百二十二条に規定してあります。「禁治産者ノ後見人ハ禁治産者ノ資力ニ応シテ其ノ療養監護ヲ力ムルコトヲ要ス」ということになって居るのであります。但し禁治産者を瘋癲(ふうてん)病院に入れ、または自宅に監置すると否とは親族会の同意を得なければならぬ。つまり自由を拘束することは親族会の同意を得なければならぬということになって居ります。

また先刻申しましたように、禁治産者は自分では自分の財産を処分することは一切出来ませぬから、後見人が代わってその処分管理等をするのでありますが、その重要なるものに就いては未成年者の場合に於けると同様に親族会の同意を得なければならない。濫りにこれが処分管理をすることが出来ないということになって居るのであります。これで大体後見人の説明は終わりました。つまり少年少女に就いていえば、無理に少年少女の方に引っ張って来るようですが、親権者がない時にはこれに代るべき保護者が後見人になる訳なのであります。

その次に親族関係に就いてお話することは親族会であります。この親族会というのは親族上もしくは相続上に就いて重要なる事項を決議する機関であります。そうしてこの会員は三名以上居らぬばなりませぬ。また後見人を指定することの出来る者は同時に遺言で親族会員を選定することも出来るのであります。先程未成年者に就いて最後に親権を行う者は遺言で後見人を定めることが出来ると申しましたが、その遺言で後見人を定める時に、それと同時でなくても宜しいがなお遺言で親族会員を定めて置くことが出来るのであります。その外第九百四十五条の規定に依って裁判所に於いて親族会員を選定する場合もあります。会員に選ばれる者は必ずしも親族に限られるのではなく、縁故者からも選ぶことが出来るのであります。あまり好ましいことではありませぬが実際の例には往々にして親族仲の善くない人があって、財産や何かを当てにするというようなことがあり、却って公平な第三者が親族会員になった方が良いこともありますから、縁故者の中からも親族会員を選ぶことが出来るようになって居るのであります。

選ぶ場合の実際の手続と致しましては、これは此処だけの話でありますが、裁判所で適当な人を選ぶといっても、どの親族の者が適当であるかというようなことは容易には判らないことである。何か刑事事件のように、刑事などが入って捜査でもすればよいか知れませぬが、どの親族が至って公平であるか、どの親族が人格者であるかというようなことはちょっと判り兼ねます。そこで親族の中から四五人会員の候補者を選んで裁判所へ出すと、裁判所がその中から良さそうな者を三人位会員に決めるというようなことになって居るのであります。これは大体早い者勝ちで、親族会員をこれだけの中から選んでくれと裁判所へ候補者を出せば裁判所でそれを会員にする。一旦会員になると親族会は二つ設けることは出来ないのですから、早く自分の味方の者を会員にしてしまえば反対の者には大変不利益になります。不都合なことをした会員は免黜(めんちゅつ)することが出来るようにはなって居りますが、なかなか容易に動かすことは出来ない。そこで能く相続の問題などが起こると今申したような手段で自分の都合のよいように定める者もある。これは非常な欠点でありますから何とか将来改正されることと思います。現在では一方の親族の者が知らぬ間に親族会が出来て居るというようなことが起こります。

親族会の職務は沢山ありますが、最も重(おも)なものは第九百四十九条に規定されて居る所の無能力者の為の親族会であります。この親族会は無能力の継続して居る間続くもので、例えば子供が生まれたが両親共死んでしまったとか、或いは母親ばかりになったとか、後見人が設けられたというような時に親族会が出来るのでありますが、その時には子供が成年になるまで一度選んだ親族会は続くのであります。

この職務としては母親が親権者である時にその子の重要なる財産を処分するのに対して同意を与えることが一つ。また後見人が被後見人の重要なる財産を処分する時にも同様に親族会が同意する必要がある。またこれは未成年者の例にはならないが、婚姻の場合に養母とか継母とかが子の婚姻を拒んだ時には親族会が同意すれば宜しい。これも職務の一つであります。

その他相続人の選定をすること——これはいずれ相続人の所で詳しく申し上げるつもりでありますが、法律で定められた所の相続人、すなわち親が死ねば子が相続する。これは判り切ったことであるが子供がない場合とか、被相続人が自己の相続人を遺言で定めて居ない場合などには親族会を拵えて相続人を選定させるのであります。また法定後見人もしくは指定後見人——特に親権者が指定した後見人がない時には親族会で後見人を選ぶことになって居ります。その外親族会は戸主権を代わって行うこともあります。戸主が未成年者である場合に、親権者か後見人があればそれは戸主権を代わって行いますが、親権者も後見人もない時には親族会が戸主権を代行するのであります。親族会の職務というものは相当多いので、今申したようなものが重なものであります。

なお親族会の決議というものは多数決に依ることになって居りまして、適当の場所に集って決議をする必要がある。ですから親族会の決議書類は何日何時何某方に集って左の決議をしたということをちゃんと書かぬばならぬ訳であります。しかし実際は大抵集合はしないで決議書を会員の間に廻して判を取って決議書にして居るのでありまして、正式にいえばこれは無効であります。親族会の決議は決議のあった時から一ケ月以内に裁判所に不服を申立てる者がなければそのまま有効になる。しかし一ケ月以内に不服が出ると効力が発生しなくなりますから、会員が一定の場所に集合してよく意見を闘わして後で不服の起こらぬようにせよという趣旨から、法律には前述のような正式の順序が定めてあるのであります。しかし親族の意見が全然一致して居る時には、これ程までに面倒な手続をさせなくても書類の持ち廻りでよいじゃないかというような立法上の問題もありますが、現在立法の解釈としてはそういうことになって居るのであります。

なお親族関係に関連したお話として家のことを少し説明しようと思うのであります。家と申しましてもこれは勿論建物を謂うのではなく親族相続の方面に於ける家の事を云うのであります。家というものは戸主と家族の団結である。戸主と家族とが構成分子になって家が出来て居るもので、時的の存在を有って居るのであります。これも相続の所で申したいと思って居ります。そういう時という観念が必要でありますから、或る家には戸主だけの家もあります。また極端な場合には一時戸主も家族も何にもない家があるのです。それは戸主だけの家で戸主が死んで、未だ家督相続人が決まらない場合には戸主も家族もその家にはない訳であるが、それでも直ちに絶家にはならないでやはり継続して居るのであります。その場合には家というものは場所という横の観念に於いてでなく、時という縦の観念に於いて同一格のものとして存続して居るのであります。家が先祖から子孫に通ずるという観念として存続して居るのであります。これも家督相続の場合にお話する機会があると思いますが、家は大体そういうものであります。

次に家族制度の変遷のことであります。これは単に法律書に限らず種々の本で論ぜられて居ることでありますが、一口にいえば家族制度は昔の方が確かりして居ったが近頃は段々弱くなって来たと申されます。昔は殆んど或る意味に於いて家族というものが団結の単位であったことがありまする。国家とか何とかいうものよりも家族だけが団結して、お互いに対抗分立して生命財産を守って居ったが、その中に段々国家の基礎が鞏固になって来たので、あまり家族というものに重きを置いて団結しなくてもお互いの生命財産の安固が保たれるようになったのである。つまり国家全体が団結の単位になったので、家族の団結は段々力が弱くなり、同時に個人の権利が重く認められるようになって来たのである。昔は家の財産というものがあっただけで家族各個人の財産なるものは認められなかったが、次第に個人の権利義務が拡って来たのであります。上からは国家の為に幾分かその必要の度を奪われるし、下の方からは個人の所有権に依って漸次家族の力が弱められて、家族制度はますます崩壊し来ったのであります。現在外国では辛うじて夫婦関係または親子関係などに家族の関係がその残骸を止めて居るに過ぎない有様であります。日本に於いてもその傾向が段々現われて参るようであります。

しかしながら御承知の通り畏れ多いことでありますけれども、我が国は万世一系の皇室というものが中心になって居る。日本全国が一つの大家族であって、その家長と家族との関係が過去に於いて永久であった如く、また未来に於いても永久に続くべき深い関係を有って居るのであります。外から来た所の寇に国土を侵されたこともなく、内乱も武家と公卿との争いがあった位で皇室の内乱のようなものはなかったので、皇室が家長としてこの一家族の中心をなして居るという観念が我々の頭に浸潤して居る。従って外国から見れば我が家族制度の基礎はまだまだ非常に鞏固なのであります。

家族制度というものを重んずることがいわゆる文明に背いて居る、文明国では家族制度というものが重んぜられて居らない、日本がそれを重んじて居るのは時勢遅れだというようなことを申すのは間違いであると私は思って居ります。外国に於いても家族制度が破壊されて家庭の楽しみというものがなくなり、各人が外に行って別々に楽しみを索めるというような結果になりまして、それが為に社会の秩序が乱れて、その弊害に堪えずに困って居るのは明らかな事実であります。家族制度が文明に背いて居るものではなく、唯文明が進むに従って家族制度が破壊されたというだけであって、文明すなわち家族制度の破壊というのではないと私は思うのであります。

そこで家には今申した戸主と家族があります。戸主は家の家長でありますから、その家族を或る程度に於いて統轄する所の権利を有って居ります。しかしながらこの権利は昔の如く強く大きいものでないことは申すまでもありませぬ。その重なるものは居所指定権で、家族の居所を指定することが出来るのであります。もしその指定に背いて家族が他の所に居所を定めたという場合には、戸主が一定の期間内に戸主の指定した所に戻って来いということを要求する。その家族がこれに応じない場合にはその家族を籍から除いてしまうことが出来ることになって居ります。それから戸主には同意権があります。これは養子縁組婚姻の際にもお話をしました通りに、養子縁組婚姻を家族がする場合には戸主の同意を要する。婚姻の時には一方の家を出て他の家に入るのである。また養子縁組の時にも一方の家を出て他の家に入ることになるのでありますから、つまり居所の移動ということになる。それには戸主の同意を必要とすることは前に申した通りで、もし同意を得ずしてこれらのことを行ったならば戸主はその家族を離籍し、もしくは復籍を拒絶することが出来るのであります。例えば家族の女が戸主の同意を得ずして他の家に縁組をしてこれが離婚された場合には、元の家に戻ろうとしても復籍を拒絶することが出来るのであります。

また戸主が後見人になれるということも戸主権の一つであります。未成年者に就いていえば指定後見人がない場合、禁治産者に就いていえば配偶者もしくは親権者のない場合には、戸主が後見人になるのであります。その外家族のいずれに属するか分からぬような財産は戸主の財産になるというようなこともありますけれども、これなどは実際には殆んど例のないことであります。大体以上が戸主権であり、同時に戸主が一家の家長たる所の地位であります。

家族は戸主以外の者であって家の構成員であります。如何なる者が家族になるかと申しますと、これは戸主の親族であって戸主と同じ戸籍に入って居る者であります。親族の意義は前述の通りであります。戸籍に入る原因には種々ありますが、それを極く簡単に申しますと、出生に依って家族に入る場合が一つあります。つまり両親の正当な婚姻に依って生まれた子供は生まれると同時にその家に入ります。それから私生子とか庶子のような者は戸主の同意がなければその家に入れませぬが、戸主の同意がありますと私生子は母の家に入り、庶子は父の家に入ります。それから親族入籍ということがある。例えば戸主の親類は戸主の籍に入ることが出来ます。また引き取り入籍ということもあります。斯くして同一の戸籍に属するに至った所の戸主の親族は家族であります。それから戸主の親族ではなくて家族になる者があります。それは前戸主の親族ならびに前戸主であります。多くは前戸主の親族は現戸主の親族でありますけれども偶にはそうでない者がある。これらの者は、前戸主時代は家族であったのでありますから、戸主が代わってもやはり後の戸主の家族になるのであります。

この家族と戸主が寄りまして家を形成するので、同一の戸籍に属するという事は、結局種々なことに使う戸籍謄本を取って見れば判る訳であります。それに載って居る者が家族でありますが、謄本に載って居なくても家族になる事がある。それは出生した子供の出生届出を怠って謄本に載って居ない時でもその子供は当然家族である。家族の地位は戸主の地位を説明したところで自然お判りになったことと思います。すなわち戸主権に服従する。戸主の居所の指定に従わなければならぬ。或る場合には戸主の同意を得なければならぬ。これに背いた家族は離籍をされることになる。なおその外戸主と家族との間には扶養の義務があります。お互いに助け合うという義務があるのであります。これで家に就いての説明を終わります。次には相続のことをお話しようと思って居ります。何か、少年少女に関する法規をお話すべきであったかも知れませぬが、特にそれだけのことをお話するのは非常に困難でありますし、またあまり効果もないように思います。帰する所少年少女というものは家を離れて存在し得ないのでありますから、その方面に就いて民法中の親族相続のことを説明申し上げる事に致します。

第四講　相続関係

まず初めには、相続の意義および相続が法律上認められる所の根拠と云うようなことを、極めて簡単に申し上げようと思います。

相続には家督相続と遺産相続と云う二種類があるのであります。法律ではそう云う二つの言葉を用いて居るのであります。家督相続と申しますのは、結局戸主が死亡その他の原因に依りまして、戸主権を喪失した場合に、相続人が戸主権その他これに類する所の前戸主の権利義務を包括して、それを一体として相続をする、承継をすると云うのがすなわち家督相続であります。遺産相続と申しますのは、戸主でない者、すなわち家族が死亡しました場合に相続人がその死亡者の権利義務を一纏めにして、承継するのを云うのであります。なおこの両者の区別は、後に詳しくお話をする考えで居りますから、ここでは大体の事だけを申し上げておきます。

我が国では家督相続と遺産相続と云う二つの制度を認めて居るのでありますが、これは結局極端なる家族主義でもなければ、極端なる個人主義でもないと云うことから来る結果であります。昔は戸主以外の家の構成分子たる家族の特殊の財産に関する権利を殆んど認めなかったのであります。財産と云うものは家に喰っ附いて居るものである。そうして財産に就いて権利を有し得る者は家長だけであって、（昔は戸主と云う言葉なく家長と呼んで居りました）、家長だけ権利があって、その家の頭以外の家族は一切財産を有することが出来ない、と云うような制度が認められて居ったのであります。昔と云ってもずっと昔のことであり。

こういう時代にはいわゆる家督相続と云うものがあるばかりであって、すなわち家長が死ぬとか何とか云う特殊な原因がある時に家長の権利を承け継ぐと云うことがあるだけでありまして、家族の権利を承け継ぐと云うことは絶対に起こらなかったのであります。家族には権利が無いから、家族が死んだところで家族の財産を承継すると云うことはなかったのでありります。その結果、ずっと昔には家督相続と云うことがあるばかりでありまして、遺産相続と云うことはなかったのであります。

ところが段々世の中が進んで来る……と云うことは語弊がありますが、つまり段々と世の中が変わって来るに連れまして、個人の権利と云うものを重んずると云う傾向が盛んになり、また他方に於いては国家と云うものの権力が強くなったものでありますから、家族団体と云うようなものにあまり個人が昔程手頼る必要がなくなって来たのであります。昔でありますれば、吾々個人を保護する——吾々は御承知の通りとても単独で生活して行く事の出来ない者でありますが、吾々自身を外部に対して保護すると云う財産、その財産の保護を為す共同的の団体はいわゆる家族団体であったのでありますが……世の中が段々進むに連れまして、国家が権力を有し、国家が吾々を保護してくれる。共同生活としての強い単位が国家に移ったものでありますから、家族団体の保護と云うことが従来程必要でなくなったのであります。

一方に於いては個人の権利が認められ、他方に於いては家族の権利が強くなって、家族団体の単位と云うものは従来程強固でないと云うことになったのであります。それでついに欧米の諸外国等に於きましては家族団体の単位が夫婦であるとか子供であるとか云うような事になってしまったのであります。それ以外の家族と云うものは甚だ少ないことになってしまったのであります。

斯くの如くしまして個人主義が非常に強くなって来ますと、今度は家督相続と云う特殊の地位を認めませぬ結果、家督相続と云うものがなくなって、遺産相続、つまり個人の財産相続と云うことだけになってしまったのであります。ずっと昔は家督相続と、それから家族制度の認められない所では、個人の遺産相続と云うことだけになったのであります。ところが日本の国は、御承知の通りに家族制度と云うものが今でもなお相当に根拠を有って居りまして、また将来もこの家族制度と云うものを維持して行くと云うことが、結局国家の秩序を維持して行く上にも非常に便利であると云うことに考えられる結果、将来もこの家族制度と云うものをやはり維持して行くべきものであると云うことを、吾々も勿論でありますが、一般の人も考えて居り、現在もまた家族制度と云うものは相当に日本の国では行われて居るのであります。

御承知の如く、外国等でも段々と風俗が乱れて来ると云うことは、その家族制度と云うものの破壊に起因して居る。アメリカなどでも随分風俗が乱れて困って居る。その原因の一つは、家族制度と云うものが破壊された結果だと云うので、どうかしてこのいわゆる家族制度と云うものを、もう一遍回復したいと云うような考えを持って居る人も相当にあるようでありますが、日本はまだ幸いにして欧米諸外国程には家と云うものが崩れて居らない。今でも相当の根拠を有って居るのでありまして、将来も或る程度までは成るべくこれを維持するようにするのが宜いのじゃないかと吾々も考えて居るのであります。

そう云うような有様で、一方に於いては、日本に於いては事実上家族制度が維持せられて居ります。将来に於いても或る程度まで成るべくこれを維持すると云うような考えを持って居る。しかしながら他方に於いては個人の権利もまた重んじなければならぬから、そこで個人の財産に対する権利を認めて、戸主権その者との区別をしております。日本の国ではそう云う制度を採って居るのであります。その結果と致しまして、一方に於いては家督相続と云うものがあり、他方に於いては遺産相続と云うものがある。つまり両者の真ん中を行って居ると云うことになって居るのであります。これがすなわち我が国に於いて家督相続の制度と遺産相続の制度と云うものが併せ認められて居ると云う理由であります。

前に申し上げましたことは、結局家督相続と遺産相続と云う二つの制度を認めて居ると云うことは、我が国の現状に照して相当なことであると云うことを申し上げたのでありますが、これからは家督相続と遺産相続との両者に就いて、一般的にその存在の根拠のことを少し述べて見ようと思うのであります。これも極く簡単に申し上げます。

今申したように、家督相続の制度と云うものは家族団体と云うものの組織を認める制度と離るべからざる関係にあるのでありますが、家と云う観念は単に現在を基礎として居る観念でなくて、過去から将来に亘る、つまり時を根拠として居る観念であります。つまり家と云うのは時を根拠として居る所の一つの団体であります。すなわち戸主ならびに家族より成る団体でありますけれども、それは単に現在だけを見た団体でなくて、過去から将来に亘ることを考えて居る団体であります。それでありますからして、或る場合に於きましては、その家に戸主だけある場合、すなわち家族なくして戸主のみがある場合、単身戸主の場合、こういう時でもその意義は異ならないのであります。なお極端に云えば、戸主も何にも居らない、単身戸主が死んでしまった、相続人がないと云うような時には、何等これを構成する所の分子がないのであります。それにも拘わらず、やはり家の存続と云うことを認むるのは、これは過去の祖先から将来の子孫に亘る所の時の関係を見た団体であるからであります。そこでこの時に於ける家の観念と云うことと、それから家督相続の観念と云うものが離るべからざる所の関係にあるのであります。

家督相続と云うものは前にも申しました通りに、戸主の地位の承継でありまして、戸主の地位の承継に依りまして、戸主と云う者が祖先から子孫に亘る所の単位の系統の中に這入る。つまり戸主の地位と云うものは相続に依って同一格を失わない。戸主を形造って居る個々の肉体は変わるけれども、戸主の地位と云うものは永久に続いて居ると云う観念から、ここにやはり家と云う観念が過去から将来に亘る所の同一物として同一格として存続し得るのであります。すなわち我が国に於ける家と云う観念は、この家督相続と云うことに依って始めてこれを認めることが出来るのであります。これがすなわち家督相続と云うものの認められた所の根拠でありまして、独り我が国には限りませぬ。一般的にそう云うことになるのであります。

遺産相続は、これは一種の財産相続でありますから、この戸主にあらざる者が死んだ場合に於ける相続は単純なる財産相続であります。この財産相続の根拠と云うものは、これはもう一般に通じた議論でありまして、結局私有財産制度と云うものを認めた結果より生ずる所のものであります。この遺産相続の制度の根拠を今ここで詳しく述べようとは思いませぬ。これは主に欠格の範囲に属することであります。唯々簡単に申しますれば、私有財産制度を認めること、すなわち、私有財産制度と云うものが現今の社会組織を維持する上に於いて必要なものであると云うことを認める以上は、財産相続の制度もやはり認めなければならぬと云うことを私は当然の帰結だと思うのであります。

私の信ずるところでは、現今の状態に於いては、私有財産制度と云うものは吾々が共同生活を営む上に於いては——吾々の共同生活を保持し、これを発達せしめる上に於いてはどうしても欠くべからざるものであると云うことを確信して居るのであります。これは殆んど議論を要しないことと思うのであります。吾々総ての人間が神様のように偉くなり、そうして吾々が自分の欲望の為に働くと云うことが全然なくなってしまって、つまり吾々の心身が全部犠牲的のものであって、働くのは皆の為に働いてやるのだ、自分は何も良い着物が着たい、或いは旨しいものが喰べたい、或いは偉い人だと人に知って戴きたいと云うのではない。そう云う考えを全然離れて、吾々——吾々と云ってもその中の十分の一百分の一ではいけませぬ、人類が全部そう云う考えになった時には私有財産制度と云うものは要らないかも知れないけれども、現在吾々が人間である以上この私有財産制度と云うものをもし認めなかったならば、遂に社会共同生活と云うものは破滅に陥ると云うことは、殆んど論ずるまでもなく明白な事であります。これ位私は世の中に分かり切った事はないと思いますから、詳しく述べないのであります。

既に私有財産制度を認める以上は、その延長として相続と云う制度も認めなければならぬ。吾々が働く結果は、吾々一代の中に例えば金を儲ける、或いは名誉を得る、或いは地位を得る様になる、ところが私有財産制度にして、もしも否定されているとすれば自分一代だけでもう無くなってしまう。どんなに金を儲けても自分が死んでしまえばその金と云うものは無くなってしまう。子孫——或いは自分の可愛い子供とか、或いは妻と云う者の手にはちっとも財産は残らない。そうして、自分を祀ってくれる者も誰もない、あるかも知れないが自分の財産を残すことも出来ない、自分は祀って貰う為に財産を残して居る、それが出来ないと云うことになれば、自分の霊魂を後の世になってから弔って貰いたい為に財産を残そうと云う考えが絶対になくなって、勢い吾々は働いてもつまらない、死んでしまえば自分の溜めた財産も何処かに行ってしまうと云うことになり、自然怠けるか贅沢になりがちになる。これは善いことではないけれども人間である以上は結局そうなる。私有財産制度を認めないと云う結果は結局そう云う事になるから、どうしても私有財産制度と云うものは認めなければならぬと思うのであります。斯くして遺産相続たる財産制度は私有財産制度を根拠として居る、とこういうことになるのでありま す。そこで家督相続の制度は家の観念に起因し、遺産相続の制度はいわゆる私有財産制度に起因して居る。以上は大体家督相続、遺産相続の大体の緒論を申し上げたのであります。これから家督相続に就いての極く大体の法律制度のお話をすることになるのであります。

家督相続は前にも申しました通り、戸主が死亡その他の原因で戸主権を失いました時に、その相続人が戸主の権利義務を一括して承継することを云うのであります。そこで家督相続はどう云う場合に開始するのであるか、どう云う場合に家督相続と云うものが起るのであるかと云うと、今申しましたように、戸主が死亡する、これが最も主なる場合であります。戸主が死亡しますれば家督相続と云うものが起るのであります。それからその次には戸主の隠居であります。隠居に就いては法律に相当の条件がありまして、無暗に隠居をすることは出来ないことになって居るのでありますが、とにかく戸主が隠居をしますれば、ここに家督相続が発するのであります。その他種々な原因がありますが、もう一つ女の人に一番関係の有るのは、いわゆる入夫婚姻であります。すなわち女戸主が夫を迎えますと云うと相続が発するのであります。すなわち戸主権と云うものがその夫に移るのであります。つまり民法では女戸主が夫を迎えた時には何等反対の意思を表示しませぬと云うと当然家督相続が開始するのであります。戸主権その他のものに就いて相続が開始する、こういう事になって居るのであります。ところがそれはどうかすると間違いが起るものですから、戸籍法の方ではそれを逆にして、入夫婚姻の届出の時に、つまりもし入夫が相続をするような時には相続すると云うことを戸籍届に記載させると云うようなことになって居るのであります。けれども、私の或る所で聞いた実例に依ると云うと、或る女戸主の人が夫を迎えた。無論女戸主は相続なんかが開始するなどとは思って居なかった。ところが相続が開始する。自分の財産等は皆入夫の方に行ってしまうと云うので大騒ぎを始めたと云うことを私は聞いたことがあります。戸籍法では入夫に相続が開始するのだと云うことを書かなければそう云うことにならないようになって居るのでありますが、入夫婚姻が出来てしまえば、多くは戸籍の届出や何かは夫に委せるものですから、夫が勝手なことをしてしまう、遂には相続が開始する、そこで大変な悶着が起こったと云うことを聞いたのであります。これは余談でありますが、以上死亡、隠居、入夫、婚姻等の事実がありますと、ここに家督相続が開始する、とこういうことになるのであります。

それからその次は家督相続人になれる者はどう云う者であるか、つまり資格であります。これは後で家督相続の順位の所でお話致します。ここでは欠格のことと廃除のことをお話する考で居ります。後にもお話をしますように、大体に於いて家督相続人の子供は当然相続人になるのであります。しかしながらそれが或る法律上の原因がありますと云うと、相続人たる資格を失ってしまうことになるのであります。その資格を失うのを欠格と云うのであります。

大体に於いては、被相続人に対して極めて背徳なことをした場合であります。第九百六十九条にその欠格の原因が書いてあるのであります。とにかく大体に於いて被相続人に対して背徳なことをすると相続人たる資格を失うと云うのであります。

もう一つは廃除であります。欠格は当然相続人になれないと云うことになるのでありますが、これはそうではありませぬが、つまり廃除、昔で云えば廃嫡であります。これは法律上一定の原因がありますと被相続人――この場合には戸主でありますが、戸主がその相続人の相続人たる資格を廃めてしまうのであります。それは第九百七十五条にあるのでありますが、これは自分で勝手に廃めることは出来ませぬ。必ず裁判所の許可がなければいけない。裁判所の許可を得て廃めさせる、こういうことになって居るのであります。家督相続人を廃めるか廃めないかと云うことは、これは単純なる私益の問題でなくて、公益に関係の有ることである。家の継続の問題でありますから、裁判所で許可をしなければ廃嫡は出来ないと云うことになって居ります。とにかく一定の原因があれば裁判所の許可を得て家督相続人を廃除することが出来るのであります。つまり欠格者、廃除者、これらの者は相続人になれないと云うことになって居るのであります。

それからもう一つ、家督相続人の資格に就いてお話して置くことは、いわゆる胎児であります。胎児は相続の関係に於いては生まれたるものと看做す、とこういうことがあるのであります。これは専門的に申しますと、つまり人と云う者が権利を有し得るのは、これは生まれた時から以後のことであると云うのが民法の原則であります。生まれざる前に人は権利を有する事は出来ない。その代わり死んでしまってからも無論権利を有することは出来ない。人にあらざれば権利が無いから自然、腹の中に居る子供と云う者は権利を有することが出来ないことになる。それが原則であります。しかしながら家督相続の関係――後に述べます遺産相続も同様でありますが、相続の関係に於いては、胎児はやはり生まれたものとして権利を有せしめないとどうも不便――不便と云いますか、人情に反する結果を生じますから、この胎児と云う者も、やはり相続の関係に於いては生まれた者と同じように扱って居るのであります。それでありますから、例えて申しますと云うと、庶子がある。簡単に云えば、例えば妾の子供がある。それを夫が認知して籍が入って居ると云うような場合に、妻に子供が出来まして、そうしてその妻が妊娠中と云うような時に夫が死んだとしますと、何にも規定がありませぬければ、つまり胎児と云うものは人でありませぬから家督相続をする権利が無い。そこでまだ権利が無いと云う以前に夫が死んだのでありますから、この時には庶子が相続をしてしまう。後から子供が生まれて来ても、もう間に合わないのであります。しかしながらここに規定がありまして、相続の関係に於いては胎児は生まれたものと同じに看做しますから、相続開始当時にその子供がまだ生まれて居りませぬでも、嫡出子としてその子供が生まれて来ますれば、後から出て来たに拘わらず、その庶子に先立って相続することが出来るようになって居るのであります。すなわちこの意味に於いて、胎児と云うものは相続関係から申しますと一人前の人と同じような取扱を受けると云うことになって居るのであります。これが大体相続人たる者の資格であります。

その次には家督相続の順位であります。どう云う順位で以って家督相続をすることが出来るかと云うお話であります。これも民法には大変複雑な規定がありますけれども、極く簡単に申し上げるのであります。民法に於きましては相続人の種類を五つに分けて居るのであります。法定の推定家督相続人と云うのがその一つであります。その次が、これは名前は種々に附けてございますが指定家督相続人それからその次が制限選定家督相続人、それからその次が尊属家督相続人、それからその次が自由選定家督相続人、こういう五種類になるのであります。

そこで法定の推定家督相続人と申しますのは、これは法律上当然相続人になる者であります。後に述べる相続人のように、誰かが指定をするとか選定をするとか云う結果相続人になるのではなくて、法律上当然相続人と決まって居る者を云うのであります。それは結局どう云う者がこの法定の推定家督相続人になるかと申しますと、家族たる直系卑属であります。条文に致しますと第九百七十条にそのことが書いてあるのでございます。家族と云う者の意味は前にもお話をした通りでありまして、つまりその戸主と家を同じくして居る所の親族であります。なお詳しく申すと、戸主と家を同じくして居る親族ならびに前戸主の家族、この両方を併せて家族と云うのでありますが、ここで必要なのは、前戸主の親族であって、現在の戸主の親族である。現存の戸主と家を同じくする者、戸籍を同じくする者と云う説明だけでここでは十分であります。それから直系卑属、直系と云うのは、祖父母、父母、自分、子孫と云う風に真っ直ぐに上から下に下るのが直系であります。卑属と云うのは、自分より等差以下にある者、すなわち子、孫等であります。父母、祖父母は尊属、子、孫は卑属、こういうことになります。そこで結局法定の推定家督相続人と云うのはその戸主と同じ戸籍に居る所の子や孫や曾孫、こういう者を云うことになるのであります。勿論この中には、本当の血族には限らない、いわゆる法定血族をも含むのでありますから、養子であるとか、継子と云うような者もやはりこの直系卑属の中に入ります。しかしながら姻族は這入りませぬから、例えば自分の子の妻、或いは孫の妻と云う者はここにいわゆる直系卑属には這入らないのであります。すなわち戸主と戸籍を同じくして居る所の、この家の子、この家の孫、或いは継子、養子、養孫等、これらの者がつまりここにいわゆる法定の推定家督相続人になるのであります。後に述べますように、遺産相続の場合には必ずしもその相続される者と相続をする者とが家を同じくすることを必要としないのでありますけれども、家督相続はいわゆる家の承継でありますから、必ずその戸籍に属して居る者に限ってこれを認めると云うことになって居るのであります。そこでこの法定の推定家督相続人が第一位に於いて一番初めに相続人になるのであります。こういう順序でありますが、この法定の推定家督相続人たる者になるような者が幾人もあったらどうか。例えば子供が幾人もある、孫が幾人もある、その時にはどう云う風に決めるかと云うと、これはやや複雑になるのでありますが、この事だけは複雑になりますけれども申し上げて置こうと思います。

その順序は第九百七十条に書いてあるのでありまして、それを御読みになれば大抵分かりますが、まず第一の原則は『親等ノ異ナリタル者ノ間ニ在リテハ其近キ者ヲ先ニス』こうあるのであります。親等のことも前にお話致しましたから、ここでもう一遍繰り返しては申しませぬ。親等が遠い時には親等の近い者を先にすると云うのでありますから、例えば子と孫があれば子の方が先になるのであります。これは当然であります。親等が近いから子が先になる。その次の原則は『親等ノ同シキ者ノ間ニ在リテハ男ヲ先ニス』でありますから、同じ子供の間でも男の方が先になるのだ、とこういうのであります。但しこれには例外があるのであります。それは第九百七十条の第四項の所にあるのでありますが、大体男が先、女が後でありますが、私生児は別であります。私生児は男でありましても、女でありましても、一番後になるのであります。嫡出子、庶子の無い時に始めて私生子が相続人になるのであります。例えば嫡出子の女、もしくは庶子の女がある、それに私生児の男があると云うような時には、嫡出子の女、もしくは庶子の女が先に相続権を持ちます。これらの者が無い時に始めて私生児たる男が相続権を有する。こういうことになりますから、男が女より先でありますけれども、私生児たる男は、他の嫡子たる女、もしくは庶子たる女には勝てない。しかし無論私生児の間に於きましては私生児の女よりは私生児の男が先になります。

それからその次には『親等ノ同シキ男又ハ女ノ間ニ在リテハ嫡出子ヲ先ニス』とこういうのであります。そこで男が女に勝つと云う原則は私生児には適用がありませぬけれども、嫡出子と庶子には適用がありますから、庶子の男と嫡出子の女との間ではどっちが勝つかと云うと、庶子の男の方が勝つのであります。庶子の男が勝って嫡出子の女が後になる。唯々同じ男と同じ女の間では、つまり男と女の間では男が女に勝つ、例外として私生児は一番後になる。庶子と嫡出子との間ではこれを引括めて男がどうしても女に勝つ、但し男同士女同士の間で云えば嫡出子の方が庶子に勝つ、而して今申したように、同じ嫡出子たる男女、同じ庶子たる男女、つまり今云った条件が全部同じであれば今度は年長者が勝つのであります。それでこれを順序から云うと、誰が一番勝つかと云えば、年長の嫡出子の男が一番勝つ。それからその次には年少の嫡出子の男、それからその次は年長の庶子の男、それから年少の庶子の男、それから今度は年長の嫡出子の女、年少の嫡出子の女、それからその次は年長の庶子の女、それから年少の庶子の女、それからその次は年長の私生児の男、年少の私生児の男、それから年長の私生児の女、年少の私生児の女、結局こういう順序になる訳であります。庶子の男の方が嫡出子の女より勝つと云うことは、現今に於いてはやや一般に妙な感じを持つのでありまして、こういうような点は或いは将来民法改正の時には相当に考慮されることになるだろうと思います。

御承知の通りに、昔は家の相続は（武家などでありますと）男でなければ出来ないと云う関係があったので、妾の子供でも男を先に相続させると云うことがあったものですから、こういう関係になって居るのでありますが、現今に於いてはそう云う必要がないのでありまして、それ等の事情でこれらは民法の改正の時に相当に問題になることと思うのであります。

今申したのは大体の原則でありますが、なおこの原則に対する大きな例外があるのであります。その大きな例外と申しますのは、すなわち代襲相続と云うことであります。承祖相続とも云います。これはつまり今申したような順位に依って法定の推定家督相続人たる者が相続の開始する前に死んだとか、または廃除で相続権を失ったと云うような場合には、その法定推定家督相続人の直系卑属が今の法定推定家督相続人と同じ順位を保つのであります。例えば長男に子供がある。その子供が女であるとする。次男は無論あるのであります。戸主が死ぬ前にその長男が死んでしまった時には、その長男の女子が次男よりも先に相続権が有る、とこういうのであります。すなわちその法定の推定家督相続人たる長男の地位をその長男の直系卑属が承け継ぐのであります。代襲をするのであります。これを代襲相続と云うのであります。元来から云えば孫と子でありますから、次男と孫であれば孫の方が親等が遠い。なおその上に女でありますから、次男に相続が移る筈でありますけれども、いわゆる承祖相続と云って、長男の系統で真っ直ぐに相続して行くと云うのが日本の習慣でありますから、それに基きまして、法定の推定家督相続人たる者が相続開始以前に死んだとか廃除せられたとか云う事で相続権を失ったと云う時に、もし直系卑属があれば、その直系卑属が同じ順位に於いて法定推定家督相続人になると云う規定を設けたのであります。これは今申した順位に対する非常な例外なのであります。これで法定の推定家督相続人に対する順位は終わったのであります。法律上当然相続人になり得る者の順序の問題は終わったのであります。

その次が指定相続人に就いてであります。法定の推定家督相続人がありませぬ時には被相続人、すなわち戸主は相続人を決めることが出来るのであります。この相続人の指定は戸籍吏に届出なければ効力がありませぬ。唯々証書を書いて置いたと云うだけではいけませぬ。戸籍吏に届出ることに依って始めてここに相続人の指定と云うものが効力を生じます。勿論これは遺言で相続人を指定することが出来ます。遺言の場合には後日やはりこれを戸籍吏に届出なければならぬことになって居ります。この指定家督相続人は法定の推定家督相続人が無い時に指定されるのでありますから、指定家督相続人がありましても、もしその後になって法定の推定家督相続人が出来ますれば、相続人の指定と云うものは効力を失うことになるのであります。でありますから、誰かを相続人に指定して置いた、ところがその後になって子供が生まれたと云うことになれば、その相続人の指定と云うものは効力が無くなってしまうと云うことになるのであります。それからその次がやはり先刻申しました所の制限選定家督相続人のことを申します。何故制限選定と云う言葉を用いましたかと云うと、つまり同じ選定家督相続人の中に二色ありまして、今ここに申します選定家督相続人と云うのは、各選定をする時の範囲と選定をする順序がちゃんと法律で決まって居りますからこれを制限選定家督相続人と云うのであります。後で述べます選定家督相続人は順序とか範囲とか云うものが決まって居りませぬからこれを自由選定家督相続人と云うのであります。その順序と範囲が民法の第九百八十二条に規定してあるのであります。選定をする人は大体に於きまして戸主の父でございます。戸主が死んでしまった。法定の相続人、すなわち子供は無し、そして戸主が相続人を指定して行かなかったと云うような時には、その戸主の父がまずその戸主の為に相続人を選定する。父が居らないような時には母、母が居らないような場合には親族会議、これらのものがつまり相続人を選ぶのであります。しかもその選ぶ順序はまず一番初めには、家附の女、但し家附きの家女なる時であります。その戸主に配偶者がある。それが家附きの女であればそれを選ぶと云う事等がここに書いてあります。

なお一々云うのは大変でありますが、それから兄弟、それから戸主の姉妹を選ぶ、それから家女にあらざる戸主の配偶者を選ぶと云うように順序がちゃんと決まって居る。しかも範囲もちゃんと決まって居るのであります。この順序を変わるとか、或いはこれをこの中からは全然選ばないと云う場合には裁判所の許可が要るのであります。それでありますから裁判所の許可がない以上は必ずこれらの者の中から選ぶ、しかもこの順序に依って選ばなければならぬ。とこういう事になって居るのであります。これがいわゆる制限選定家督相続人であります。

ところが今度は制限選定家督相続人がなかったらどうするか、例えばこの範囲の人が全然無いか、居ってもどうも適当な人が無いと云う場合に、そして裁判所の許可を待たずして選ぶようなことにしてしまったら、どうなるかと云うと、今度は先刻申した所の尊属家督相続人が出て来ます。すなわち卑属にあらずして尊属、戸主よりも目上の方の側の者が当然相続人になるのであります。すなわち第九百八十四条であります。今云ったように、制限選定家督相続人が無いと云う時には戸主より目上の者、直系尊属の者が、これは選びも指定もしない、当然相続人になるのであります。そこでその順序はどうなるかと云うと、親等の近い者がまずなる。だから父母と祖父母があれば父母が先になる。親等の同じき者の間に於いては男が先になるのでありますから同じ父母の間では父がなるのであります。祖父母でありましたら祖父が先になる。こういうことになるのであります。

今度は尊属も無いと云う場合どうなるか。尊属もないと云うと先刻申した自由選定家督相続人がなるのであります。而してこれになりますと云うと、誰からでも相続人を選ぶことが出来るのであります。その例は第九百八十五条に出て居ります。分家の戸主だとか、この戸主の親族、家族だとか、例は種々出て居りますが、しかしながらそう云う者の中からばかりでなく、誰でも相続人を選ぶことが出来ることになって居るのであります。結局民法と云うものは、家の絶えると云うことを欲しませぬから、最後には、そう云う者がなければ誰でも選ばれると云うように致したいのであります。

それから今度は家督相続の効力であります。これは家督相続の性質をお話する時に既に大体御判りになりましたように、家督相続開始の結果相続人の承継する一番大きな権利は何かと云えば、戸主権であります。家長たる所の権利であります。しかしながら、家長たるの地位を維持するのにはやはり財産が要りますから、そこで戸主に属して居る財産と云うものは全部、権利義務共に全部これが家督相続人へ移って行くのであります。権利のみではない。義務――負債等も全部相続人に移って行くと云うことに結局なるのであります。効力に就いては大体それだけでありますが、しかしなお少し説明を要するものは、遺留分と云う制度であります。被相続人が何にも遺言をしないで死んでしまったと云う時は、今云う通り、戸主権も財産も負債も皆相続人に移ってしまうのでありますが、それに反対の遺言で以て他の人に財産を与えることは出来るのであります。但し遺留分だけは、遺言を以ってしても動かすことが出来ませぬ。でありますから法定の推定家督相続人も遺留分と云うものを動かすことは出来ないのであります。

而してその遺留分は、先刻一番初めの順位に挙げました所の法定の推定家督相続人、すなわち家族たる子孫、この者に対しては遺留分は被相続人の財産の二分の一であります。それからその他の相続人に就いては、遺留分は三分の一であります。被相続人の全財産の三分の一であります。これだけは必ず遺して置かねばいけない。遺言がたといありましても、第一順位の法定の推定家督相続人に比例して自分の財産の二分の一以上のものを他の人にやることは出来ない。必ず二分の一だけは遺して置かねばならぬし、その他の相続人には必ず三分の一を遺して置かなければいけない。もしこれ以上のものを遺言で他人に与えました時には、家督相続人はその余分の分、超過分と云うものを自分に取り戻す所の権利があるのであります。なおこれに就いては随分細かい規定がありますが、大体はまずそう云うことになって居るのであります。

結局これは家長たる地位を継ぐ以上はそれに相応した物質を与えて置かなければならぬと云う所の趣旨から出て居るのでありますそれからなお家督相続の効果に関連してお話をしなければならぬことは、相続の承認と抛棄(ほうき)であります。そこで法定の推定家督相続人、先刻申した所の家族たる子孫は、これはその相続を抛棄することは出来ませぬ。つまり家と云うものは何処までも存続させて行こうと云うのが民法の趣旨でありますからして、親が死んだ時、その長男が俺は相続するのは嫌だと云って、相続を抛棄することは出来ないのであります。必ず相続をしなければならぬ。しかしその他の相続人は抛棄をすることが出来ます。これがまた出来なければ困る。被相続人から指定されたとか、或いは他の人から選定されたと云うことで、吾々でももし相続人にでもされた時には抛棄が出来ないでは困る。何処の誰だか知りもしない人からお前を相続人にするぞと云われたらどの家でも相続しなければならぬと云うのでは大変だから、これは法定の推定家督相続人たる以外の相続人は皆抛棄が出来るのであります。しかしながら、もし一定の期間内に抛棄しないと云うとやはり相続を認めたものと云う事になってしまい、結局相続人にならなければならぬことになるのであります。つまり成るべく家は絶やさぬようにと云う方針で民法が出来て居るからであります。

今申したように法定推定家督相続人と云う者は相続の抛棄が出来ませぬから、必ずこれは相続しなければならぬ。その他の相続人といえども、一定の時期に抛棄の意思表示をしないと云うと承認をしたことになるのであります。そこで家督相続人の効力は、以前に申したように、独り権利のみならず義務までも承継するのであります。幸いにして財産の方が多ければ宜いのでありますが、財産よりも借金の方が多いということになると、甚だ迷惑をしますが、法定の推定家督相続などでありますと云うと嫌でも相続をしなければならぬ。

非常に沢山な借金があると云う時には、親の御蔭で自分は一生頭があがらぬと云うことになるかも知れない。それでは困るから、ここに限定承認と云う制度を設けたのであります。つまりこれは承認はする、相続はするけれども被相続人の債務と云うものはその被相続人の財産の限度に於いてこれを認める。すなわち被相続人の財産の範囲内に於いて被相続人の借金を払う。自分が借金を背負込まない。被相続人の財産の有る程度に於いて被相続人の借金を払うと云うのであります。限定承認を致しますれば、その結果として相続財産だけは別のものにしまして、その財産をすっかり精算しまして、それでその中から被相続人の債務を払い、もしまた被相続人が遺言でもして居りますればその遺言をしたものを払う、とこういうことにしたのであります。つまり限定承認の制度は、親の負債の為に相続人が一生頭の上らぬようなことになっては気の毒だと云うことからこういう制度を設けることになったのであります。これで大体家督相続の効力の説明を終わりました。同時に家督相続の説明を全部終わったことになるのであります。

それから今度は遺産相続であります。遺産相続は、前にも一言申しましたように、戸主でない者、すなわち家族が死んだ場合にその者の権利義務を一括して相続人が承継をすることを云うのであります。

さて遺産相続の原因と云うのは、これは開始の原因のことをお話するのでありますが、遺産相続開始の原因はこれは死亡の場合に限って居るのであります。家督相続の時のように、隠居であるとか入夫婚姻と云うことは結局ないのであります。

それからその次は遺産相続人の資格の事でありますが、これはやはり家督相続の場合に於きまするのと同様に、欠格、当然資格を失うようなこともありますし、また廃除、廃嫡とは云えませぬが、相続人たる所の地位を裁判所の許可を得て失わしめると云うことも出来るようなことになって居るのであります。なお家督相続人の場合と同じように相続の関係に於きましては胎児は生まれたるものと看做す。すなわち遺産相続開始当時にその人が生まれて居りませぬでも、生まれて居ると同様の扱いを受けまして相続することが出来るようになって居るのであります。つまり腹の中に居る子供も同じように相続が出来ると云うことになって居るのであります。これはやはり家督相続の場合に述べたと同じように、つまり人情を基礎とした規定であります。

それから今度は遺産相続の順位であります。やはり家督相続の場合と同じ順序でお話致しますが、家督相続の場合には指定とか選定とか云う相続人があったのでありますが、遺産相続の場合は指定相続人とか選定相続人とか云う者を認めませぬ。つまり法定の相続人だけであります。これは何故かと申しますと、遺産相続と云うものは単純なる財産相続でありますからして、指定とか云う方法に依りまして、相続人を決める必要がないのであります。財産の行く所を決めるのでありますからして、強いて指定選定と云うような複雑な方法を用いませぬで唯だ法律の規定で誰に財産が行くかと云うことさえ決めれば宜いのでありますから、遺産相続の場合には法定の推定相続人たる者があるだけであります。

その順序はどう云うことになって居るかと云いますと、これはやはり民法に規定があるのでありまして、第九百九十四条と第九百九十六条とにその規定がありますからそれを御覧になれば能く分かりますが、大体のことを申しますと、まず第一がすなわち直系卑属であります。この直系卑属には無論前にも申した通りに法定血族も這入るのでありますから継子であるとか、養子のような者も皆這入るのであります。而して直系卑属は決して家族たる事を必要と致しませぬ。家督相続の場合には必ず家族でなければいけない。その被相続人と同じ戸籍に在る者でなければならぬと云うことになって居るのでありますが、遺産相続も単純なる財産相続である、家には関係無いことでありますから、そこで家族たることを必要としないと云うことに致したのであります。勿論これには多少議論がありまして、今度の民法の改正の時には、或いはやはり家族だけに限ると云うようなことになるかも知れませぬ。成程遺産相続は財産相続でありますから子供とか家とか云うものを眼中に置く必要はないのでありますけれども、もしその家族に限らぬと云うことになりますれば、外へ嫁に行ったとか、養子に行ったとか、分家したとか、どんな人でも皆遺産相続人になれると云うことになるのであります。それでは御互いに碌に貰うものもないようになってしまう。結局は同じ家に居る者だけに分配をすれば宜いのじゃないか。養子に行くとか嫁に行くとかと云うのはその行く時に相当な財産を分けて貰えば宜いではないか。十年も二十年も経ってから親が死んだ時に遺産相続と云うことまでやらなくても宜いじゃないかと云う説もあるのですから、そう云う点から改正になるかも知れませぬが、現行の民法の規定と致しましては、他家に在る者でも構わない、苟も直系卑属である以上は遺産相続人となる資格が有ると云うことになって居るのであります。

而してその遺産相続の順位はどう云うことになって居るかと云うと、親等の異なりたる時には子を先にします。孫と曾孫しかなければ孫を先にするのであります。親等が同じならばどうかと云いますと、これは順位は全然同じであります。同じ子同士、同じ孫同士であるならば順位は同じでありますから、子供は全部相続権があるのであります。子供がなくて孫だけならば、孫は全部相続権があるのであります。遺産相続に就いては、単独相続にあらずして、いわゆる共同相続であります。相続人は一人でない。数人あり得るのであります。それはいわゆる家長と云う者の権利を相続するのでなくて、財産を相続するのだから、受けさえすれば宜いのでありますから、その相続と云うものは共同相続であります。以上は原則であります。親等の近い者が先になると云うのが原則でありますが、これにはやはり家督相続の場合と同じように代襲相続と云うものがあるのであります。それでありますからして、その親等に近い者が相続の開始前に死亡した、または相続権を失ったと云うような時に、もしその者に直系卑属があればその直系卑属が、相続権を失った遺産相続人と同じ順位になるのでありま す。丁度家督相続の場合と同じです。だから例えば此処に子供が数人ある。その子供にまた子供がある。相続される者から云えばつまり孫でありますが、そう云う場合に孫を有って居った息子が相続の開始前に死んでしまったとすれば、その孫は死んだ親と同じ順位で相続権を有することになるのであります。でありますから、例えば長男が死に、すでに孫が有ると云う時は、その長男の子供は次男三男と同じ順位に於いて遺産相続権が有る、とこういうことになるのであります。つまり親の順位を自分が引受けられると云うことになって居るのであります。これがつまり直系卑属と云う第一順位の遺産相続人であります。

この孫がなかったらどうなるかと云うと、今度は配偶者が、すなわちその死んだ人の妻が相続をする。遺産相続の場合には今度は配偶者になって居るのであります。配偶者のことは別段説明するまでもありせぬ。もしこの配偶者がなかったらどうなるかと云うと、今度は直系尊属であります。つまり死んだ人の目上の者、親とか祖父母とか云うような者であります。この親祖父母の間に於いてはやはり親等の近い者が先になるものでありますから、充ず父母が先になる。父母がなければ祖父母、とこういう順序になるのであります。

この直系尊属もなかったらどうするか。今度は最後には戸主が相続をする、とこういうことになるのであります。民法の規定にも、これは実際には殆ど適用のないことでありますが、家族の誰に属するか分からないような財産は戸主に属するものと一応見ると云うような規定があります。そう云うような規定と同じ精神で、家族の財産で相続する人がなければその家長たる戸主がまずこれを継ぐのであります。つまり最後には戸主が遺産相続権を有する、とこういうことになります。斯くの如く致しまして、家に於いて戸主の無い家はありませぬから、結局戸主を推定の遺産相続人と決めて置きますれば、これ以上指定相続人もしくは選定遺産相続人と云う者を決めて置く必要がないのであります。終局遺産相続に就きましては法定の推定遺産相続人あるのみと云うことになるのであります。

その次は遺産相続の効力であります。遺産効力と致しましては、毎々申しましたように、つまり被相続人の財産を相続する、権利義務を一括して相続すると云うことになるだけでありまして、この場合には戸主権と云うものは無論相続の目的にはならないのであります。戸主にあらざる者が死んだのでありますから、財産だけを相続すると云う事に結局なるのであります。而してこの場合には家督相続と違いまして、共同相続でありますから、共同して相続した時にその相続の割合は一体どうなるかと云う問題が起こるのでありますが、この事はあまり詳しく申し上げますと何んだか計算的になりましてお話が仕悪うございますから、あまり詳しくは申し上げませぬが、極めて大体の事を申しますれば、つまり嫡出子は相続分と云うものを庶子や私生児の倍に取ると云うことになるのであります。その他代襲相続とか何んとか細かいことがありますが、これは略しまして、そう云うようなことで共同相続の時にはその割合が自ら決まって居るのであります。

而してやはり家督相続の場合と同じように遺留分があるのであります。遺言を以ても動かすことの出来ない、必ず遺産相続人にやらねばならぬ相続の最少限度があるのであります。その最少限度は、第一順位の遺産相続人、すなわち先刻申しました直系卑属たる遺産相続人は必ず半分を受ける、だから半分以上は外の人に遺言で分けてやると云うことは出来ませぬ。それから配偶者の直系尊属はこの場合に遺留分は三分の一、こういうことになって居るのであります。もし相続人が数人ありますれば、数人の相続人の分を合わせて、今云ったように遺留分が全体で二分の一或いは三分の一を遺せば宜いのであります。それから各自の遺留分の受方は相続分に依るのであります。これで遺留分のことの説明を終わりました。

なお丁度前と同じ順序で承認とか拋棄とか云う同じようなことがあるのでありますが、遺産相続の場合には遺産相続人と云う者は相続の拋棄を為すの自由を有して居るのであります。家督相続の場合に於きましては家族たる直系卑属は家督相続を拋棄することが出来ないのでありますけれども、遺産相続の場合には、これはどんな相続人でありましても皆拋棄を為すことを許されて居るのであります。それは前に申した通りに、家督相続は家の承継でありますから、而して国家は家と云うものを公益の見地からなるべく存続せしめようと云うことを考えて居りますから、そこで家督相続の場合に於いては相続の拋棄を絶対に許ませぬけれども、遺産相続の場合は単純な財産の承継でありますから本人が要らないと云う場合には、別段強いて貰えと云うことを国家が云う必要はない。それでありますから遺産相続の場合には拋棄を許して貰うことになるのであります。而して承認もしくは限定承認と云うことはやはり遺産相続に於いてもこれを認めて居るのであります。

前にも申した通りに、遺産相続の場合に於きまして単に財産のみならず債務も一緒に承継するのでありますから、場合に依りますと受ける財産より債務の方が多いと云うことがあるかも知れない。そう云う場合に親の借金で自分は一生頭が上らぬと云うことがあっては気の毒でありますから、限定承認と云うことは遺産相続の場合にも認めることになったのであります。これで遺産相続の大体を終わったのであります。

なお遺言のことなどもありますけれども、あまり大して必要もありませぬからこれらのことは省略をしようと思います。唯々遺言は全部自筆で書かなければならぬと云うことは余程注意して置かなければならぬのであります。日附まで自分で書いて、それから名前を書いて印を捺す。挿入削除をしたらその挿入削除した字数を書いてそうしてこれを変更したと云うことを書いてその所に印を捺して置かなければならぬと云うような非常に厳格な規定になって居ります。どうもあまり厳格過ぎるので今では攻撃されて居るのであります。

昔の人の考えから云えば、大勢の人を集めて遺言すればそれで立派に効力が有ると思って居ったが、それではいかぬ。日附から名前まで全部自筆でなければ効力が無い。今では法律のことを一般の人が知るようになりましたから、大した間違いも起こりませぬが、昔はこれで宜いのだろう位で死んでしまって効力が無くなると云うようなことが随分あったのでありましす。実際では道徳問題でありまして、それが法律問題になると云うのは稀でありますけれども、家内に悪い人があると云うとごたごたが起こって問題になるのであります。これは遺言に就いての余談であります。

少年少女に関する民法をお話するのがこの講義の目的であったのでありますけれども、特に少年少女に関する民法と云うものはないのであります。少年少女に就いて特に民法が特別の取扱いをして居るかと云うと別に特別の取扱いはして居りませぬ。少年少女の保護に就いて民法の規定を心得て置かなければならぬと云うことになると、それは結局、親族、相続に関係を持って来ることになるの為め、以上の如きお話になったのであります。民法では多く成長した人のお話で、少年少女には直接関係がないようですが、少年少女もやがて一人前の人間になるのでありますから、将来どう云う法律があるかと云うことを考えて、これが保護してやると云うことが必要でありますから、私の今まで申したことが必ずしも問題外に亘って居

ると は云えないと思います。

少年少女に関する刑法

大原　昇

第一講　犯罪と刑罰

順序と致しまして、第一に刑法と云う事の説明を致したいと思います。それは、多分皆さんが法律の方には、あまりお詳しくないだろうと考えまするので、一応刑法と云うものは、どう云うものであるかと云う事を、申し上げて置く方が、御了解を得ます上に於いて便宜だろうと、考えまするので、極めて簡単にそうしてなるべく平易に刑法と云うものの大略をお話し致します。

刑法と云うものは、種々の法律の中でも大事なもので、誰しも知って居って宜い法律なのでありますが、その刑法のお話の序に、その刑法上の婦人の地位とでも云うような事を少し申し上げて見たいと思います、そうしてその後で少年少女に関する刑法のお話を申し上げようと思います。

そう云う順序に依りまして、今日はまず、刑法と云うのはどう云う法律であるかと云う事を申し上げて見ようと思います。刑法と云うのはどう云う事を定めて居る法律であるかと云いまするると、それは犯罪と刑罰、この二つの事を定めて居る法律なのであります。それ故本当に申しますれば、犯罪および刑罰法と云う事になるのでありますが、これを省略して刑罪法と云い、更にこれを簡約して刑法と申して居るのであります。

刑法と云うのは今申す如く、犯罪と刑罰の二つを規定して居る法律であります。すなわち一体どう云う事が罪になるのか、犯罪とはどう云う事であるか、それから罪を犯せばどう云う風な刑罰を受けるか、どれ位の刑罰になるのか、極く簡単に申せば、刑法とはそう云う事を定めます為に設けられました法律なのであります。それで刑法にはいろいろ罪が挙げてあります。またそれに対するいろいろな刑罰が挙げてありますが、一体この刑法で犯罪と決めて居るのはどう云う事であるか、どう云う事をすれば法律上罪とされるか。これを第一にお話しなければなりません。

広く罪と申しますれば、必しも法律上の罪に限らず道徳上の罪もありまするし、宗教上の罪もある。法律上の罪と、道徳上の罪と、宗教上の罪と何処が違うか、或いはまた同じものであるか。根本から申しますれば法律上の罪、すなわち犯罪も道徳上の罪も、また宗教上の罪もいずれもそれは吾々の社会生活を脅かす所の悪い害悪行為でありまして、そう云う風な、お互いの共同生活に害毒を及ぼす行為であると云う意味から申しますれば、法律上の犯罪、宗教上の犯罪は皆な同じであると云っても宜いのであります。吾国の言葉としては、道徳上の罪でも、宗教上の罪でも、法律上の罪でも皆広く罪と云い、その間に言葉の上の区別はございませぬ。しかし外国では、言葉の上に道徳上の罪と法律上の罪とを区別致して居りまして、法律上の犯罪と、宗教上、道徳上の罪とは言葉が皆変わって居るのであります。

それでは法律上の罪は道徳上或いは宗教上の罪とどんなに違って居るか。およそ法律上の罪たるには第一に人間の心が外部に行為として現われることを必要とします。すなわち心が形となって外部に現われなければ法律はこれを罪としませぬ。道徳、宗教上の罪は、行為に現われない、単に各人の心中に潜んで居りますものでも、これを罪と致します。キリストの言葉に、女を見て心を動かしたものはすなわち姦淫を為したものであると云う言葉がございまするが、斯様な心持ちを抱くだけで宗教上では罪となりますが、法律上ではそれだけでは未だ罪となりませぬ。法律はその念慮が形となって、行為となって外部に現われましたときに、これを罪と致します。もし吾々が心に邪念を抱くだけで法律上罪せられることになりますれば、殆ど世の中に罪を免れ得る者は、恐らく何人もないだろうと思います。

第一に今申しましたように、法律上の罪と申しまするのは、外形すなわち行為に現われたものでなければなりませぬ。単に吾々が心の内に邪念を抱いて居るだけでは法律上罪とせられないのであります。すなわち法律上の罪となるのには、外形に現われた行為のあることを必要とするのであります。もっともこの行為にも積極的の行為と、消極的の行為とがあります。

積極的の行為はまた「作為」とも云い、消極的の行為は「不作為」とも云います。例を申しますとお母さんが赤ン坊に乳をやらないで殺してしまう。これは乳を飲ませないと云う不作為に依って犯す法律上の犯罪行為であります。

話は少し前後致しますが、犯罪に対します一般の考え方も、時代と処とに依って違って居ります。今日では宗教上の罪と法律上の罪とが判然分かれて居るようでございますけれども、昔の事を調べて見ますと、そう云う宗教上の罪と、法律上の罪とがごっちゃになって居る。例えば吾国の原始時代に、犯罪と考えられて居ったものの中には、随分面白いものがあります。一例を申すと、あましし――これはあまりしし、すなわち余計な肉と云う意で瘤(こぶ)とか疣(いぼ)とかを云うのでありましょう。この外白子、胡久美と云うような不具の如き者は、一種の犯罪者であると考えられて居ったのであります。もっともこういう不具者のようなものを犯罪とすることは日本ばかりでなく古代のローマなどでも犯罪として居た例があります。すなわちモンストルムと云うような者は神の怒りのあらわれたものと考えられ、一種の宗教上の罪悪であって同時にまた法律上の犯罪である。そう云う風に昔のローマ人も考えて居ったらしいのであります。

話が側へ外れましたが、先程申しましたように、犯罪とは外形として行為として心の外部に現われたものでなければなりませぬ。すなわち犯罪とは行為である。それではどう云う風な行為が犯罪になるか。云い換れば犯罪とは如何なる行為であるか。それは第一に法律に背いた行為でなければなりませぬ。それを違法な行為と申して居ります。法に違う行為の意味であります。

およそ法律は吾々に対して日常吾々の守るべき社会上のいろいろな規則を示して居ります。吾々が日常しなければならぬこと、またしてはいけない事を法律は定めて居ります。法律は或る事を為すべしと命じ、また或る事を為すべからずと云う風に禁じて居る。その法律が或る事を為すべしと命じて居るに拘らず、法律の命ずる所に違背して或る事を為さず、また或る事を為すべからずと禁じて居るに拘らず、その法律の禁令に従わずして行為を敢えてする。すなわち法律の命令または禁令に違う行為、これが違法の行為である。犯罪は行為であると云いましたが、その行為はこの様に法律の命令禁令に違背した行為でなければならぬ、すなわち違法行為でなければならぬのであります。もっとも法律の規定に違背する行為の全部が直ちに犯罪となる訳ではありませぬ。その他にまだ条件が必要であります。しかしそれは後で申し上げます。

この法律の命ずる所、或いは禁ずる所に背く行為がすなわち違法の行為であって、しかもそれで居て犯罪にならぬものがあります。何だか話が判らなくなるようでありますが、例えば人を殺すことは法律の許さぬところであります。しかし監獄の看守は、死刑の宣告を受けた囚人を殺さなければならぬことがあります。人を殺すと云うことは違法行為であるけれども、しかし看守は法律に依って人を殺すべき職務を負担させられることがあり、かかる場合にはその看守は人を殺すことが職務である。でありますから看守が死刑囚を絞首することは忠実に職務を執行するのであって、この様な場合は本来は違法な殺人行為でも犯罪にならないのであります。また人の身体を斬ると云う事は法律で許して居りませぬ。しかしながら外科のお医者さんは人の体を切る。しかし別段それは犯罪になりませぬ。お医者さんだから断っても宜いと云うことは何処から出て来るのでありましょうか。それが犯罪にならないと云うのは如何なる訳でありましょうか。これは医者は人の病気を癒すと云う事が職務で有って、その人の病気を癒すと云う目的の為めに、学問上正当なる学理に随って手術をすると云う事は、それは吾々の社会生活の目的全体から考えて、極めて正当な事である、それ故これを犯罪としないのであります。

しかしながらもう少し他の例を取って見ると、犯罪になるか、ならないか一寸むずかしい問題の場合がある。相撲取りが相撲を取って相手方の骨を折った。力士が相撲を取るのは商売であるが、骨を折るのは商売じゃない。段々そう云う事になって来ると法律専門家でもなかなか容易に決定し難いような問題が出て来ます。

とにかく違法行為の皆が皆まで犯罪になると云う訳ではありませぬ。前に申しました場合の他に、まだ或る特別の場合には、違法行為を為す事が法律上許されて居る事があります。例えば夜中に泥棒が這入ってピストルを突き付けて金を出せと云い、もし出さなければ本当に殺されるかも知れぬと云う様な危機に陥ちいった場合、そう云う場合に吾々はその泥棒を殺しても宜い。これを殺す行為は決して犯罪とはならない、すなわちいわゆる正当防衛の場合であります。正当防衛と致しまして、今申し述べた様な非常特別の場合には、本来ならば違法的の行為を敢えてする事を許されて居るのであります。もっともこれはなかなかむずかしい問題で、果たして正当防衛になるか、ならぬか実際の問題としては寔（まこと）に判断し難い場合もあります。正当防衛と云うのは、不正に自分が侵害を受け、而して自分の権利を保護する為に已むを得ずやった時が、正当防衛となるのでありまして、別に差し迫った危険もなく、別に自分の権利を犯される恐れもない場合に、相手を殺す、相手を怪我さす事は許されませぬ。全く急場でどうしても逃れる方法がなく、已むを得ず非常の手段に訴えるより外に生命・身体・財産権利を保証する方法がないと云う場合に、例外として許されるのであります。換言しますればそう云う風な場合に、万已むを得ないから、本来ならば人を殺し、人を怪我さすことは許されないが、相手を傷付けなければ、相手を殺さなければ、自分が殺されると云うので、仕様がないから殺しても宜しい、怪我さしても宜しい、人を殺しても、怪我をさしても犯罪にならないとこう云うのであります。

しかしこれも程度が過ぎるといけない。泥棒が這入ったがピストルも何も持って居ない。別に生命には危害を加えようとはしない。然るに泥棒の背後から行ってピストルで殺して仕舞うと云うことなどは、これは正当防衛と云う事は出来ない。そう云う場合には、犯罪になるのであります。

次に、それでは法律に背いた一切の行為が皆な犯罪であるかと申しまするると、それは必しもそうでないことは前に申した通りであります。例えば他人に金を借りたが約束の期限が来ても返さないと云うのも法律に背くことであります。金を借りて返さないと云う違法行為は、道徳上も法律上も悪い事には相違ないが、しかしそれを今日犯罪とはまだ考えて居りませぬ。

およそ、法律の命ずる所を為さず、法律の禁ずる所を敢えてしたと云う違法行為は、直ちに犯罪とならぬのでありまして、犯罪となるには更に他の条件が要る。その条件とはどう云うのであるかと申しますと、吾々がその法律に背く行為を為すに就いて悪意を以てすると云う事であります。悪意のない行為は、たとい法律に違背した行為をなしても罰せられない。他えば寝言の時に他人の名誉を損ずるような悪口を云う。これは悪意は無い。だから犯罪にはならないのであります。つまり罪を犯す意思がなくして遣った、全く自分に責任のない行為は、これは罪にならないのであります。

もっとも悪意のない行為にしても例外に罪とせられる場合があります。そう云う場合とは、悪意がなくても過失のあった場合であります。しかし悪意もなく、何等の過失もない行為は、法律はこれを犯罪とは致さない。つまり不可抗力でやりました様な行為は、これは罪にならない。また日本の刑法に依りまするると、十四歳に達しない子供の遣ました行為は、どんな行為でもこれを罪としない。だから十四歳未満の子供が人殺しをやりましても、法律はこれを罪としないのであります。それは十四歳に達しないような子供は、まだ物事の理非を判別する実際上の能力がないのでありますから、そう云うものの行為はこれを罪としないのであります。

かように犯罪は法律に背いた違法行為であると云う事を必要とする外になお今申しましたように、故意にもしくは過失を伴う責任行為でなければならぬのであります。すなわち刑法では自分に責任を負う行為でなければ犯罪としないのでありま す。自分に何等責任を負う事のない行為は罪とする訳には行かない。でありますから今申しましたように夢で人の悪口を云ったとか云う場合には、犯罪にならない。夢中の行為、自分に責任のない事や、それからまた酒を飲んでグデングデンになって、正体もなくなって、そこら中のものを叩き壊す。そう云うなのは、真にこれは道徳上不都合な話でありますけれども、酒の上の左様な行為は、法律では必しもこれを罪としない。もっとも果たして前後不覚になって、全然正気が無かったかどうか、そんなのが一番困る問題であります。実際酔っ払いと云う者には、全然正気がないのか、一部分まだ正気が残って居るのか、本当に分からないのがありまして、真実前後不覚になると云うのは稀かも知れませぬが、もし前後不覚になって、全く正体がなかったとすればそう云うような前後不覚の状態に於いて為した行為は、これを罪としない。こういう事になって居ります。

また、夢遊病者、それから、癲癇(てんかん)などと云う病気を有って居る人が、夢遊中か癲癇発作中に為したる行為、夢遊病者が夜中に起きて、雨戸を開けて近所からそこら中を歩いて来てまた寝る、そうして朝起きて見ると、自分のやった事を何一つ覚えて居らぬ。それからまた癲癇の中にも発作の甚しいのと軽いのとあります。打倒れて終わって全然前後不覚になってしまうのがあり、極く程度の軽いものは、一時精神状態が喪失して終わって、全く責任のない状態になる。そう云う時、どうかすると火をつけたりする事がある。そう云うのはいずれも本人には責任がないのでありまして、これ等の如く夢遊中または癲癇発作中になした行為は罪としない。

それからまた或る種の不具者、聾唖、こういう風な人は、一人前の人間の機能を欠いて居るのが普通でありますから、そう云う風な、耳も聞えず、物も云えない様な不具者の行為は、場合に依ってはこれを罰しない。もっとも聾唖でさえあれば常にどんな犯罪をしても罰しないと云う訳には行きませぬ。中にはこの様な不具者でも、一人前の機能を具えて居る人もありますから、罰する場合もあります。しかしそう云う人は、大体に於いて非常に気の毒な人で、一人前の能力を有って居らないのですから、そう云う者が罪を犯しても罰しない、或いは罰するにしても、罰を軽くしてやる。そう云う風に、今日法律上罪とされて居りますのは、法律に違う所の行為であり、しかもその法律に違う行為を十四歳以上の責任能力ある人が悪意かまたは少なくとも過失を以て犯すということを必要とします。

こういうことになって居りますが、その他になおもう一つ犯罪の成立する条件が必要であります。どう云う条件かと申しますると、そう云う風な行為をなした場合に、これを何々の刑罰に処すると云う事が法律に規定してある事を必要とする。すなわち法律で刑罰を科する事になって居る行為でないと犯罪にはなりませぬ。いかに社会に害悪を及ぼす悪行であってもこれに刑罰を科するという事が法律で規定されて居らなければこれを法律上の犯罪として取扱う訳には行きませぬ。例えば人の名誉を毀損して迷惑をかける。或いは人の財産を盗んで損害を与える、そう云う風なことは、今日の法律の規定に背く行為であります。しかしそれだけで直ちに犯罪となるものではない。そう云う事をした時に、これこれの刑罰に処すると云う事が刑法と云う法律の中に定めてあるときに、それに触れた行為が犯罪となるのであります。

それでひっくるめて申しますと、犯罪と云うのは、内部の意思が外部に行為と云う形となって現われた時に、その行為が法律に違背して居り、且つその法律に違背した行為を責任能力ある者が悪意を以て、或いは過失を以てなしたる事を必要とするのでありまして、なおその上にそう云う風な有責違法の行為を法律に依って処罰すると云うことが規定してある事を必要とするのであります。

以上申しましたのは犯罪とは如何なるものかと云うことを形式的にお話致したのでありまして、なお犯罪と云うものをその実質から考えて見ますれば、犯罪と云うのは、要するに、最初申しましたように、吾々が社会を作りお互いに共同生活を為すに当たって、その共同生活を害するような、そう云う風な害悪行為が犯罪の本質なのであります。勿論吾々の共同生活を害すような害悪は沢山あります。法律はその内から最も害悪を及ぼす事の甚しき行為を選り出して、それに刑罰と云うものを科して居るのであります。諸種の害悪行為の中にも刑罰を科せられて居らぬものもあります。しかし、その中特に刑罰を科せられた所の、吾々の共同生活を最も侵害する行為がいわゆる法律上の犯罪となるのであります。しかしそういう犯罪の中にも種々の種類があり種々の別け方があります。

昔は犯罪を別ちまして重罪・軽罪・違警罪と云うような軽重の区別を致して居りましたこともあります。しかしながら今日吾が国の法律ではそう云うような区別は致して居りませぬ。それは例えば同じく人を殺すという様な重い行為でありましても、主観的に見れば必ずしも重くないものがある。親が殺された場合に、被害者の子供が復讐の意味に於いて加害者を殺すと云う様な事があります。今日では復讐と云う事は法律上許されて居りませぬが、そう云うのは主観的に見て、情状に於いて同情すべきものがある場合が稀でありませぬ。泥棒が他家に押し入り物を盗まんが為めに家人を殺したという様な殺人と、今申した様な仇討的殺人とは客観的に見て同じく人の生命を奪った殺人行為でありますけれども、主観的に見れば、泥棒が人を殺したのと、仇討の為めに人を殺したのとは、余程事情が違う。同じ様な例で貧に迫って生まれた赤ん坊を育てることが出来ぬ為めこれを殺すと云うようなのは寔に気の毒でありまして、殺人として主観的に考えると極めて情状の軽いものであります。また泥棒に致しましても、その辺の店先から本を一冊掻っ払ったと云う様な場合にその本の値段は僅か五十銭か一円位のものであれば客観的の被害額は軽微なもので犯罪としても軽いものの様でもあります。しかしながら常習的にかような掻っ払いをやって居る者であるとしますれば、主観的には情状が非常に重いと云わなければなりませぬ。でありますから一概に客観的標準を取って、人命身体に対する罪は重く、財産に対する罪は軽いと云うような訳にはいかぬので、昔は重罪、軽罪と云うような区別を致して居りましたが、今日はそう云う区別は止めてしまったのであります。

それから犯罪と云うものはその種類が沢山ありますが、その最も主なるものは、刑法と云う法典の中に規定してあります。この刑法中に定めてある罪が犯罪の中でも一番普遍的のものであります。その刑法と云う法典の中に「罪」と云う篇が設けてありまして、その内には、第一章から第四十章までいろいろな罪が列挙してあります。一番初めは皇室に対する罪が挙げてあります。それから内乱に関する罪・外患に関する罪・国交に関する罪・また放火および失火の罪・住居を侵す罪・秘密を侵す罪、通貨または文書等の偽造罪、その他殺人・傷害の罪・名誉に関する罪・窃盗・強盗・詐欺・恐喝の罪等四十章に分けてありますが、これが今日犯罪の最も主なるものであります。これらは勿論この刑法の中に書いてあります。ただ今申した四十章の罪だけが、犯罪の全部ではないのでありまして、この他にいろいろ法令の中に犯罪の規定があります。例えば最近出ました治安維持法などと云う法律の中には重い刑を科して居る所の重い罪が定めてありますし、その外に犯罪を規定した法律はまだ沢山ありますが、それを一々申し上げることは出来ませぬから省略致します。以上で、犯罪と云うものはどう云うものであるかと云う事が、大体お判りになったことと思います。なお各個の犯罪に就いては後で説明を致したいと思います。

以上犯罪のお話を致しましたから、次に刑罰のお話を致したいと思います。以上申し上げた様な犯罪に対して一体どう云う風な刑罰が加えられて居るか。この刑罰と云うものも時と所とによって変化してまいったのでありまして、昔は随分残酷な刑罰があった。徳川時代の刑罰の中にも「鋸挽き」などと云う残忍な刑があって、青竹の鋸で人の首を挽く。そう云う残酷なものがありました。もっと昔には、車裂きと云う様な残酷極まる刑罰もありました。外国の刑にも随分ひどいのがありまして、殊に宗教に関する罪の刑罰などは非常に残酷なものがあったと云うことであります。しかし今日はそう云う風な残忍な刑罰は行われて居りませぬ。昔に比ぶれば非常に刑罰が寛大になった。またますます寛大になって行く傾向があります。今日吾国で行われて居る刑罰は刑法の中に定めてあります。またそれだけに限られて居るのでありまして、その外に刑罰は御座いませぬ。それに依りますと云うと、吾国の刑罰は死刑・懲役・禁錮・罰金・拘留・科料これだけになって居ります。これが主な刑であります。これを主刑と云って居ります。この外に附加刑として没収がありますが、これは独立した刑ではなく、主刑に附加して居る刑であります。現在吾国に行われて居ります刑罰は以上述べました主刑および附加刑に限られて居るのであります。

死刑は極悪なる犯人に対する外、猥りに科せない事になって居りますが、国に依っては死刑を全廃して居る所すらもあります。また、廃止せよと云う事を主張する人も段々あって、種々論議されて居ります。これを廃止せよと主張する論の一つは裁判は人間のするものであるから間違いなきを期さなければならぬが、万に一の間違いは無いとも限らない。万に一間違って人を殺して終わって、後になって無罪であると云う事が判っても取り返しがつかない。であるから神の裁判でない限り死刑はいけないと云うのであります。なお一つは、いわゆる感情論で、人間が人間を殺すなんと云う事は残酷であると云うのである。そう云う理由で死刑は段々廃止される傾きになって居ります。また殺された遺族達の身になって見ますと、殺した者の肉を啖っても飽き足らない気がするだろう。やはり死刑は必要だと云う論をする人もあります。しかし死刑の廃止論も存置論も概ね感情論でありまして、実際廃しましたところで、それじゃ残酷な犯罪をする者が多くなるかと云うと却ってそうでない。反対に刑罰を重くすると却って犯罪の方法が残酷になる位であります。それはどう云う訳かと云うと、その犯罪が知れれば非常に重い刑に処せられる。だからなるべく犯跡が分からないようにする。またもし万一知れれば非常に重い刑に処せられるからやるならば思い切って重い罪を犯した方が割に合うと云うことになる。だから窃盗は強盗をする。強盗に這入って家人を殺してしまう。またその上に火を付けて焼いてしまうという様なことになるのであります。どうせ死刑になるのなら一層犯跡を残さないように初めから人を殺して火を付けたが宜いと云う様になるのであります。故に重い刑を科してそれで犯罪を鎮圧せんとする考えはどうも正当でありませぬ。

今申した様に徒に重い刑を科すると云うことは却って犯罪方法を残酷にするという様なことになります。従って死刑を廃したからと云って、それで非常に悪い罪が盛んに行われると云う事はないと思うのであります。もっとも刑罰と云うものは何の為に科するか、これが非常に大事な研究を要する点であります。たとえば罪を犯しても既に悔い改めて真人間になった者にはその上刑罰を科して苦しめる必要がないじゃないかという様な論もあります。一体、何故に刑罰というものを科するのかと云う事は、刑法上の根本問題であります。一方には、人間は誰しも自分の行動の是非を自己の良心に訴えて判断し得る能力を有って居る。自分の行為が宜いか悪いかと云うことは、承知して居なければならない。また悪い事をすると悪い酬いのあると云う事も知って居なければならぬ。そう云う事を知りつつ悪事を為した者は悪報を享けるのは当然であるとこういう風に考える人があります。また他方にはそうじゃない。人間は自分の行動を、実際自分の良心に随って左右する程、それ程力強いものではない。吾々はいろいろな宿命に支配されて行動するのであるから、罪を犯すのは、犯さなければならぬ運命の下に陥れられて犯罪を為すのである。従って刑罰を科してそう云う者が罪を犯さないようにすると云う事は無意味であって、それよりもそう云うような犯罪を犯すようになった原因を探究して、再びそう云う人が罪を犯さないように助けてやるが宜いとこういう風に考える人もあります。そのどちらが正しきかは容易に決められぬ問題であります。しかしながら、まず一般の人の考えとしては、悪い事をした者に対して、制裁を加えなければならぬと云う事は誰しも異議の無いところでありましょう。それは、或る犯人一人のみに就いて考えれば最早やその者には刑罰を科する必要がないというような事情のある場合があるかも知れませぬが、世間一般の人をして同じ様な過ちに陥らしめる事がないように警戒する為めには刑罰を科する、すなわち一般警戒の為め刑罰を科する必要のあると云うことは勿論であります。

次に、前に申し上げた刑罰に就いて少しく説明致しますれば、第一に死刑であります。これは多く申す必要が御座いませぬ。今日は絞首してこれを執行します。その次が懲役であります。それから禁錮であります。この懲役と禁錮はいずれも有期と無期の二つに分かれて居る。無期と云うのは、一生涯監獄の中に繋がれる、懲役と禁錮はどこが違うかと云うと、懲役と云うのは、監獄の中に這入って一定の労役に服せしむるのであります。一定の労働をさせるのであります。禁錮と云うのは、労役に服する事なきを謂うのであります。

それから有期の懲役、禁錮であります。これは一月以上十五年以下と云う事になって居る。もっとも前科等があって、重くする時には二十年まで行う事になって居ります。

それから次には罰金であります。罰金と申しまするのは、二十円以上と云う事になって居る、上は幾らと限定されては居りませぬ。それからその罰金を納める事が出来ないと、その代わり労役場に留置されるのであります。

罰金の次が拘留であります。拘留と云うのは、一日以上三十日未満、こういう事になって居る。

それからその次が科料、これは十銭以上二十円未満と云う事になって居る。この拘留、科料と云うのは、いずれも軽微な犯行に科せられます。

それから没収と云うのは、犯罪に依って得た獲物とか、犯罪行為に使った兇器とか云うもので、犯人以外にその物の所有者の無い場合にこれを取上げて仕舞うのが没収であります。例えば賭博に賭けた博奕の金などと云うものは政府に没収してしまう。密輸入した阿片を没収して仕舞うという様なものであります。刑罰はこれだけになって居りますが、唯一人の人が幾つも多数の罪を犯し、また前科があって再び犯罪を犯したと云う場合は刑を重くすることが出来る。それから反対に犯罪の情状が非常に同情すべきものがある場合は、或いは法律に依って特別に刑を軽くする事も出来るのであります。

それから刑の執行猶予と云う事がある。執行猶予と云うのは、世間では無罪と同じように思って居る人があるかも知れませぬが、それは間違いである。刑の執行猶予と云うのは、刑罰を云い渡されても直ちに監獄に送らないで何年かの間その刑の執行を猶予する。例えば二年の懲役を云い渡して三年の間懲役の執行を猶予する。三年の間猶予して犯人の行状を試験して見る、その期間内に再び悪い事をせず、無事に試験期間を終われば、さきに云い渡した懲役二年の宣告は効力を失うと云う事になり監獄に行かなくてもよい事になる。つまり罪を犯して居るから刑は云い渡すが、このまま監獄に送って仕舞ったならば自暴自棄になってかえって面白くない結果を起こすに違いない。それよりも寧ろ監獄に送らないで、二三年の間再び悪事をしないか験して見る。再び悪い事をしなければ、青天白日の身と同じようにしてやる。そう云う風な刑事政策上の考えから、執行猶予と云うのが生まれて来たのでありまして、これは二年以下の懲役、禁錮の云い渡を受けた者に対して執行猶予が出来るという事になって居ります。でありますから、十年とか十五年とか云う刑罰を受けた者に対しては執行猶予は出来ない。二年以下の懲役もしくは禁錮で、比較的犯罪の軽い、軽微な刑罰を受けた者に対しては執行猶予をする事が出来る。そして執行猶予の期間――試験の期間は一年以上五年以内と云う事になって居ります。

刑罰の種類、刑罰の程度と云うようなものは、ただ今申した通りであります。以上で大体犯罪と云うものはどう云うものであるか、それから刑罰と云うものは、現在どう云う風な事になって居るかと云う事のお話を致した訳であります。

第二講　刑罰処分と少年犯罪

我が国に於ける犯罪現象と云うものの実際を見ますと、最近大正十二年の司法統計に依りますと大正十一年に犯罪を為したことの判って居る人の総数がザッと七十万人、正確に申しますと七十万九千四百四十五名となって居ります。この七十万余の犯罪者がどう云う風な処分を受けて居るかと申しますと、それ等の犯罪者の全部が刑罰処分を受けて居る訳ではありませぬ。処分を受けました人は七十万人余の中で五十四万八千八百七十七人でありまして、それ以外の十六万何百人と云うものは一時起訴を猶予したり、或いは微罪というようなことで釈放されて居ります。すなわち百人の中で七十七人は罰せられて居るけれども、後の者は皆お叱りで済んだと云うような形になって居ります。それで犯罪者の数はそう云うことになって居りますが、この犯罪者の数が日本の全人口に比例して、どれ位の割合になって居るかということを調べて見ますると云うと、十万人に就いて千八百七十人位の犯罪者がある割合になって居ります。まあ十万人の中で約二千人位の犯人がある訳であります。百万人でありますと二万人と云うことになります。それ故東京には四万人余の犯罪者が居るという様な計算になります。

また犯罪の中でどういう種類の犯罪が一番多いかを調べて見ますと、犯罪の中に色々な種類のあることは前回に申し上げましたが、一番多い犯罪は窃盗であります。その次に多いのが賭博、次に横領、詐欺という順序になって居ります。それから傷害罪、それから後はズッと数が少なくなります。何と云っても犯罪の中で一番多いのは泥棒、その次が賭博、これは面白いことでありますが、世の中の景気が悪いと云うと泥棒が殖える。反対に賭博が殖えるのは世の中の景気が好い時であります。何時もそうであります。しかし窃盗の方は幾らか近年減って参りました傾向があります。唯賭博の方はやはり減らないで却って殖えて居ります。それから詐欺・脅喝・横領と云うようなものは殆ど変わらない。それから殺人とか放火とか強盗とか、こういう重い犯罪は大して変わりませぬが、殺人だけは毎年殖えて来るような傾向があるようです。特にこの最近になりましてから著しく殺人罪が殖えて来まして、大正十二年度あたりはまた非常に殖えて居ります。それから放火とか強盗とか云いまする犯罪は、これは大して増減はなく、寧ろ減って来る傾向があります。唯今、申し上げましたように重い犯罪の中で、殺人罪と云う惨酷な犯罪が減らないで段々殖えて居ると云うことが統計に明らかになって居りますが、これは誠に困ったことだと思います。

それから犯罪を地方的に観察しまして一番多く犯罪の行われるは何の地方か、すなわちどの地方に一番犯罪が多いかを調べて見ますと、これは何と云っても東京が一番多いのであります。東京では人口一万人に就いて二十五パーセント位の犯人があります。非常に多い訳です。その次に多いのが北海道と和歌山、これは東京位に多いのであります。どういう訳か和歌山県と云う所には非常に犯罪が多いのであります。それから北海道、これは多少植民地的の気風の所でありますから自然犯罪が起こるのであろうと思われます。その次に多いのが京阪地方であります。京都はそうありませぬが神戸岡山と云う所は多い方であります。それからその次に東海道筋一帯には犯罪が多いのであります。それから犯罪の一番少ない所は九州の鹿児島・宮崎県・四国の高知県、こういう所は犯罪が非常に少ないのであります。殆んど七パーセント以下であります。それから新潟県も少ないのです。まず大体この東京から東海道一帯、京阪地方が犯罪が多いのであります。一般に人文の開けた所が比較的多く、また人の往来の多いと云ったような所に犯罪が多いように思われるのであります。

それからまた今申しましたのはどう云う犯罪が一番多いか、また何処で一番多いかと云うことを申したのでありますが、それから犯人の年齢ということを調べて見ましてどの位の年齢の人に犯罪を為す者が多いか、また一年の中で何時頃が一番犯罪が多いかと云うことを調べて見ますと、年齢から申しますれば犯人には三十歳から四十歳位の者、――男女を通じての話でありますが――が一番多いのであります。婦人の犯罪は特に後で申し上げますが、いわゆる壮年者の犯罪が非常に多いのであります。それからその次が四十歳から六十歳、これは老年者とまでは云えないけれども、比較的に云って老年の人でありります。それから未成年者、これは二十歳以下であります。それから六十歳以上のほんとうの老年の犯罪の数と云う順序になって居ります。その割合から申しますると、壮年者が殆んど犯罪者の半数以上を占めて居ると云って宜かろうと思います。

また一年の中で何時が一番犯罪が多いか、月別けにして見ますと一月が一番多い。これも常にこうだと云うことを云って宜いかどうか、それは問題でありますが、それから二月、十二月、つまり年の暮から六月に掛けて犯罪は多い。それから三月四月と云うような所であります。もっともこれも時期に依りまして犯罪が違いますが、暮から正月に掛けて寒くなりますと、どうしても泥棒が殖えるのであります。夏になりますと着物類の方は楽になりますし、露天などで裸で寝ても寝られないことはないと云うような時候には、窃盗の犯人は少なくなりますけれども、反対に風俗に関する犯罪が特別多くなる、季節に依って犯罪が多くなるのであります。そうしますと一月、二月、十二月頃に多いのは窃盗であります。もっとも同じ泥棒にしましても夏などにあるのは、一般に家などが開放してある為皆外から覗かれると云うことからでありましょうし、春先などは人が外出して家を空けると云うようなことから空巣などがあるような工合に、季節に依って色々違うということもあります。

それから犯罪者を取扱うに実際どういう風にやって居るか。およそ犯罪を犯した者は、如何に軽微なるものといえども悉く処罰することにするか、或いは犯罪を犯しても諸種の事情に依っては必しもこれを罰しないで訓戒するに留めて置くか、これが最も重大な問題であります。この事は前に申したかと思いますが、悪い事をすれば必ずこれを罰する、そうして人の一眼を潰した者ならば同じくその者の一眼を潰すか、或いは人の腕を斬った者は同じくその者の腕を一本斬ると云う風な因果応報的の刑罰を加えた時代もありましたのであります。しかしながらその結果は実際に於いて宜くない。およそ罪を犯した以上は、たとい改心して居ろうが、して居るまいが皆これを獄へ抛込んでしまうと云うようなことは、その人の将来に於いて非常に悪い結果を来たす。世の中へ出て来れば幾ら改心して居っても、世間の人はあれは前科者だ、恐ろしい人間だと云うので相手にしてくれぬ。折角改心して何処かに真面目に勤めて居ても、どっからか、あれは前科者だと云うことが知れて来ると、主人の方で暇を出してしまったりして、もう雇われなくなってしまう。悪いとは知りながら再び罪を犯す、否、犯さなければ食って行かれないから已むを得ず悪事を再びすると云うことになります。そうしてまた監獄に入れられる。そうすると色々な悪党の先輩が居る。それらから色々な悪い犯罪の方法を教えられる。今度再び世間へ出て行った時は、その悪い智慧を悪用して最初よりは更に大それた犯罪をやると云うようなことになるのであります。結局悪い事をしたからと云って何でもかでも、無差別に必ず監獄へ入れて刑を科すると云うことは余程考え物である。

前にも申しましたように、それよりも寧ろ刑罰と云うものは因果応報的の懲罰でなくして、それは罪を犯したる者に対する救いでなければならない。こう云った考えが盛んになって来たのであります。それ故にもし刑罰を科せずして人を救うことが出来るならば、刑罰を科することは成るべく避けた方が宜いと云う理由から、刑罰以外に過った者を正道に立ち返らしむるような方法があるならば、その方法を選ぶに越したことはない。罪を犯した人が自ら悔改めて、再び犯罪をしないと云うことが充分認められるならば、何も刑罰を科する必要がないじゃないか、或いは訓戒してやるとか、或いは教育が不充分の為めに犯罪に陥ったと云うような場合ならば監獄へ入れると云うよりはむしろ充分な教育でも授けてやるとか、犯罪人を改善せしむる為めに他に適切な方法を執る方がよいではないかと、段々とこういうことを主張する人達が出て参ったのであります。

それ故一年に七十万人からの多数の犯罪者がありますが、実際その中で監獄へ入れられるものは非常に少ないのであります。もし七十万人の犯罪者が皆監獄に入れられることになると、今日吾が国にある監獄を十倍にしなければこれを収容しきれぬかも知れませぬ。また実際そうしますと非常に金が掛かる。恐らく何億万円と云う金が掛かるかも知れませぬ。今日監獄に居ります者の数は実際はザッと四万人位であります。これらの者はどうしても監獄へ入れなければ仕様がない、世の中へ出して置けば危なくて仕様がない、そのまま放って置けば社会に害悪を及ぼすというように、とにかく監獄へ入れて刑罰を科するより外には本人を改心せしむる方法がない、そう云うような者のみであります。でありますから随分重い犯罪を犯しました人でありましても、今までに申したような理由に依って、刑罰を加えないでも再び犯罪をしないように誘導改善することの出来る者だと云う見込みの付いた者は、これは初から裁判所の手に掛けないで、検事の手に依って訓戒を加え起訴を猶予してやることになって居ります。

また極めて軽微な犯罪などは警察だけで赦してやることもあります。最近新聞にも出て居りましたから御承知のことと思いますが、或る田舎の女の人が洲崎に娼妓に売られて、それが真にどうも聞くに忍びない酷い所で、到底そう云う所の生活には堪えられないと云うので、その家へ火を付けたと云う事がありますが、本当ならば放火と云う非常に重い犯罪でありまして、前に申しましたように、徳川時代ならば火あぶりにされた位の犯罪でありますけれども、それが検事局の手に廻りまして、結局起訴猶予ということになったとありました。これなども今申した起訴猶予の一例であります。

また検事の見込みではどうしても刑罰を科する必要があると云うので裁判所へ廻わす。しかしながら、裁判所では審理した上これには刑を実際に科する程の必要がない、また刑罰を科したならば却って悪くなるかも知れない、数年間行状を見て居ったならば、或いは刑罰を科せずして改善せしむることが出来るだろう、こういう様な見込みの立った場合には、いわゆる刑の執行猶予ということが出来ます。これは前に一寸申し上げましたことで皆さんは御承知のことだろうと思います。これは罪ありと云うことを認めて、これに刑罰を科する。しかしながらその刑の執行を猶予するのであります。例えば、懲役一年なら一年と云う裁判の言渡がありますが、しかし監獄へ送ることは見合わす、二年なり三年四年とその見合わした期間の間にその刑の宣告を受けた人が再び悪い事をしなければ、もう監獄へ行かないでも赦してやる。万々一その期間内に再び悪い事をすればその時には監獄へ容れる。そうして前の刑と後で犯した罪に対する刑とを一緒に監獄で務めさすのであります。それで刑の執行猶予の成績は勿論好いのであります。無論執行猶予中に悪い事をして折角猶予して居った刑と後の犯罪の刑と一緒に受けると云うような不屈者もチョイチョイない訳ではありませぬが検事の手で執行猶予をしたり或いは裁判所で刑の執行を猶予したりしますので、監獄へ送ります者は七十万人の中で四万人か三万人かと云うことになるのであります。しかしながら、これは少年の犯罪者に就きましては更に考えなければならぬことでありまして、前々申すように少年の犯罪者に就きましては、成年の犯罪とは違って犯罪の原因にも種々特別の事情がありまするし、少年に就いては出来る限り刑罰を科せないでなるべくこれを保護してやると云うことになって居ります。そうして少年法に種々の保護処分が定めて御座います。これは別にお話がありますことと思いますから私から申し上げることは省略しますが、少年に就いては、余程の事があって到底保護処分ではその少年を改心さすことが困難であると云うことが明らかなる場合でなければ監獄へ送らないということになって居ります。また監獄も少年の為めに特別に成年と区別して特設してありまして、成年とは違った方法で特別な取扱をして居ります。

次に婦人の犯罪に就いて二三申し上げたいと思います。その前に一体婦人が法律上どう云う風に取扱われて居るか、殊に刑法の上婦人がどう云う風に取扱われて居るかと云うことを申し上げます。これは非常に重要なことであります。およそ法律上女子は幾多の点に於いて男子同様の待遇は受けて居りませぬ。御承知の如く法律上男子とは種々差別的に取扱う規定があります。例えば参政権に就いても男子には新しい選挙法の結果一般の原則として男子は何人も選挙権を有する事になりましたが、女子は如何に教育があっても財産があっても、将来は早晩有する様になる事でありましょうがまだ参政権がない。また官公職等に就職するにしても人には法律上種々の制限があります。また民法でも妻の能力に就いては制限があります。

それでは刑法上婦人はどう云う風に取扱われて居るか、罪を定め、刑を定める所の法律でどう云う取扱を受けて居るかと云うと、刑法上には他の法律と異なり、婦人は男子と何等異なる取扱を受けては居りませぬ。吾々の公私の権利を定むる法律では婦人は男子に比し権利利益に於いて差別的待遇を受けて居ります。しかし刑罰を科せられる法律の方面に於きましては婦人であるが故に男子より特別に寛大な取扱を受けることはないのであります。すなわち刑法上は男女共全然同じように取扱われて居るのであります。例えば、婦人であるが故に刑を軽くしなければならぬと云うようなことはない、婦人であるからと云って犯罪を赦す、と云ったようなことも無論ない。全然罪罰法規の上に就いては婦人を男子と同様に取扱って居ります。

もっともその刑を執行しします方面に於きましてはちょいちょい例外があります。例えば死刑を執行するに当たって妊娠中である場合には相当の考慮をするとか、子供を連れて居る婦人が監獄へ這入らなければならぬような場合には考慮する。実際に於いて婦人の監獄は別になって居ります。しかし刑法上に於いて大体婦人と云う者は何等男子と差別的の取扱は受けて居りませぬ。殊にこの前も申し上げましたように姦通罪なんと云うものは妻のみに犯罪を負わして、夫に対してはそう云う責任を負わさない。寧ろこういう点に於いては、刑法上婦人の方が悪い位置に立って居ります。

しかし婦人の犯罪と云う事に就いて考えますと、一般に婦人の犯罪と云うものは男子に較べてその数が極く少ない。とても男子の犯罪の如く多くはありませぬ。しかしながら婦人の犯罪と云うものは種々の点に於いて男子の犯罪と違った特徴を持って居ります。まず年齢の点から申しますと一体幾歳位の婦人が一番多く罪を犯すかと云うと、これは婦人に就いては非常に奇妙なことでありまして、婦人はどうも二十歳前後が多く、その次は四十歳前後の人に多い。この婦人の犯罪と云うものは二つの波を打って居ります。すなわち二十歳前後に一度波が高くなり再び四十歳前後のところで波が高くなると云う妙な傾向を帯びて居ります。前に申しました如く、男は大体三四十と云う頃が一番多いので、その後はずっと下って居りますのに、婦人に於いては犯罪の波が二つあるという理由を段々考えて見ますと、これは甚だ失礼な言葉でありますが、女に廃り者がない。しかし廃り者がないのは実に二十歳頃から四十歳位までのものであります。罷り間違えば婦人と云う者は自分の貞操を譲れば決して食うだけには困ることはない。そういう理由の為めの訳でか否か、とにかく二十から四十位のその間の者には比較的犯罪者が少ないのであります。それからも一方に於いてはこの年齢の婦人は大抵家庭を為して居る人が多い。その関係から家庭に対する情、子供に対する愛情、そう云う情愛から自然々々自重自制して犯罪に陥るものが非常に少ないと考えられるのであります。

ところが二十歳時分の人は、殊に結婚もしない人などはどうしてもやはり色々の犯罪に陥り易い。そうして、この年頃の人はどうかすると云うと、着物が欲しいとかその他身に着ける色々の飾物が欲しいと云ったような、つまり虚栄心などから犯罪が起こって居ります。が、四十歳過ぎた婦人の犯罪と云うと、どちらかと云えば欲の絡んだ犯罪の方が多いようであります。色と欲とのもつれた犯罪、という様ないわゆる毒婦型の犯罪が多いのであります。しかしながら、近来婦人が経済的に段々独立して行くと云うことが多少婦人犯罪の特徴の上に変化を来たして居ります。二十五、六、三十の人が犯罪を犯すことが少ないと云うのは、家庭を作り、そうしてまた家庭を作らなければどうも都合が悪い、自覚して独立的生活をして行くことは出来ないと云う関係から、家庭と云うものに結び附けられて比較的犯罪が少ないのであります。けれども婦人が経済的に独立して来ますと、必ずしも男子に頼らなければならぬと云うことはない。自分独りで世間を歩いて行ける。そう云う処から一面男子から受けて居った束縛を総て離れてしまう。悪くすると放埒な生活をするようなことになる。食って行けるそう云う処から遂に犯罪をなす人が出来て来る。だから婦人の経済的独立と云うことがやはり婦人が犯罪を犯すと云う一つの動機になって居るようにも思われます。

これはまた少年が犯罪を犯す大きな原因になるのであります。婦人が経済的に独立して家庭から離れる、或いは家庭をおろそかにすると云うことになる為め、子供の教養が留守になる。従って子供の監督が行き届かない、或いは一旦家庭を作っても経済的に独立が出来得る人ならば、もし夫が嫌になれば直ぐ家を飛び出してしまう。子供を遺された夫は自分の子供を充分に教養することが出来ず、その為めに充分教育を受けない子供は遂に犯罪を犯すようになる。こういう風に婦人の経済的独立と云うものは、一面に於いて自分の犯罪を犯すと云うことになると同時に、その半面に於いて少年に犯罪を犯さしむるような一つの動機になって来るように思われます。

しかしそう云う風な理由以外に婦人の犯罪に就いては特別の犯罪があります。それは身体の特質から来た犯罪、すなわちどうしても婦人と云うものは体力が男子に比べて弱いと云うようなことから、例えば男ならば腹が立った時に相手をば殴り付けて怪我をさせて、傷害罪を犯す位の場合にでも、女は殴ると云うことも出来ないから、後からその家に行って火をつけるとか、悪い事を言い廻すとか、毒をくれるとか云った具合で、婦人の弱いと云うことから、異なった犯罪が生じて来るのであります。それからこれはまあ婦人の生理的から来るものでありますけれども、婦人には妊娠と云うことやまた月経と云うこともある。そう云う事から通常の状態と異なって、心理的の変化を来たす結果犯罪をなす事になると思うのであります。こういうことは新聞にも能く出ますが、婦人の万引と云うようなものはどうもその時の婦人の身体の具合が良くなかったと云う様なことがしばしばあります。つまり生理上の原因から来て居るのであります。こういう者はどう云う風にすれば一番宜いかと云うようなことは誠に困るのであります。まあ多少でもそう云う風な傾向でもありはしないかと云うようなことを考えて、そう云う所に成るべく近付かないように自重することが必要であります。

また、嬰児殺し。これも殺人犯中の婦人の特別犯罪の一であります。それからまた、婦人のみに特殊の犯罪として一番多いのは、しかもそれ自体の犯罪ばかりでなく、種々の他の犯罪の原因となりますものは、いわゆる売淫行為であります。これは種々風俗衛生の点から取締らなければなりませぬ。こういう犯罪の結果非常に変態になって、それが為めに煙草を呑むとか、その他種々の悪習をするようになり遂に犯罪をするようなことになります。そうして、誠にこの売淫婦と云う者は非常に多いのでありまして、これを何んとかして取締ろうとして種々な人が昔から考えて居りますが、恐らく理想としては誠に結構な企てでありますが、実際に於いてどうしても取締ることが殆ど出来ないと云ったような事柄でありまた犯罪であります。どうしたら宜いかと云うことは誠に困った問題であります。

それでは少年少女の犯罪と云うものはどうか、これを申し上げて見たいと思います。これは大人の犯罪と子供の犯罪とが違いまする如く、少年少女の犯罪、すなわち二十歳の少年少女の犯罪と云うものは特別に変わったものであります。今日では少年犯罪者は先程から申しますように成るべく刑を科せないでこれに保護を加える。その保護処分には九つばかりの方法がありますから、その保護手段を加える。

さて、そう云う少年少女の犯罪を調べて見ますると、その犯罪数はやはり男に比べて見ると女の方が遥に少ないのであります。それで、女子の犯罪と云うものはどう云うのが一番多いかと云うと、やはりこれは窃盗であります。それから賭博に就いては、女の方にはありませぬ。まるでないことはありませぬが、とにかく女子の犯罪で一番多いのは窃盗でその次は詐欺とか横領とかであります。それから女子の犯罪にも前に申し上げましたように婦人の犯罪の一つの特徴である放火があります。例えば男で申せば千人の窃盗犯人に対して放火犯人は十五件、こういう割合になって居ります。つまり窃盗に対する約百分の一幾ら位になって居りますが、女の方は窃盗犯百十五件に就いて放火は十件であります。すなわち窃盗の十分の一の放火がある訳ですから男の放火犯の十倍の放火犯がある割合であります。

年齢の関係から見ましてこれは十八歳未満の子供ばかりでありますが、どれ位の者が一番多いかと申しますと、統計に表れた所に依りますとやはり十七歳から十八歳と云う所の者が一番多いのであります。その次には十七歳以下と云う様なことになって居ります。

それから少年少女の犯罪の原因と云うものは、これはなかなか分かり難いものでありまして種々雑多な原因のあるものでありますから、唯一つの犯罪原因のみを探し出すと云うことは勿論困難でありますが、しかし犯罪原因を分けて見ますと、子供の犯罪と云うものは大抵出来心のものが多い。つまり偶発的の犯罪が多い。また女の子の犯罪の原因には、着物が欲しいとか、身体に着ける飾物が欲しいと云うような虚栄から出て来たのが非常に多いようであります。

それで子供の犯罪に就いて能く世間ではどうも家庭が悪い、家庭の欠陥が原因となることが多いと云うようなことを申します。無論家庭の欠陥が子供の犯罪の原因となることは免れないことでありますが、その家庭の欠陥と云うものは、お父さんが居ないとか、お母さんが居ないとか云う事の結果もありますが、そうでなくして存外両親の揃って居る家庭の子供、またチャンと嫡出の子供に犯罪が多い。女の子供に就いてもそうであります。

そう云うのはどう云う訳かと調べて見ますと、これは誰しも云うことでありますが、甘やかし過ぎると云うことが犯罪をなす原因となるのが、最も普通であります。甘やかし過ぎてお父さんお母さんの威令と云うものが子供に及ばない、こういうことがいわゆる犯罪に陥る一つの大きな原因になって居るのだろうと思います。

またお父さんお母さんが厳格過ぎると云う事も勿論悪いのであります。またお父さんお母さんが自分の子供を信じて、万間違わないと安心して居られる子供中にでも存外そうでない者があるのでありまして、こういう実例は沢山あります。つまり眼が届いて居るようで届いて居ない、それで遂悪い事をしたと云う実例もあります。或る東京の府立の中学の学生で、学校では大変成績の好い人でありましたが、つい間違った事をしたと云うような例もあります。これは男の方の話ですが、府立の学校の中でもそう云うことが間々あります。

また教育の点から申しますと、一般に学校へ行かない者が犯罪を余計するかと云えば必ずしもそうでない。学校へ這入って居る者で犯罪を犯した者がなかなか多い。存外高等の学校に居る人で犯罪を犯す人が多いのであります。もっとも少年少女に就いて申しますれば、東京では少年の犯罪者には学生が多いのでありますけれども、女学生の方にはそれほど犯罪者はありませぬ。少女の犯罪者は多くカフェーの女給とか、奉公中の女とか云ったような者に多くあります。勿論田舎から何の当てもなく東京へ飛び出して来て悪い者に引っ掛かって、それが原因となって遂に堕落した揚句の果に犯罪を犯すと云うような者の多いことは何人も御承知の通りであります。

それではそう云う少年少女を現在どう云う風に刑法上取扱って居るかと云う問題をお話致します。大体に少年少女と云う者は、たとい悪い事をしてもこれに対して刑罰を科せずに、成るべくこれを保護して行くことが今日の原則になって居ると云うことを繰越しお話致しました。しかしどんな悪事をしても絶対に刑罰を科せないと云う訳のものではありませぬ。中には刑罰を科せなければ到底改めることの出来ないような者もあります。左様な少年少女に対しては刑罰を加えて居ります。しかしこれは万止むを得ざる場合であって、大抵の場合にはなるべく監獄へ送らないで保護してやる、また教養してやる、こう云った立前になって居ります。

それが為めに少年審判所と云うものが出来て居るのでありまして、そこで少年審判官、保護司等が寄って少年少女の教養保護の手段を講じて居るのでありますけれども、これもただ今は御承知の如く東京大阪の二個所よりないのであります。他にはまだこういう所が出来て居りませぬ。しかしながら東京大阪でやって居るだけでも大変に好い成績を挙げて居るのであります。前科者となって一生涯悪者になる惧れのある子供が随分助けられて善くなって居る例もあります。

保護処分のことは私のお話の範囲でありますが、その刑罰を加える者をどういう風に刑法上取扱って居るかと云うことだけをお話致したいと思います。これは成年犯罪者と取扱を異にして居るので、大人とは同じに取扱わないことになって居ります。前々から申しますように特別の取扱をする。その取扱を如何するかということは少年法の中に書いてあるのであります。それ故、まずそのお話を致しますが、第一に子供に対しては成人と異なった特別の刑罰を科する。特別の刑罰を科すると云うのは、例えば大人である場合には死刑になるような場合でも、子供には死刑を科さない。また子供に対しましては無期懲役と云ったような終身刑は科さない。これは法律でそう云うことに極めてあるのであります。もっとも例外はあります。すなわち特別の場合、例えば天皇に対する弑逆罪を企てたような大それた犯罪を犯しました場合には仕方ありませぬ。そう云う場合にはたとい少年少女でありましても死刑にします。そう云う誠に天神共に赦さざる犯罪と云った様な犯罪を犯した場合には少年少女といえども赦されませぬ。また直系尊族を殺した様な場合もその一例であります。しかしこれら特別の場合の外その他の一般の場合には死刑・無期・懲役の刑罰を科せないことになって居ります。しかしその子供と云うのは罪を犯す場合に於いて十六歳に達しない者のことを謂うのであります。

この様に罪を犯す時に十六歳になって居ない者については今申しました様な特別の取扱をするのであります。勿論十六歳未満の者の話でありますが、刑法の規定に依りますと云うと、十四歳未満の者の犯罪は如何なることをしようとも刑を科しないことになって居ります。つまり十四歳に達しない所の者の行為は、これは犯罪としない。十四歳に達しないいまだ本当の子供と云うものは全く物事の是非を弁別も何もすることの出来ない。なんと云いますか本当の子供の行為と見て、その行為がたとい親殺しであろうとなんであろうとこれには刑罰を科しないことになって居ります。しかし十四歳以上の者の犯罪行為は、これを罰することになって居りますが、今申した如く十六歳未満でありますと死刑とか無期とか云うような重い刑は科せないことになって居ります。そう云う場合にはどうするかと云うと、本来ならば死刑になるような犯罪でも子供の場合にはこれを軽くしまして、まあ十年から十五年位の間の懲役或いは禁錮にすることになって居ります。つまり大人よりは軽くすることになって居ります。

それからまた第二に子供に対しては不定期刑と云う特別の刑罰を科する事になって居ります。これは、大変注意を要する点であります。本来大人に対して刑罰を科するに当たりましては、懲役二年とか、禁錮三年とかいう風に刑の期間を定めて刑罰を言い渡すことになって居ります。これは刑法の原則なのであります。ところが子供に対しましては、そう云った風な二年或いは三ケ年と云う極った刑罰を科せないで、例外として科する場合もありますが例外の話は止めまして、子供に対しては何年以上何年以下と云った風ないわゆる不定期の刑罰を科することになって居るのであります。すなわち二年以上五年以下と云う具合に大体の刑期を定めて刑を言い渡すのであります。どう云う訳でこういう風にするかと申しますと、子供には刑罰を科するけれども、しかし子供は大人と違いますから、これはまあ成るべく刑罰を科しつつもこれを教育して行かなければならぬ。そうして充分教養の結果の現れた所で世間へ出さねばならぬ。それには初めから二年なら二年で果たして教養の目的を達するか、三年で教養の目的を達するか、これは実際判らないのであります。大人でありますと二年と決めて置いたけれども、その期間中に充分改悛の実が現れて、最早世の中へ出ても宜いと云う様な場合でも、決められた期間でなければ出す訳には行きませぬ。もっとも仮には出しますけれども、本当に監獄を出してやることは出来ませぬ。また反対に二年で世の中へ出して危ないと思っても、期間が満了すればたとい改善の実が挙がって居なくても出さなければなりませぬ。すなわち二年なら二年と決まって居ればその間は監獄に繋がれて居るのであります。これは今申すような不都合があるのでありまして、子供に対しましては一方に於いて教養しつつ入れて置くと云うのでありますから初めから二年なり三年なりと一定の期間を決める訳に行きませぬから、何年から何年の間に教養しろと云うことで、そうして教養の目的を達しますれば、二年以上五年以下と云う場合には三年でも宜しい、四年でも宜しい、もし、いけなければ五年までで置けることになるのであります。二年以上と云っても二年で教養の目的を達したと思えば二年で出してやる。それが為め二年以上五年以下と云うように不定期刑を科することになって居ります。

それでは子供を監獄へ入れてどうするかと云うと、これは大人と全然別に取扱わなければならぬ。子供と大人と一緒に監獄に入れて置きますと、大人は随分悪い事を子供に教えるそうでありますから、大人とは無論区別して入れますが、そればかりでなく子供の受刑者を取扱うに就いても初めは各人を別々の部屋に入れる。自分の過去を思い出させまた将来を思わしむる為に独居せしめて静思熟考せしめる。そうして段々と成績が好くなって来れば昼間だけは大勢の所へ一緒に入れる。夜は独りだけにする。更に成績が好ければ夜も昼も一緒に入れる、こういう風に累進的に取扱うのであります。そして成績が挙がりますればそれを不定期間内に出してやる、こういうことになって居ります。これが少年に対して科せられる大人と違った特別の刑罰であります。

それから裁判所でそう云う重い裁判をします場合にも、大人と子供は裁判の手続上の取扱が違うのであります。それは第一に子供と云う者はなるべく他の大人やなにか他の被告人とは別にして法廷へ連れて行って子供だけ別に調べることになって居ります。普通実際に於きましては被告人を調べるには他の一般の人が傍聴して居る所で取調べるのでありますが、子供を調べるときは、なるべく傍聴を遠慮してやるように取扱って居ります。それから子供はなるべく拘留をしない。罪を犯した者があるとして、その者が証拠を隠すような虞れのある場合にはこれを拘留することになって居ります。拘留すると云うことは罪があるか罪がないか分からない人でありますから、それが逃げないように裁判所が一時監獄に繋いで置く処分でありあます。しかし少年にはなるべく一時でも監獄などの空気は吸わせたくない。それで普通の人であれば拘留処分にする様な場合でも子供に対しては拘留はしないようにする。

また裁判所が子供を調べるに当たりましては種々子供の身上の事等を調べなければなりませぬが、そう云うことに就きましては、取調べを少年保護司に頼む。そうして保護司をして子供の素質であるとか、或いは子供の経歴であるとか、要するに子供の身上に関することを調べて貰う。その上保護司は子供の裁判のとき裁判所へ行って種々その子の事につき意見を述べたりすることも出来るのであります。

なおまた裁判所が取調をして居る間に、どうも斯様な事件は刑を科するのは穏当でない、こういう子供に対しては寧ろ刑を科せずして保護処分を加えた方が宜い、審判所へ廻す手続を取った方が宜いと考える様な場合があります。左様なときには裁判所は子供を審判所へ送って審判官に保護処分をして貰うことも出来るのであります。

以上が刑法上子供に対して特別に如何なる取扱をして居るかというお話であります。なお子供の犯罪に就きましては、これが世間へ知れると云うことは面白くない結果が生じますから、これはなるべく世間に知らせないようにする。本人の為にそうする方が宜いと云うので、苟も審判所の審判に属する事項、それから裁判所でどう云う取扱および裁判をして居るかと云う事は、およそ子供に関する事は審判所であろうと裁判所であろうと、その取調べて居りますことは絶対に新聞紙その他の出版物に書くことは出来ないことになって居ります。もし取調の模様などを外部に知らせるようなことをすれば、一年以下の禁錮或いは千円以下の罰金と云う重き刑を科せられることになって居ります。

少年少女と刑事政策

木村尚達

第一講　序説

私のお話する問題は少年少女と刑事政策のことであります。実はこの問題に相応しい内容としますれば、犯罪予防の上から見ました不良少年少女に対しまする一般の国家或いは社会の施設を刑事政策上から判断して見まして、どう云う価値のあるものであるかと云うことをお話しなければならぬと思うのであります。

まず大体に於いて刑事政策の大綱に就いてお話を致しまして、そうして不良少年少女に対する保護救済の事業が刑事政策上から見て如何なる地位を持ち、また、如何なる価値を持って居るかと云う風に、理論的考察をしたいと思います。

まず本問題に這入りまするに際して、一応御注意を喚起する為めに、刑事政策上から見ました不良少年少女の価値、国家社会から見た値打ちに就いて一例を挙げて御注意をして置きたいと思います。現在の刑事政策の上で各国共に最も困って居るものは例の変質的の犯罪者であります。変質的の犯罪者と申しますと、或いは遺伝に基づく場合もありますが、主として後天的に環境の作用を受けて精神系統が非常に弱くなって居る人達を指すのであります。これらの人達は環境に於ける刺激に対してその精神作用の反応する方法がすこぶる不規則であり、従って如何なる場合に如何なる兇暴な犯罪をするかも実は分からないと云う恐るべき犯罪団であります。もう一つ各国の刑政家が苦しんで居りまする問題は、いわゆる慣習的営業犯罪と普通学者が名を附けて居ります部類であります。この犯罪がまた実に困った犯罪部類であります。これは総て環境の支配を受けましていわゆる不良性が蓄積されて、とにかくもう回復出来ない点まで進んだ犯罪団であります。この二つに対する対策が現在の刑事政策上では最も困難な問題とされて居るのであります。

然らばそう云う困難な問題とされて居る二つの犯罪団が、どうしてこの世に現われて来たかと申しますと、いずれのものも多くは少年少女時代に於ける棄育状態、すなわち教育も無し保護者もないと云う棄育状態と、それと一方に於きましては数回監獄に這入ったと云う経歴、この二個の事実が大体に主な原因となりまして、今申しましたような最早現在の社会生活とはどうしても相容れないと云うような性格を造り上げてしまったのであります。既に青年時代になって生業に従事して居る人が急に危険を侵して犯罪を営業とする。仕事とすると云う風になるものではない。これはやはり少年時代に於ける所の不良性の蓄積した結果そうなるのであります。

今の変質性の方も遺伝に基づくものといえども、その原因を漁って見ますれば、やはり父母が少年時代に於ける処置と因果の連格が発見出来ます。詰る所少年少女時代に対する所の国家社会の処置および対策と云うものが、とにかく十分でなかったか、或いは間違って居ったと云う結果が今申しました様な現在の社会を悩まして居る犯罪になるのであります。

そこでもう出来てしまいました犯罪団は、これらの人が遂いに人生を終わって世の中を去るまでは、手の施す所が無い。しかし現在の刑事統計の示す所に従いますと、そう云う犯罪団がますます殖えつつある傾向が甚だしい。そこで今にしてその殖える原因に何等かの適当な方法を講じなければ、国家はますますこういう恐るべき犯罪団の為に悩まされるだろう。と云う状態になって居ます。

それで今申しますような恐るべき犯罪団の起こる原因が、少年少女に対する対策の不備な点に在るとしましたならば、どうしても国家或いは社会と云うものは少年少女に対して余程適切な余程努力のある対策を講じなければ、将来に於いて実に恐るべきものがありはせぬかとこういう事を考えさせられるのであります。

それは一例に過ぎませんが、この点から見ましても、この少年少女の保護と云うものが刑事政策上如何に重要なる値打を持って居るかと云う事は、容易に了解することが出来るのであります。しかし少年少女の刑事政策の上に持って居る所の地位或いは値打と云うものを正当に理解しますのには、これ以外にも種々の犯罪型がありますから、他の犯罪類型との関係も考えて見なければならぬし、続いてはこれらの犯罪類型に対する国家社会の処置も考えて見なければなりませぬ。またその処置相互間の関係も一層突き進んで考察の歩を進めて見なければなりませぬ。これらの事柄が明瞭になりますれば、ここに初めて少年少女の保護と云うことが刑事政策と云う輪廓内に於いて、どう云う地位を占めて居るかと云うことが完全に了解出来るのであります。しかしその了解に進む前提と致しましては、まず私が此処に挙げました「刑事政策」と云う概念に就いて一応お話を致して置く必要があります。

第二講　刑事政策の概念

刑事政策と云うものは如何なることを研究する学問であるかと云うことを、まず一番先に申し上げて見たいと思うのであります。簡単に申しますると刑事政策とは、どうすれば世の中に現われて来る所の犯罪を防ぎ止めることが出来るかと云うことを研究する学問であります。随ってこの主旨よりしますれば犯罪が起こった後に刑罰を課するとか、何とかそのような対策を講じまするよりも、初めから犯罪の無いような方法を発見すると云うことが、刑事政策の終局の目的でなければなりませぬ。随って刑事政策と云うものは、これを語を換えて申しまするど、畢竟犯罪の予防と云うことに帰着するのであります。

いずれにしましても刑事政策が取扱う所の問題が犯罪である以上は理論上の了解を徹底せしむる為めに、まずその犯罪と云うものが如何なるものであるかと云うことを理解する必要があります。ところで現在犯罪と申して居りまするものは法律の与えた名称でありますから、まずこれを法律事項として一応了解して置く必要があります。然らば刑事学上犯罪と云うものはどう云うものであるか、これを法的形式で云い現わして見まするど、非常に固苦しくなりますが、刑罰なる法律上の効果を附したる利益侵害の行為と、こう定義されて居るのが普通であります。

然らばその定義の意味は一体どう云うことであるかと云うことを簡単に申し述べて見ます。元来国家なるものが人類社会に生じました理由、または国家存立の理由と云うものは何処に在るかを一言で申しますれば、すなわち社会的共同生存体を確保することにあるのであります。そこで国家としましては、自己がその生まれ出て来た、すなわちその存立の理由に顧みまして、まず如何にせば共同生存体の確保が出来るかと云うことを考えて見なければならぬ。それにはまず各人の自由行動、自由に行動し得る所の範囲、語を換えて云いますると、各人の有する利益範囲を国家が定めまして、そうして相互に相侵すことなからしむると云うことが絶対の必要となって来ます。

それで今申しますように、利益範囲を設けて侵さないようにして初めて共同生存体の確保が出来るとすれば、その利益を侵す所の行為と云うものはどうしてもこれを強圧しなければならぬと云うことになります。そこで利益侵害の行為と云うものは今申しました所の社会的共同生存体の平和を脅威する所の行為、すなわちこの利益侵害の行為と云う意味に外ならないのであります。

無論、利益侵害の行為と申しまするると、必ずしも犯罪には限らないのです。その他の利益侵害の行為は沢山ありますが、唯だ利益侵害の行為中で国家の存立の基礎を危くすると云うような行為、語を換えて申しますれば平和なる共同生存体を維持する上に於いて国家として是非これだけの利益侵害の行為は防ぎ止めなければならぬと、そう国家が考えた行為に対しまして国家と云うものが刑罰と云う強き制裁を定めて、こういうことをしてはならぬぞと強く否定する意思を表明するのであります。この部類に属するものが犯罪と云うことになるのであります。窃盗にせよ、詐欺にせよ、放火にせよ、殺人にせよ、総てこういう行為は共同生存体の保安を全うするには、是非防ぎ止めなければならぬと国家が考えたその行為が、すなわち犯罪と云うことになる。すなわち刑罰法令に存する懲役とか罰金とか云う刑罰なるものは、畢竟国家が人の行為に対して与えたる無価値の表明であります。

現在の刑罰法が行為の種類に依りまして刑罰の間に差等を設けると云うのもまたこの理由に基づくのであります。すなわち軽いと思ったものには軽い刑を科し、重いと思ったものには重い刑を科するのであります。而して国家が行為に対する価値判断、すなわちこれは善いとか悪いとか云う批判価値、換言すれば刑罰を定むる場合に於いては、能くその当時の一般国民の間に存在して居ります所の論理的感情と云うものを、余程慎重に考慮しなければならぬのであります。何故と申しますと、一般国民がそれ程罰しなくてもいいと云うものを国家が重く罰しますれば、一般国民を首肯せしむるに足らずして、却って乱暴とか圧制とか云うことを感ずるのであります。随って国家の無償値判断と云うことは一般国民の倫理的思想と常につり合いを取ることに余程注意を払わなければならぬと云うことが必要となって来るのであります。

それから犯罪の種類を定むるにしましても、同じ利益侵害の行為でも、一般社会の人が見てそれ程でもないと云うものを、国家が自己の便宜の為に種々な法規を設けると云うことになりますれば、これまた甚だしく国民の倫理的感情を乱すと云うことになるから、いずれにしても犯罪の種類および刑罰の種類を定むるには国家が国民の倫理的思想を慎重に考慮すると云うことが、最も必要になって来るのであります。

しかし法律上の犯罪観念の研究は、畢竟するに現存の刑罰諸法規を法律的または論理的に研究してそうして規定の内容を解釈説明すれば足るのであります。これは刑法学がやる所で、刑事政策としてはまずその大体の観念だけが判りますれば、それ以上研究の歩を進める必要はないのであります。今までの説明にて大体犯罪とはどう云うものか、その観念だけは御了解を得たことと信ずる次第であります。

ところが冒頭に申しました如く、刑事政策と云うものは、犯罪を予防すると云うことが主たる目的でありますから、すなわち換言しますれば犯罪を初めから無いようにすると云うのが刑事政策の目的であるとしましたならば、まずその目的を達するには、犯罪の因って生ずる原因を除き去るか、或いはその原因に変更を加えなければその目的を達する事が出来ないと云うことも極く自然な道理でありまする。自然科学方面の例を採って云いますれば、酸素と水素とが加わって出来て居る、H_2Oと云うものが水である。水が犯罪であると仮定しますれば、水なる犯罪を世の中から無くするにはその原因である所の酸素か水素かどちらかの原因を取り去る、すなわちそれに変更を加えなければならぬのであります。要するに現われた現象を初めから無いようにしようとするには、その原因を取り去るか或いはその原因に変更を加えると云うことがまず絶対の必要となって来るのであります。

更にまたこれを人事方面から例を挙げて考えて見まするると、彼の乞食の一団であります。彼等は、こそ泥棒と云うか、かっ払いと云いますか、どうも一寸油断すると下駄でも靴でも持って逃げると云う始末で、常に小さな犯罪を繰り返すのであります。そこでそう云う乞食の犯罪と云う現象はどうして起こって来るかと云うことをまず考えて見まするとこれにも種々な原因がありましょうが、多くは小さい時分から環境に支配されて、仕事をすると云うことが大の嫌いになって来て居る。仕事をすると云うことは身ぶるいして嫌うと云うような人間であり、且ついずれも貧窮の状態に居る。この二つの直接原因が存続しているが為めに、乞食のこそ泥棒と云うことを防ぎ止めることが出来ないのであります。靴でも下駄でも玄関先に出して置いて安心して家の中に引っ込んで居れるように、総ての社会をして安らかにさせたい為めには、まずその乞食の群が現われて来る所の原因に手を着けなければならぬと云うことになるのであります。それでそう云う乞食にならぬ前に、いわゆる国家は救貧制度を設けてそれ等の方面に対して救済の手を延ばし、また更にそう云う労働を嫌うようになった乞食の群に対しては一定の場所に収容して、その労働能力を養成する、労働するだけの能力が出来た時には更にこれに職業を与えなければなりませぬ。いわゆる職業紹介と云う社会的施設が必要になって来るのであります。

そう云うことを致しまして、まず大多数の国民の貧窮な状態に救済の手が届き、また既に現われたものに対しましてはその労働力の養成、職業の紹介と云うように首尾連絡相通じてうまく行きますれば、今申しましたような乞食は世の中から消滅しなければならぬ道理であります。そう云うことを研究するのがすなわち刑事政策の主たる目的であります。

ですから犯罪の研究をするにも、論理的研究より寧ろ犯罪が何が故に生じて来たかと云う発生論的の研究が、刑事政策には最も重要なこととなります。元来犯罪と云うものは先に申しました観念論から帰納しても明瞭であります如く、人の行為に依って現われて来ました吾々の社会に於ける一箇の出来事、つまり一箇の事実であります。それで社会的にこれを考えて見まするると、要するに社会に現われて来る所の一定の現象に名を附けたのが犯罪であります。そこで犯罪の実質的の内容をよく了解する為には、まずその犯罪と云う現象そのものに対する理解と云うことが、絶対に必要となって来ます。然らば現象そのものの理解を得るにはどうすれば宜いかと云えば、現象そのものを研究の目的物とし、発生論的にその因果の関係を研究し、犯罪現象に対する一定の秩序を発見しなければならぬと云うことになります。すなわち犯罪行為と云うものは伺う云う理由によって現われて来るものであるかと云う一定の秩序を発見することが、必要になって来るのであります。

而してこれを為すには二箇の方法があります。世の中に現われて来る所の犯罪現象に対して、一般世人はどう云う観察をするかと云うことをまず考えて見なければなりませぬ。例えば或る少年があって、予てから非常に正直者であったとする。それが泥棒をしたと云う社会的現象が現われたとしまして世人は如何なる考えを起こすでありましょう。平素は非常に正直な子であった者がどうしたのか、何か余程深き訳があるのだろうと云うことを考えるのであります。すなわち子供を信用して居るから子供の個性に悪いことがあるとは考えない。そこで何かせっぱ詰った事があるのだろうと云う考え方をして来る。そこでよくよく考えて見ると、家がすこぶる貧しくてしかも現在両親が病気である。親に対する薬料を得んが為に心がうかうかとして、つい犯罪をしたと云う事実が明らかになって参りますれば、成程それで悪いことをしたのかと始めて犯罪と云うものに対する理解が出来る訳であります。すなわち一定秩序の発見が出来た訳であります。

まずそう云う場合に於いては先に申しますように、何等かの方法を以てそう云う場合の原因を除去する方法を講じなければなりませぬ。ところが今度はそう云う場合と異なりまして、富豪の地位にある人の例を取って申しますと、家に沢山の南瓜があるに拘わらず、一寸帰りに他家の南瓜を懐にして帰って来たとする。その現象を理解するのには、家には沢山食べきれない程南瓜が有るに拘わらず、あの人はどうしてあれを盗って来たかと云って不思議に思う。よくよくその人のやったことを考えて見ると元来余程の吝嗇である。考えて見れば成る程あれは非常な吝嗇家で、家のものは一ツ握りも人にくれないが、他家のものなら一番先に取って来ると云うような事実が発見されたとしますれば、同じ犯罪でありながらその人の犯罪と云うものはどうも非常にしわん坊であるという理由、すなわちその性格に犯罪を為すべきそういう理由の存して居ると云うことが明瞭になって来るのであります。斯くの如く犯罪現象に対しまして吾々が一応考えて見ましても今のような二箇の事実に直面しまして、一はその原因と環境に求め、一は個性に求める。こういう観察の方法が現われて来る訳であります。

発生論的な犯罪の研究と云うものは二箇の方面から観察が出来る。すなわち一は犯罪を個人的現象として観察する。一は犯罪を社会的現象として考えるのであります。然らば個人的現象として犯罪を見ると云うことはどう云うことであるか。犯罪はやはりその人の一生涯の中に現われて来た所の出来事に相違ない。随ってその現われた犯罪と云う現象はどうしても個性の現われて来たものと一応見なければならぬ。こういう風に犯罪を観察してこの方面から犯罪現象に対する一定の秩序の発見をなす為には、その人の個性とその犯罪現象との間に存在して居る所の因果の律則を明らかにしなければならぬのであります。これが刑事心理学や刑事人類学が犯罪人の個性を研究の対象とすると云う所以であります。

それから更に他の見方、すなわち社会的現象として見ますれば、この犯罪と云うものは吾々人類の共同生存体に現われて参りましたる所の一つの現象であります。随って何が故にそう云う現象が生じたかと云う所の理由を理解しまするのには、これを産出しました所の現在の社会、および現われたる所の犯罪現象との間に存する所の因果の律則を明らかにしなければなりませぬ。これ刑事社会学派が人の環境と犯罪発生の原因をまず研究の対象とし、現在の社会の組織制度および各種の施設が現在の犯罪現象に及ぼす所の影響を研究して居る所以であります。

とにかく環境と犯罪と云うものは密接な関係がある。単に僅かなことですが町を明るくすると云うことが窃盗の数を減少すると云うことも従来の経験に徴して見て争うべからざる事実であります。明煌々たる道路の真中で泥棒する者はない。暗いから泥棒をする。これは曾てイタリアで試みたのでありますが、初め街灯を到る処に点じた時代とその街灯の無き時代との窃盗率を比較しまして、実に驚くべき犯罪の減少を見たと云うことが記録に明らかであります。未だ日本にはそう云う統計は不幸にして見当たりませぬが、とにかく町を明るくすると云うことが既に社会施設の一条件なのであります。

御了解に便ならしめんが為に更に一例を挙げて置きますが、これは現在いずれの国でも面倒な問題でありますが、いわゆる失業問題の解決であります。すなわち世が不景気になりますと仕事が少なくなる。自然働くだけの力を持ちながらも働き得ない。従って従来自己の働く力によってのみ生活して居った人は働かんと欲しても働くべき仕事が無い為に生活の基礎を失ってしまう。そうすれば、顧みて妻子の飢えに泣くを見るに忍びない為に、思わず犯罪に走ると云うようなことになって来る者が非常に多いのであります。

ところで今申しました犯罪原因、すなわち個人的の観察と社会的の観察、この二つの方面より犯罪現象を研究するのがいわゆる犯罪原因論であって、最近最も研究が旺盛になった学派の一つであります。然るに従来の国家社会、或いは一般の人に為して居りました犯罪の対策とは如何なることをするのであるかと云うと、唯だ刑罰法のみに一任しまして、先に申しましたような犯罪の論理的観念の研究にのみ没頭して居ったのであります。それで従来に於きましては、今申しましたような犯罪原因の研究と云うものは、少しも科学的に行われて居らなかった。ところが御承知のごとく十九世紀以来、自然科学が非常に発達をして来まして、あらゆる世の中の不思議な現象でも大概は自然科学の力で明瞭になって来ました。昔は暴風雨と云うものは已むを得ざるもののように考えて居ったが、自然科学の力は暴風雨の因って起こって来る原因を明瞭に致しました。自然科学の研究は、発生論的の研究であります。それで精神科学の方面の事も研究が出来そうなものだと云うので初めてこの犯罪の原因を、今の自然科学の研究方法に依って研究し始めましたのが、有名なイタリアの「ロンブローゾ」であります。この人はいわゆる犯罪と個性との関係――個性と犯罪とに就いて、個人的犯罪を研究した有名な人であります。またその門下およびそれ以外の学者に於いても、犯罪の個人的原因は勿論、社会的原因の方面にまでも突き進んで、ますます犯罪学の研究が盛んになって来たのであります。

ところが精神科学の方の研究と云うものは、研究の日も浅く研究の対象もなかなか取扱いに困難でありますから、自然科学程未だ発達が完全になって居ない。なお犯罪原因に対する所の研究にしましても、大体の事は想像せられ、また研究も届いて居りますが、未だ完全に出来て居ないのみならず、現われて来ました原因がこうだ、ああだと云うことが、決まったとしましても、その決まった材料を取扱いまして、さてここに犯罪予防策を如何に講ずるか、と云う国家社会の施設と云う問題になりますと、これは自然科学と違いまして、どうしても人の理想と云うものが中心になって働きますから、どうしても自然科学のように、各人の考える所の犯罪予防策と云うものが、一定し難い。随って犯罪原因と云うことに就いては、やや一定の傾向は持って居りますが、その対策に就きましては、現在の所では幾多の提案、幾多の施設が試みられて居りますけれども、しかし未だ決まった定論と云うものがないのであります。唯だ犯罪が、個人の個性と環境の産物であることだけは異論のない所であります。

しかし個人的原因と云っても、能く遡って見れば畢竟するに社会の環境が悪かった、すなわち社会の周囲の状態が悪かった為に、個人的に悪い人が出て来て、そうしてつまり犯罪を犯すに至る事になりますから、総ての場合を通じまして、犯罪と云うものが、個人的と社会的との二つの原因から生まれたものであると云う結論に対しては、大体に於いて異論の無い所でありまするが、その軽重先後の別はなかなか困難な問題であります。斯くの如くしっかりした所の因果の連結と云うものは辿り得ないとしても、犯罪が個性の欠陥と社会の欠陥、すなわち社会と個性とから生まれた犯罪であることが明瞭になりまして、これに対する色々の研究が行われました結果、遂に従来刑罰一点張りで居りました刑罰制度に対しましても、色々改廃の議論が起こって来たような訳であります。

私がここでお話しようとする刑事政策は、犯罪原因論が与えた材料を土台として、その犯罪の因って来る所の原因に変更を加え、或いはその原因を除去し、そうして犯罪の発生を未然に防ぐと云うことを究極の目的として居る学問であります。故に単なる抽象的学問ではありませぬ。今云いましたようないわゆる原因論を基礎として、そうしてこれを科学的にどうすれば犯罪を撲滅する事が出来るかと云うことを研究するのであります。

それで刑事政策の使命と云うものは、将来犯罪の対策として如何なる事を為すかと云うことの態度を国家社会、また個人が決めるに当たり、その大方針を定むる所の主要なる指導原理となるのであります。以上の点で大体刑事政策と云うことはこういうもので、こういうものを研究して行くものであると云う大体の概念だけはまず御判りになったろうと思います。

第三講　犯罪の予防と社会の保護

次は犯罪予防と社会の保護であります。従来刑事政策論者がモットーとして居りましたものは何んであるかと云うと、犯罪団に対する社会の保護と云うことであります。これが刑事政策の中心論になって居ります。そこでまず此処には刑事政策論者が口癖のように云って居る所の犯罪団に対する社会の保護と云うことは一体どう云う意味を有って居るかと云うことを、まず一応お話して見たい。これもやはり刑事政策と云う観念を了解する為に必要なことであります。そこで犯罪団に対して、吾々社会を保護すると云う意味は、究極する所この吾々の共同生存体を安らかに保つ、すなわち保安と云うことに帰着する。何故そう云う意味に帰着するかと云うと、およそ吾々人類が幾多の努力をして居りますが、その努力と云うものは、人類としての向上発展と云うことを図る為の努力に他ならない。すなわち何んとかしてこの人類と云うものを、もう少し良い地位に引上げて行こうと云うのが、人類共同の努力であります。

ところがこの目的を達するが為には、どうしても現在自分が腰を据えて居る所の共同生存体の平和と云うことがまず絶対に必要である。もし吾々の住んで居る所の共同生存体と云うものが、常に色々な事から脅かされて居りましては、第一生活と云うことが問題であります。況や向上発展に至っては、到底望むことが出来ないと云うことは、これは殆ど議論を要しない事だと思います。そう云う必然の勢からしまして、社会の保護・防衛と云う思想は、苟も人類の存在する処、必ず存在して居る。語を換えて云えば、社会を保護するとか、保安すると云う思想は人類の存在と離るべからざる所の関係を有って居ると申し上げても、差し支えないと思います。

無論この思想が各人の自覚（どうも社会と云うものは保護しなければならぬ保安しなければならぬと云う自覚）に上がり来ったのは無論幾多の歳月を経た後であるには相違ありません。然らばこういう思想は一体どう云う経路で現在国民の一般の観念にまで進んで来たかと云う事を考えて見ますと、要するにこの思想の起源と云うものは、吾々が有って居る所の自己保存の本能、すなわち何か自分に危害を加えようとすれば、思わず知らずこれを防御せんとする態度に出ずる。蠅が頭にとまっても、思わず知らずこれを払い除けると云うように、思わず知らず自己を保存すると云う衝動、これがこの思想の原始的形態であります。すなわち凡ての人は自己の身体、自己の利益を誰かに脅かされようとする場合に対して、何んとかして自分を守ろうとする衝動を感ずる。故にその衝動を感ずる所の者の立場から考えて見ますと、何んとかして自分の身体、生命、財産と云うものの尊厳、不可侵、言葉を換えて云えば、自分の有する法益の尊厳と不可侵と云うことを、思わず知らず人間は要求して居るものと見ることが出来ます。

随ってその危険は、人の行為から来ようが、或いは今申したような自然力から来ようが、その種類は問わないが、とにかく何からか危険が来ようとすれば、これを防ごうとする衝動をおぼえる。これは各人が何時でも有って居る所の個人的本能的作用であります。ところが長く長く人類の生活が継続して参りますと、今申したように、他から攻撃する。そうするとこれを防御する。侵害防御と云う事実は、これは単なる一個の事実でなくして、すなわち自分が住んで居る世の中に存在する一個の事実としてこれを観察すると云うことになって来ます。すなわち個人的関係を離れまして、第三者としての観察をするようになります。すなわち初めは自分ばかりの問題でありましょうが、ずっと世の中を見ると、彼処には昨日強盗があった、今日は放火があった、何があった、此処には人殺しがあったと云うようなことが、頻繁に世の中に起これば、その事実に対しては、自己を離れて、どうも世の中はこういうことではならぬと、こういう第三者的の批判をする様に自然導かれて来ます。そう云う風になりまして初めて侵害とか、防衛とか云う事実が次第に個人的の色彩を失いまして、社会的色彩を帯びて来る。そうしてこれがつまり一個の客観化した思想、すなわち社会的思想として国民一般の思想内に浸潤して来ると云うことになります。それがすなわち今申しました、今の人は誰でも社会を保護しなければならぬ、保安しなければならぬと云うことを自明の理として考えるようになったと云う所以であります。

ところが第三者として批判が可能であるように世の中が進んで来ました後に於いて、最も多く吾々の注意を喚起しますものは、人の行為であります。これは何故か、今申しましたような思想の根底から観察して見ますと、その危険は自然力から来ようが、人の行為から来ようが、その間何等の区別はない筈でありますが、唯だ人の行為が一番多く吾々の眼に着く。それはどう云う訳かと云うと、大昔のことはいざ知らず、有史以来今日に至るまで、人は宗教道徳の影響を受けて居りまして、現在に至っては最早人の行為を第一位に評価せんとする傾向に置かれて来たが為めに外ならぬのであります。これ保安思想の問題が常に犯罪の鎮圧問題と相伴うて発達し、各所に論議される所以であります。

以上の点は単に刑事政策のモットーであります。犯罪団に対する社会の保護と云うものは、結局吾々社会を安く保つと云うことに帰着する所以の説明であります。然らば一体この思想は正当な思想であるかどうか、すなわち社会的或いは法律的から見て、首肯すべき所の根拠を有って来るかどうかと云うことをお話申して見たい。これは非常に堅苦しいことでありますが、理論的の確信がないと困ると思いますから、一応筋途としてお話して置きたいと思います。

前に申しましたように、平和なる共同生存と云うことは人類の存在に既に必須の要件であります。これ無くては人類が存続して往けると云うことは、全く疑問だと思われます。何故そうかと云えば、もし社会を組織して居る各人が、自己保存の本能を欲にしまして、苟もその間に節制がないとしますれば、どうしても人々が互いに衝突をしまして、平和なる秩序と云うものは一日も保たれない。もしそうなって来ますれば、自己保存の本能的行動と云うものは、却って自己破滅と云う羽目に陥り、社会の共同生存を維持して、その平和を導き、向上発展を図ると云う目的と全く背馳する結果となります。

それでそう云うことがしばしば繰り返され、これではならぬと云うので、必然的の勢いがすなわち吾々の国家とか、社会とか云う共同団体を組織するに到ったのであります。そう云う理由で、吾々人類が国家社会を築いた以上は、それを保持して往く為何等かそこに規範がなければならぬ。これが社会に宗教道徳上の規範の現れた所以であります。そこで国家もまたこれとと同様に、その成立の理由が共同生存体の保安を全うすろことにあるから、その趣旨に基づいて各人の利益範囲、または各人の行動範囲を定めて、またあなたの為し得ることはこれこれ、あなたの為し得ざることはこれこれとすなわち権利範囲を決めまして、互いに相犯すことをなからしめると云う必要が起こって来る。乃ち国家に存在した所の各種の法規と云うものは、凡て各人の利益範囲、行動範囲、または権利範囲を定めたものに外ならぬ。これに於いて初めて共同組織体の保安が確立する訳であります。

そこで既に国家社会が成立する趣旨に従いまして、こういう共同組織体を組織して、各人の為す自由の行為の範囲を決めた以上は、国家と云うものは、自分の決めた共同生存関係を脅威しようとする所の各種の原因を取り去って、自分の目的である所の共同生存体の平和と云うものを永遠に保って行くと云う必要があると云うことは、これも論を俟たない。随って国家に利益保護の職務と云うものが生まれて来る訳であります。

それで今日に於きましては、自己の与えましたる所の利益範囲の確保、すなわち各般の利益を保護すると云うことが、国家の主要なる職務であると云うことは、何人も疑う者がない。ところが前にも申し上げた通り、利益保護と云う目的から見れば、既にその利益が侵害を蒙った後にこれが対策を講ずるよりも、初めから侵害の事実を無からしめると云うことが、国家の政策としては最上の政策としなければなりませぬ。そこで利益保護の職務のある国家と云うものは、寧ろ侵害の事実無からしむると云う趣旨に、その政策の方針を決めて行かなければなりませぬ。

ところが幸いにも現代の国民と云う者は、長く繰り返されたる経験からしまして、侵害を伴うことの可能の状態、すなわち危険と云う状態を能く了解する様になりました。昔はなかなか危険と云う観念が分かって居なかった。しかし今でもやはり分かった部分もあり、分からぬ部分もありますが、大体に於いて分かった部分の方が多い。一寸一例を申しますと、例えば今鉄橋でも渡ると云う場合、昔の人は壊れ腐蝕して居れば、危ないと云う感じを懐きますが、然らざる限りは分からない。また鉄橋が出来れば、どんな重量の荷物でも通らせる事が出来るように考えられますが、しかし自然科学の発達研究の結果は、これだからして荷物を運ぶことが出来ない、これ以上は危険であると云うことが判る。また汽車の顚覆とか云うことも、起こらない前に、智識があれば危害を無からしむることが出来る。犯罪行為もやはりそれと同じであります。犯罪行為の起こって来る原因を研究して行きますと、こういう場合には犯罪行為が起こる、随ってこういう場合に於いてはこれを取り去って置かなければならぬ、と云う風に犯罪を伴う虞れのある危険はこれを取り去ると云う事が非常に必要なことになって来ます。前にも云いました幼年者の棄育状態が犯罪の原因であることは、従来幾百年の経験に徴し疑いの余地がありません。従って国家は棄育状態の救済に着手しなければならぬと云うことが明瞭になりました。これらも要するに危険と云うことを了解し得た結果であります。幾多の経験に経験を積んだ結果、侵害の伴う危険を除き去ると云う事は国家社会の第一次の努力とせなければなりません。

既に現代人はそこまで智識が進んで居りますから、苟も各種の利益を保護して、共同生存体の平和と利益を保護する国家であるとしましたならば、まずその危険と云うものを除き去って、初めから侵害の事実を無からしむる。すなわち前に申した予防と云う事を以て全く国家の目的に適合したものと見なければなりません。そこで此処に始めて国家予防権と云うものが法律的に確立される訳であります。

而してこの予防権の確立と云うことが、前に申した所の保安思想と云うものに法的根拠を与えるものであります。すなわち国家が各人の利益範囲を犯されないと云う平和なる秩序ある共同組織体を保護しようと云うのが予防権であります。そこで今申したように各種利益の侵害を予防するとは究極する所平和なる所の共同生存体の確保、すなわちその社会の保護と云うことに帰着するのであります。それでこういう考案の経過から、既に明瞭であります如く、予防施設の必要である所の理由は必ずしも犯罪に限らないので如何なる危険があってもこれを防止しなければなりませぬ。汽車の煤煙の飛ぶことに因って火災が起こるとすれば、汽車の煤煙に対して相当な方法を講じなければならぬ。また、工業地に於いて煤煙の為に植物が枯れる。或いは人類に危害を及ぼすと云う場合には、これに対する予防を講じなければなりませぬ。従って保安または保護の思想としては犯罪は必ずしも前提条件とはなりませぬ。

然るに予防法の活動が保安思想と同じように常に刑事政策上犯罪予防の問題と関連して研究されて来た所以はさきに述べました如く畢竟するに長い歴史を経て来た現代人が、倫理的生活をするようになり、そして人の行為そのものをまず批判せんとする一般国民の思想の動き方から来たのだろうと思うのであります。以上で大体刑事政策と云うものはどう云うことを研究するものであるか、それから刑事政策と云うものは本来犯罪団に対して社会が保護せねばならぬと云うことを非常に強調して居るが、然らば保護と云うものはど云うことであるかと云うことの大体の説明を終わりました。

第四講　犯罪予防と刑罰制度

従来の犯罪対策の中核をなすものは、刑罰政策でありました。将来に於いても恐らくはそうであろうと思います。そこで刑罰政策に於いては、まず犯罪予防の上から見たる刑罰の地位と云うものに対して考案せねばなりませぬ。そこで、ここには犯罪予防と刑罰制度に就いて、お話致したいと思います。

先にも申しましたように、凡て世の中に現れている現象中、人の行為ほど、人の批判の対象となり易いものはありませぬ。それは善行為にせよ、悪行為にせよ、均しくそうであります。殊にその人の行為が、多数共存の利益に何等か影響を与える者であればある程、ますます吾人の注意を惹き、批判の対象物になり易いものはない。馬が跳ねて人を蹴殺したからと云って無論人はびッくりして多少注意を惹かれますが、同じ人が人を殺したと云う人の行為の方がよほど吾々の注意を惹き、批判の対象となるものであります。これはどう云う訳かと考えて見ますと、これはつまり先に申した所の自己保存の本能が必要に応じて次第に客観化して来て、人類共存の永い歴史に依って養われたる所の社会共存の情緒、すなわち人間は独りではとても立って行けない、社会すなわち多数の人と団体を作り、この社会と共に行かなければとても立って行けないと云う社会共存の情緒を震撼するから、人の行為ほど人の注目を惹くものはないと云うことになる。私は、この人間の頭の中に浮かんで来る情緒を、「人類の永き歴史が吾々人間に教えた所のいわゆる社会生存欲」と云う名を附けて居ります。現代国民の脳裡にはこの社会的生存欲と云うものがあって、この社会生存欲と云うものが、今お話しようと思う所の刑罰制度を世の中に生み出さす主要原因となるのであります。

これは先へ行ってお話すれば判りますが、そう云う生存欲があるから、どうしても国家としては刑罰制度を設けねばならぬと云うことになり、またそう云う生存欲を持って居りますから現代の人類が犯罪行為を強く否定する感情を持って居ると云うことも争われない事実であります。人が殺されても宜いと思う者はない、必ず心の中で否定する感情を抱く。そこで刑罰制度と云うものは、この国民間の一般的な普遍的存在を有して居る所の犯行否定の感情を満足せしめん為に設けられたものに外ならないのであります。

私はこの否定の感情を、学問的な言葉で応報思想と解釈して居ります。中に刑罰上に於いては、応報思想などと云うことは到底解することの出来ない観念であると云う風に、まず頭から応報思想を抹殺してかかろうとする人も少なくありませんが、しかしこの応報思想とは、要するに勧善懲悪とか、或いは積善の家には余慶あり、積不善の家には余殃ありとか云う、あの日本人に親炙した観念と同じであって、それが想像が出来ないなど否定するのは間違って居ると思います。

ところで今申したそう云う思想が一体現代国民間に普遍的の倫理思想として存在して居るかどうかと云うことも問題でありますが、私は、現代国民間には今申したような応報思想、平易に云えば犯行否定の感情、それが普遍的な倫理思想として存在して居ることもまた争えない事実であると信じます。

さてどうして一般国民の頭の中にそう云う思想が存在して居ることを立証し得るかと云えば、これは芝居などを見れば直ぐに判ります。すなわち現代国民は誰でも、悲劇を見ては悲しみ、喜劇を見ては喜びます。何が故にそう云う喜怒哀楽が人の頭に浮かんで来るかと云うに、畢竟するにその人の頭に応報の思想感情が既存して居たと云う事実があるからであります。悲劇を見て悲しみ、喜劇を見て喜ぶと云う事が、すなわちこの感情の既存の事実を充分に証明して居ると思います。例えば、活動を御覧になっても芝居を御覧になっても判るように、劇に現われて来る主人公、例えば非常な孝行娘のような者が、悪者か何かに襲われるような場面があると、誰の頭にも、誰か来て悪者を捕えてくれれば宜いがと云った感情が往来します。

或いは活動写真で能くありますように、崖の所で悪者に追い駆けられると云うような場合に、悪者が崖から落ちてしまえば宜いと云うような期待的感情を抱きます。なぜそう云う感じを抱くかと云うに、そう云う場面を見れば脳裡でそれに反応するからで、その反応の土台がなければそう云う感じを起こす筈はないのであります。人が頭でそう云う感じを抱くと云うのは、畢竟するにその感じを抱かしめる所の原因が人の頭に存在して居る為でなければなりませぬ。すなわち宜い人には宜い結果あらしめ、悪い人には懲罰あらしめようと云う思想の頭があるから、その頭に映ずる場面に今申したような感情の往来を感ずるのだろうと思います。そう云う理論で私は応報思想と云うものは現代国民の間に普遍的倫理的思想として存在して居ることも争えない事実であると思うのであります。

そこで既にそう云う感情を一般国民が抱いて居るとしましたならば、何等かの方法を以てその感情の解決を許らなければどうしてもその感情の爆発は免れ得ぬことになるだろうと思います。それで、国家が手を下さず、各人が勝手気ままに自己要求を充たすと云うことになれば、到底平和なる共同生存と云うものは一場の夢と化し去るのであります。すなわち国乱れて刑制行われ、私刑が横行するに至ると云う事は歴史の証明する所であって、すなわち国が乱れれば悪者を取って押さえると云う国家の機能が不完全となり、随って各人各自が自己の感情の満足を得んが為め私の刑を行うと云う事になれば、到底平和な秩序と云うものは保たれなくなる。

ところが先に申したように共同生存の確保と云うものを重要な職務となす国家は、そう云う現状暴露に面してはじっとして居る訳にいかなくなり、遂に刑罰制度なるものを設けて、一般国民に普遍的に存在する所の応報的倫理感情の解決を計る必要が生じて来るのであります。

なぜ国家が是非刑罰制度を置かねばならぬかと云うことは、これを逆にまず現在の国家社会から、警察組織を総て取払った時を想像して見れば能く了解出来る事と思います。平和な秩序が保たれて居るのは刑罰制度なるものが存在して居るからであって、先にも申したように、各人各自が自己の感情を満足せしめんが為に勝手に刑罰を加えると云う時代を想像して見たならば到底平和なる社会は想像が出来ないのであります。これがすなわち刑罰制度の生まれた所以であります。

ここでまず刑罰制度を設けた所以と刑罰制度の目的が自ら明らかになります。すなわち今申したような応報的倫理感情の解決と云うことが主眼で刑罰制度を設けたのであります。その目的は、畢竟国家存立の趣旨に従って国家の綱紀の維持と一般秩序の確保と云うことにある。以上で何故国家が刑罰制度を設けたかと云うことは大体説明がついたと考えます。

ところが刑罰制度を設けて平和の秩序を保つと云うのは、要するに一般国民の抱いて居る所の勧善懲悪の観念と申すか応報思想と申すか、この感情の解決と云うことが主眼にならなければその目的を達することは出来ない。随って刑罰制度の目的を達するにはどうしてもその主眼と云うものが国民感情の解決、応報的倫理観の解決に適応するものでなければならぬと云うことになります。

そこで更に刑罰制度に対して注意すべき重要な事項が現われて来ます。なぜかと申しますと、この応報的思想と云うものは、やはり永き平和なる共存生活に於いて吾々の経験に依って教えられたる所の一つの限界を持って居ると云う事、すなわち余慶余殃と云うものもその範を超える時には却って思想を紊る事を余程注意しなければなりませぬ。例えば悲劇を見る場合、一寸悪いことをした者が巡査に捉えられると云うことは普通の事であるが、これが為めその人の運命が非常に悲惨なものになり行くことがある。かく一寸した悪事に対する天の懲罰があまりひどい場合にはまた何んとなく不愉快を感ずる如く、現代人の抱いて居る所の応報思想と云うものは、必ずやその人の行為に依って得た所の相当の報酬でなければ現代人は満足しないと云う結論ならびに思想解決の為に生まれた刑罰制度であるから、人の責任を超えてその人を責罰してはならないと云う結論が生じて来ます。それで刑罰制度を作り、またはこの刑罰制度を運用するに就いてもその罰と刑、すなわち犯罪行為とこれに対する国家の無価値判断とはその当時の社会思潮がこれなりと認めた程度を超えて、またその程度に及ばない所があっても宜しくない。必ず現代国民の期待する所と丁度その程度が一致して居らなければなりませぬ。然るに社会一般が認めて軽しと思って居る行為なるに拘らず、これに対して重い刑を科したり、またその行為が非常に重いに拘らず国家がこれに軽い刑を科したりする様になれば、遂には刑罰制度の本質を損って国民の倫理思想解決の用をなさぬのみならず、却って秩序を紊り刑罰制度設置の目的をも破壊するようになります。これが余程注意を要する所であります。例えば、下駄一足を盗んだ者に十年の刑を科すると云う事は、誰が考えても相当とは思えない。しかしまた反面に於いて一家鏖殺(みなごろし)と云う残虐な罪に科するに罰金を以てしては一般の国民の期待した応報に反することになる。一家を鏖殺したにも拘らず罰金で済むと云うことになれば一般国民はその国家の行為に対して軽蔑の念を生じ、一方下駄一足盗んだ者に十年の刑を科すると云うことには、甚だ乱暴だ圧制だと云うように、必ず怨嗟の念を生ぜしめるようになります。そうなれば、同じく形式だけは応報的に国家が行為して居ても、国民の応報思想と相反する為却って刑罰を設けた目的を紊ることになる為めこの点を刑罰を加える上に余程注意をしなければならない。これは能く御記憶を願います。刑事政策の犯罪を予防すると云う方面から行きますと、例えば或る人を処置する場合に於いてはその人が悔悟して普通の人間になる為に何とか方法を講ぜねばならぬ。ところでそれは常に国民の思潮を中心にして行かぬばならぬのであります。

以上はいわゆる刑罰制度の本質ならびに目的と云うことに就いてのお話でありますが、現在では一般秩序を維持して行くにはこの制度以外には宜い手段が見出されません。ここでは唯だ刑罰制度のみ考えて見ましたが、その刑罰制度は犯罪を予防する上に於いてはどう云う効力を持って居るか、すなわち犯罪予防の上に有する刑罰制度の機能と云うことを研究して見なければなりませぬ。

ところがこの予防は先にもお話したように犯罪行為に先立って将来犯罪行為を伴うことのある危険状態を取り去って初から犯行なからしめると云うことが予防の主たる目的である。そこでこの理論を犯罪の方に当て嵌めて考えますと、未だ犯行をなさない者に対してはその犯行を阻止し、既に犯行をなした者に対しては再び犯行をなさしめないようにすると云うことがすなわち犯罪予防法と云うことになる。ここにこれを刑事学上の一般用語で云い表しますと、犯罪を未然に予防する所の一般予防の機能と、犯行者の将来を保証する所の特別予防の機能とに別けて考えることが出来ます。それでまず一般の用例に従ってこの二箇の方面から刑罰制度が犯罪予防の上に有する効果如何と云うことを観察して見たと思います。

まず一般予防法から考えて見ますれば、元来犯罪と云うものは法律違反の行為であります。一般的に世の中から犯罪行為をないようにするには、まず国民一般の法律遵奉心を養成すると云うことが最良の策でなければならないと云うことは論を俟たない。ところが現在の刑罰の予定およびその執行と云うものは反法行為に対する余程強き法の否定を示したものであって、しかもそれが先に申したように一般国民の倫理的期待に丁度副う所の国家意思の表示と云うことになります。随って今申した刑罰の予定およびその執行と云うものが国民一般の法律遵奉心を鞏固ならしむる効果のあることは、論を俟たない所であります。

なお他の方面から考えて見ますと、国家の法律に対する国民の遵奉或いは敬虔の精神と云うものはその法律の主体である所の国家の威厳、綱紀の確保と実は必然的の関係のあることも忘れてはなりませぬ。何となればもし一度国家の威厳が失われて綱紀頽廃と云うことなりますれば犯罪行為の続出すると云うことは到底防ぎ止める事は出来ない。これは世の乱れた時の状態を考えると直ぐ判ります。すなわち歴史の証明する所であって、世の中が乱れれば犯罪行為が続出して到底平和なる秩序は求める所がないようになります。

そこで刑罰制度の目的は先に申したように国家の威厳、綱紀の確保と云うことが目的である為め、この刑罰制度固有の目的を達すると云うことが一般の犯罪の発生に対しては大きな予防の機能を持って居ると云うことも明瞭になります。更にこれに加えて刑罰の予告および刑の執行から生ずる所の威嚇力または人をして不快の感を起こさしめると云うことが犯罪予防に効果のあると云うことも一般の認める所であります。なぜかと云えば元来犯罪行為をなすその決意から犯行に至る順序を考えて見ると判る。犯行の決意と云うものはその行為の結果に対する所の快感の情に基くと云うことは論のない事であって、犯罪行為を未然に止めるには、どうしてもこの快感の情を変更すると云うことが非常に必要となります。

これを具体的にお話しますれば、総て自分の行為の結果に対する快感と云うものが人の行為の決心を促すものであります。例えば明治神宮の競技会などへ行くと云う決心を起こさすのは何かと云うと、行って競技を見ると云う快感の情に動かされて決意するものであります。犯罪行為もやはり同じであります。人の金を盗むと云うのは盗むばかりが面白いのでなく、その盗み得た所の財物を以て何か自分の満足を計ろうと云う快感の情が人を犯行に誘うのであります。その意味で人の犯行の決意は要するに結果に対する快感の情であって、それがなくなれば犯罪行為は起こらないと云うことになります。それでどうしても快感の情を変更することが必要となります。

ところが今申すように刑罰から生ずる威嚇力と云うものは各種の反対動機中最も強力なものであり、随って今申すような快感を変更する上に於いてもすこぶる有力なる機能を持って居ると云うことになります。失礼かも知れませぬが、例えば三越辺りへ行って万引する人がありますが、あれはフラフラッとやるのでそう云うことを考える余地がないと一般に認められて居りますが、何か財物を得て愉快なことをして見たいと思うが、もし摑まえられて監獄に這入るようなことがあっては困ると云う反対動機に抑止されて犯罪行為を思い止まると云う者が少なくない。刑罰の有する威嚇力が快感を変更する上に於いて有力なる力を持って居る。これがいわゆる刑罰論の中に心理強制説と云う学説を生出した所以であります。

今申したように刑罰は、あらゆる方面から考えましてこの国民の大部分を占めて居る所の普通善良なる市民をして犯罪行為から遠ざからしむると云う点では大なる力を持って居ると云うことが明瞭になります。しかしながら刑罰制度があれば最早犯罪対策に就いては何等考える必要はないと云うほどこの刑罰制度の有効性に何等の制限も認めないと云う主張をする者もありますが、これは実はあまりに活社会を無視した云い方であると思います。それはなぜかと云うと、例えば犯罪人の中には精神異状者と云う者が非常に多い。先天的にも後天的にもありますが、精神的に外界の動機に対して非常に動き易い病的の人、神経中枢が壊れて居る人、この精神異常者と云うのが非常に多い事を考えましても刑罰制度の一般予防上の効果に制限の存すると云うことは論を俟たない。刑罰一点張りではとても行けないと云うことになります。精神異状者は刑罰の威嚇力に何等の反応がない。そこで刑罰で総ての犯罪をなくすることは出来ないと云うことになります。そう云う異常者がありますから一般予防の心理的矯正を如何に巧妙精緻にして立法してもその相手があまりに精神的に粗笨であるから到底その効果を期待する訳にはいかない。

それでこれら精神異状者に対しては刑罰以外に別途の犯罪対策を講ずる必要があります。例えばこれを一定の看視所に収容して犯罪行為をやらせないと云う保安的処分をなすと云うこともやはり一ツの方法であります。そこで刑事政策の上から見ました刑罰制度の一般予防上の効果と云うものを約めて申しますれば、国民の大部分を占めて居る所の普通の市民を対手とする範囲に限定して一般予防の効果と云うものを考えねばなりませぬ。もしあらゆる者に適応するように制度を規律して行こうと云うことになれば、却って全般の目的を損うような虞もあります。それで一般予防の効果と云うものは、普通の人を標準として考えて、一般の人がこの刑罰制度のあるが為に犯罪から遠ざかると云う事が実は計り知るべからざるものであると云うことは現在に於いて何人も異論のない所であります。以上で刑罰の一般予防の効果は説明したつもりであります。

次に然らば刑罰制度の特別予防の効果はどうかと云うことを考えて見ますと、この場合はすなわち犯罪行為をして刑罰をの効果と云うものも余程効果あると云うことは論のない訳であります。

ところが考えねばならぬことはこの刑罰の威嚇力の効果と云うものは一般予防の場合に於いても今ここに述べた特別予防の場合に於いても常に普通の心身の状態を持って居ると云う事を前提としますから、もしそのなされたる所の犯行が主としてその犯罪の危険なる性質に基く場合に於いてはこの刑罰の予防の効果と云うものは十分でないと云うことは論を俟たないのであります。非常な悪者になると監獄を自分の休養所の如く考えて刑罰の威嚇力などは考えて居りません。無論刑罰の中でも自由刑の執行者と云うのには多少人格の鍛冶と云うような方面に於いては効果を持って居る。すなわち獄内に於ける所の厳格なる生活、非常に緊張したる作業と云うような事からそれほど悪くなって居ない人、どうかこうか矯正の可能性のある者の性格の鍛冶に非常な力があると云うことは論を俟たない。しかしながら自由刑の刑務所内に於ける人格鍛冶の効果と云うものはどうしても長期間でなければ出来ません。短期間では到底そうやる訳にはゆきません。それは直ぐに判ることでありますが、非常に仕事嫌いな人を仕事好きになるように習慣付けようとすれば長い間緊張した作業をさして次第次第に仕事に趣味を持たせるようにしなければ、一月や二月位、強制的に仕事をさしたところで到底これを仕事好きに向け直すと云うことは出来ません。随って人格の鍛冶と云うことに於いては短期刑では出来ないのであります。

そこで自然この刑罰制度では先に申したように責任を超えて人を刑することは出来ない。随ってその性格の鍛冶と云う方面から見て、常に性格が悪いからと云うて下駄一足盗んだ者に一年も二年も刑を科する訳にはいかない、また性格の鍛冶と云う方面から見れば特別予防の方面からどうしてもこの場合に於いては刑罰が不充分であると云う事が明瞭になる。元来この特別予防は犯行者をして再び犯行をなさしめないと云うのが主なる目的でありますから、犯人が改心すると云うことが特別予防の終局の目的でなければならない。

然るに刑罰制度の方はどうかと申しますと犯行に対する社会一般の批判的価値と云うものを標準と致しますから、常に必ずしも犯人改善と云う方面の時期と一定しないと云うことは当然の結果であって、苟も刑罰を設けたる以上は今のような特別目的に従うて刑罰を規定して行く方が宜いではないかと云う議論も生じますが、もしそう云うことにすればこの刑罰制度は遂に社会の批判的価値と一致せぬことになります。もし一致しないとすれば先に申したような国民倫理思想を紊り、その結果として国家の綱紀を紊り、刑罰制度の本質を失うと云うことになります。すなわち一人を改善せんが為に刑罰を重くすると云うようなことをしますれば一人を改善せんが為に却って万人を犯罪の岐路に追いやると云うような結果に到達しまして、犯罪予防の点からすれば却って予防でないと云うような結果を惹起することになります。

そう云う事情でありますから、この刑罰制度と云うものは今申したように単に予防と云う方面から見ますればどうしても一般予防の上に築かれた一般予防の効果と云うことが一番主たる目的になって、特別予防と云うものの上に打ち建ててはいけないと云うことになります。これがすなわち刑罰制度の特別予防の効果は、その本質上一大制限のあると云うことが云われる訳であります。勿論この刑罰制度も元来が人類共存の利益を全うする為に国家が採用した手段でありますから、苟もその本質を害さない。すなわち一般国民の一般思想を紊り或いは一般秩序を破壊するの虞がない限りはその内容を出来るだけ改善して行くと云うことは無論刑罰制度の点から見ても要求さるべきであります。これが近来刑務所内の人が主として改善的処置に出ずる所以であります。しかも如何に刑務所内に於ける囚人を改善的に処置しても元来刑罰制度は改善と云うことを尺度として居ないから総ての犯罪人を善良なる人に改善して社会に出すと云うことは望み得ないことであります。こういう方面から見て刑罰制度の足らない所をどうしたら宜いかと云うことの研究が刑事政策上の重要なる問題となって来るのであります。

まず以上で、刑罰制度の犯罪予防上に有する機能に就いては一応理解を得たと思いますが、従来の経験が吾々に教ゆる所に依ると、刑罰の一般予防の効果に就いては、先に申したように何人も異論がありませぬ。またその特別予防の効果に就いてはその刑罰制度の本質上制限のあるは論を俟ちませぬが、その他に伴う弊害が特別予防の効果を奪ってしまうのではないかと云う疑さえも従来の経験に依って生じて来ます。それはどう云う経験を吾々がしたかと云えば、元来この刑罰法上の効果と云うものは国民に普遍的に存在して居る倫理思想の解決と云うことが刑罰の主眼となって居りますから、一度刑罰を執行してしまえばその法律上の効果と云うものは当然消滅すべきものであると云うことは自然の結論であります。

ところがその犯罪行為に対する社会的批判と云うものは、法律の規定のように几張面に行かない。すなわち刑を執行してしまって法律上の批判は既に終了してしまいましても、社会的の批判はその法律上の批判と共に消滅しないのみならず処刑者が監獄を出て来まして生存競争の渦中に這入ろうとするに際して却って強い反応さえ示すと云うのが常例であります。監獄を出て来た所の免囚者の適当なる就職をしばしば妨げる。どうしても監獄を出る時はこれから先は純潔な生活に這入ろうと思うが再び已むを得ず邪道に走ると云うようなことになる。これはもうしばしば実例の示す所、経験の示す所であります。

ところがこの場合に於ける所の社会的批判は、唯その人が悪いことをした。すなわち曾て犯罪行為をしたと云うことに対する社会的批判と、更に監獄へ行って来たと云う事実がこの犯罪人に対する社会的尊敬の感情に大なる衝動を与えます。一旦処刑されて刑務所を出て来た人に対する社会の包容力が甚しく毀損される。そう云うように犯罪と、実際の刑罰の執行と、社会的尊敬、この三つのものが互いに関連しまして、遂に免囚者をして一生涯悲惨な運命に泣かしめると云うような実例がしばしばあります。今申した弊害は成年は無論そうでありますが、殊に年少処刑者に対しては甚しい。従来各国の経験や報告等に依って見ると一度監獄へ行った少年が再び適法生活に復帰すると云うことは不可能の場合が少なくない。況や年少者は獄中に於いて悪いことに染み易いと云う弊害もある。如何に獄制を改良しても現在の所では殆ど杜絶の途がないと云う有様で、一度監獄へ行った人は却って元より不良性が濃くなると云うようなことが往々にして見られます。

これに加うるに処刑と云う極く単純な事実が小さい人の名誉心の上に与える打撃と云うものは実に恐るべきものがあります。それで監獄を出て来てから包容する人があっても、監獄を出た後に於ける社会事情が良くても悪くても、如何なる方法を講じてその人を迎えて見ても、既に自分が処刑されたと云う事だけを以て自暴自棄に陥り、遂に自ら進んで社会の暗黒面にその身を投ずると云うような傾向が実に顕然たるものがある。そう云う事情を考えて見ますと年少者に対する刑罰制度の上から特別予防上の効果と云うものは殆ど認めることが出来ない状態となります。無論現在は少年刑務所に於いても全く教育的処置を行って居ります。随って効果がないとは云えませぬが一般の上から見れば到底弊害を償うに足らない事は各国共従来の経験上明言せらるるような次第であります。

それで単に特別予防の方面のみに力を入れて考えて見ますれば、この年少者に対する刑罰制度と云うものはもう全く不必要ではないかと云う感じを抱かします。これは従来の経験上已むを得ないが、しかしながらそこで考えねばならぬ事が一つある。元来特別予防と云うものは先に申したように累犯を防止すると云事に限られてその範囲は極めて小である。ところが、犯罪予防と云う大きな眼から見て行けば、既に犯罪をした人よりもまだ犯罪をやらない所の幾千幾万の人の初犯を防止すると云う方が非常に必要な事となります。それで単に犯罪をした人のみを見れば年少者に対する弊害は挙げて数うべからざるものがありましても、一般予防の上に考え及ぼして見ますと年少者に対して刑をなくなす訳にもいかない。これがすなわち年少者に対しては刑事上の処分に就いて慎重なる考慮を費さなければならぬ理由であります。

今申したように刑罰制度の一般予防上の効果と云うものはまことに絶大で、現在これに代るべき如何なる手段も発見することは出来ませぬ。而してその特別予防の効果と云うものは全く大きな期待を抱く訳にいかないのみならず、或いは先に申したように或る場合には刑罰権の活動が特別予防の上に避くべからざる弊害を持ち来すと云うことも一応の説がついたと思います。そこで今申すような特別効果の足らざる所を補う何等かの施設を必要とすることも勿論でありますが、後に述べます所の保安処分と云うものが、すなわちこの必要に応じて生まれ出たのであります。今云ったような所から考えて見ましてその弊害の甚しい場合にはその範囲内に於いて刑罰権の行使を中止するか或いはその部分だけを刑罰組織から取り除いて何等か他の方法でその目的を達すると云うようなことがまた望ましいことではないかと云うようなことにならなければなりませぬ。

そこで刑罰の昔からの変遷を簡単にお話致します。従来この国民間に存在して居りました所の応報的倫理感情の非常に強かった時代に於きましては、悪い行為に対する所の懲戒と云うものを以て道徳上の最高命令と云う風に考えて居った時代がありますす。すなわち有名な哲学者カントは刑罰すなわち応報と云うことを道徳上の最高命令として頻りに力強く主張して居ました。そう云う思想が一般国民の頭に存在して居る限りは犯罪は必ず罰する。犯罪必罰主義と云うものは厳かに守って何等の例外をも認めることを肯じなかったと云うことは云うまでもありません。

ところが現代国民の抱いて居る所の応報的倫理観と云うものはそれほど強烈ではありません。これは各人が昔からの応報的現象に対して自分の頭に自然に生ずる動揺を実証的に帰納して考えれば直ぐ判ることであります。これに依りまして現代人の抱いて居る所の応報観念は消極的でしかも受動的である。それで現代では苟も勧善懲悪と云う大綱に対する一般国民の期待を裏切らざる限りは、必要な場合に国家が応報的行動を中止しても国民の倫理的感情を紊る虞はないとこう断定して差し支えないだろうと思います。

而して現代国民の応報的感情が何故左様に消極的で受動的であるかと云うことをまず考えて見ますと、畢竟は現代のように国家制度が整備し国家の綱紀の緊張した時代に於いてはいずれの国民といえどもその国家に対する信頼の念を起こす。その信頼の念が国民の勧善懲悪の感情を受動的にした主なる原因であろうと思われます。

それと今一つは戦国時代を過ぎまして、欧洲でも日本でも同じでありますが、宗教道徳の方面で頻りに高調されました所の博愛思想の勃興と云うものが次第に人の頭の中に宥恕と云う観念の発達を非常に促して来ました。これもまた見逃すべからざる原因でありますが、この宥恕観念の発達とまた一面に於いては犯罪原因の研究、この二つがまた各人の応報的感情を受動的にした余程重要なる原因であることも忘れてはなりませぬ。この宥恕観念の発達が応報思想を緩和するに至ったと云うことは当然の問題であります。

ところが犯罪原因の科学的研究が盛んになりまして、他面犯罪人の中には先天的或いは後天的に変質的の犯罪人が非常に多いと云うことも経験上証明され、殊にまた犯罪の社会的原因、すなわち現在吾々の住んで居る社会組織の不健全なることが多くの場合に於いて犯罪を生ぜしむる所の一大原因であると云うようなことも次第に認識されて来ました。そうすると、ますます各人が犯罪に対する感情を柔らげて来た一方に道徳的宥恕の観念の発達を道徳的に促して来て、これらのものが相寄り相助けまして国民の犯罪行為否定の感情を著しく緩和するに至ったと云うことは蔽うべからざる事実であります。

そこで現代に於いてはもしこの刑罰権の行使が反対の側で非常に大きな弊害を伴うと云うような場合に於いてはその利害長短を能く比較考慮して、もしその刑罰権行使の利害がその弊を償うことが出来ない時にはたとい刑罰権の行使を断念しても国民の普遍的倫理思想を紊ることはないと云うことを断定して差し支えないと思います。もしこれが国民の倫理観念を紊る時には、刑罰権の行使を断念する訳にはいかないが、現在に於いてはそう云う虞はないだろうと思います。

また更に刑罰制度を設けた理由に顧みても、こういう制度を設けたのはつまり共同生存体の確保と云うことが終極の目的である為め、特別予防上刑罰の弊が非常に甚しい場合にはこれを断念して弊の少ない何等かの他の方法を以て同じく特別予防の効果を達することが出来るとしましたならば国家の全目的から見まして刑罰権の行使を断念すると云うことが却ってその目的に適合すると云うことになります。こういう両方面の考察が、まだ心身の発達が途中にある幼年者の一旦の過は原則として成年者の犯行と全然考を別にしなければならぬと云うことを一般人をして認識せしむるようになったのが主要な理由であります。

なお今申した考察は幼年者に対して別途の方法を講ずると同時に刑事立法の上に於いても色々な制度を生出して来ました。すなわち刑罰を緩和する制度、例えば仮出獄の如き執行猶予の如き、或いは保護監察の制度の如き色々のものを生じて来ました。そこで現代に於ける犯罪対策は刑罰一点張りではいかないと云うことが明瞭になって来ます。すなわち刑罰制度の外に何等かの社会保安の処分と云うものが犯罪予防の上に於いては非常に必要であると云うので刑罰以外の保安処分と云うことに対する組織的研究が最近非常に盛んになって来たと云う次第であります。

第五講　犯罪予防と保護処分

刑罰制度の機能が特別予防上の効果を全うすることが出来ないと云う点と個人予防の方面に弊害を伴うことがあると云う実際上の点、これが刑罰制度の外に特別な予防施設を要求することになったと云うことは今申したところで、その特別予防の中の年少者に対する所の特別処分の制度は現代に於いては殆んど全世界にその実施を見たと云う状態であります。

ところが、その他にも特別予防の効果の足らない所が沢山あります。それ等のものを打って一丸とすると云う統一的施設がまだいずれの国にも実現しては居りませぬ。それでこれからお話する保安処分と云う領分は刑罰制度のように確定的のものではない。しかし従来刑事政策の研究上に現われて来ました各種の文献、それから最近各国に発表された刑法に関する草案等を見れば大体将来この方面の犯罪対策が如何なる方面に進んで行くかと云う事が窺われます。それで私はまず刑事政策の要求した基礎として今申したような保安処分の領分に少しく観察を進めて見ようと思います。

今まで申し上げた刑罰の有する犯罪予防の効果に対する考察から自然明らかになる如く、この保安処分の領域と云うものはまずその基礎が特別予防の思想に支配せられねばならぬと云うことは当然のことであります。すなわち保安処分の目的はまず改善能力ある人を再び合法的生活に慣れしめる様な、すなわち改善方法の案出でなければなりませぬ。これと同時に改善能力の有無を問わず、少なくとも危険性を有するそれ等の人々に依って脅威せらるる所のこの社会自体を如何にして保護するかと云うこの二つを目標として保安処分と云うものは常に立てて行かねばならぬと云う事になるのであります。

それでこの保安処分と云うものは刑罰制度に於いて申したように個人の責任を決して条件として居ない。唯個人の危険性の存否と云う事がこの保安処分発動の条件とならねばならぬと云うことになります。またこの思想の要求する所に従いますと犯行の有無も条件とする必要はないと云う結論に到達する。すなわち苟も将来犯罪行為をなすような危険の虞があれば常に国家としては保安処分の必要を感ずると云うことが当然の結論であります。ところが、これから研究する所の保安処分の内容と云うものは、個人の自由に対する重大なる国家の干渉であると云う事実と、また一つは現在の科学進歩の程度では、果たしてその人が将来犯罪をなすかどうかと云う危険性の測定が実は未だ十分とは云えない。この二つを前提として考えますと、この保安処分を行う上に於いては個人の自由に対する何等かの保証が必要ではないかと云う問題が続いて起こって来るのであります。

そこでこの両者の要素を基礎として考を編み立てて見ますと、現在の状態に於いて立法的干渉を不良性の人に及ぼす条件としては、今申した個人自由の保証と云う政治上および法治上の理由からして、どうしても犯罪行為の外面的の成立を条件とするのをまず適当としなければならぬと云うことになって来ます。先に申したように現在現われた草案の態度を見ても、やはり理論では必要ではないけれども、立法的干渉をする上に於いては、犯罪行為が実際行われたと云うことを保安処分発動の形式的条件として草案されて居ます。唯刑罰制度と異なる事は外面的成立が必要であると云う点だけで、必ずしもそれが責任ある行為と云うことは必要としない。

そこで刑法では精神喪失者の行為はこれを罰せずとしても無干渉であるが、保安処分では精神病者でも人を殺したり火を付けたりすれば保安処分の目的物となす事が出来ます。元来精神病者のような者は、刑罰権の活動の出来ない領分である為め、現在ではそれ等の人から受ける社会の脅威と云うようなものは殆ど防ぎ止める方法がなく、しかもその精神病者は御承知の如く普通の人よりも社会の保安から見れば余程危険であります。随ってこの保安処分と云うものが刑罰の予防機能の足らざる所を補う為に生まれ出たものであるとしたならば、無論そう云う精神病者をその処分の対象物とすると云うことも保安処分の生まれた理由に顧ても妥当のことであると見なければなりませぬ。

ところで、次に保安処分の条件をなして居る所の危険性と云うことが実は困難な問題である。先に申したような原因問題の研究もまだこの問題を明確に解決して居ない。或いはまたこういう色々な条件を学者が挙げて居りますが、すなわち幼年者の棄育状態、或いは精神上の低能、或いは子供の飲酒癖、或いは労働を嫌う、或いは天性意思が虚弱であると云うことを危険性の原因として主張して居る学者もある。

しかしながら、これらの原因はその各個々が犯罪の原因ではなくして互いに相重って一つの犯罪行為をなし、或いは幼年者の棄育状態が遂には労働を嫌うようになると云うような従属関係を示す場合も少なくない為、そこで今挙げたような原因を以て直にその危険性の標識として将来の保安処分の内容を定めると云う訳にはいかない。そこでどうしても現在の程度では危険性と云うものは唯こういう風に見られる。すなわち「将来に犯行を期待せしめる幾多の条件をその人の自己に総合して居る人」と云う。斯様な極めて蓋然的な判断を与うる外には現在では方法がない。これはまだ実際心理学等が発達しないから已むを得ませぬ。

それで、保安処分をするにも従来の経験上十分にその危険が推定されて、また反面そう云う者を放って置いては社会公安上困るなぞと云う最も明瞭なる場合に保安処分の執行を限定すると云うことが必要になって来たのであります。保安処分の目的物と云うものはどう云うものかと云うことを従来の経験に基き大体を申し上げます。

一つは精神喪失者でありますが、これはこの前申しましたように刑事法上では全く責任が認められては居ない。すなわち刑罰制度では全く無干渉の部類にある。御承知の通り精神喪失者と云うものは実に危険なもので、吾々の秩序ある社会を安けく保って行く上に於いて、寧ろ普通の犯罪者よりも非常に危険である、どうしても吾々社会を安らかに保って行く為にはこういう精神病者に対しても何等か施設を講ずる必要があります。それはどうしてもこれらの人が悪い事の出来ないように、犯行不能の状態にこれを置いて、そうして吾々社会を保護して行くと云うことが必要であります。それでその方法として、保安処分で行う所のはこれらの種類の人を精神病院に留置するより外方法はないのであります。

ところが現在の制度では、人を殺したとか、家を焼いたとか云う精神病者がありましても、直に精神病院に拘置すると云う組織的の手続はありません。これは将来是非とも何等かの方法を講じて、吾々社会を保護する必要があると思います。しかしそう云うことが出来るとしても、精神病者と云うものは、精神病の病的作用がずっと継続して居るとか、或いは、常にひっきりなしに反復すると云う部類と、通過的にポツポツ時々精神的異常が現われて来る部類と二通りある為め、精神病院に収容する上に於いても、自らその待遇を別にしなければならぬと云うことは論を俟たない。

時々起こって来るような精神病者は永久に精神病院に拘置して置くと云う必要もありません。それでこの精神病者に対する保安処置としましては、保護監督の制度を必要と致します。

それからまた持続的の精神病者の中でも御承知でもありましょうが、全く社会に害を為さない、——精神病者であるけれども害を為さない部類のものもありますから、単に精神病者だからと云って直に総て精神病院に拘置すると云う必要もありません、随ってこの精神病者に対する保安処置としましては常に専門家の協力を必要とします。

次には病的人格者と云うものがあります。前からお話しました、いわゆる低能者のような者であります。これは現行の刑罰上の取扱としては精神耗弱者としまして、普通の人よりも刑を軽くして罰すると云うことになって居ります。この原因としましては無論遺伝に基く先天的のものがありますが、或いは生まれて後、環境の作用に依って後天的にそう云う病的人格者になるような者もあります。これらの種類のものは総て刑を軽くして処分しなければならぬと云う刑法の立て前になって居りますから、短い期間にその病的人格を教養して行くと云うことは到底不可能であります。またこれを一般の上から見ましても性質が如何にも粗放でボンヤリした方でありますから刑法の威嚇と云う方面から見ても、こういう人々にはあまり利き目がありません。しかもこういう病的人格者は精神喪失者同様吾々の境遇、生活の上から見れば危険人物であります。これらの人に対しても適当なる保安の方法を必要とすると云うことになる。

しかしこの病的人格者の中にも色々な種類がありまして、殊にその感情方面、情的方面に対する精神障害者は余程その措置に困ります。これは或いは病的意思の薄弱、意思動揺の不定、何時もおどおどして居ると云う様に、その人の本能生活や感覚の生活に色々の形式がありますのみならず、各個の形式に於いても分量上の差異があります。随ってこの病的人格者の性質と云うものは統一して居ない。随って外界の刺激に依って精神反応作用をすることもすこぶる不定であります。

斯くの如く非常に種類の異なったものに対して一定の保安措置を講ずると云うことは非常に困難であります。しかも何時悪い事をするか判らぬ、すこぶる危険千万なものでありますから、刑罰が過ぎまして監獄を出ました後にも放って置く訳に行かない。そこで最近の立法では監護所と云うが如き一定の施設を設けここに留置しまして、社会の保安を図ると云う方法を採って居るのであります。今申し上げましたように非常に種類が違って居りますからその監護所内に於ける処置と云うものも常に個別的の取扱が非常に必要となって来ます。随って如何に個別的に別けて置くかと云うことに就きましては病理研究と云うものが絶対必要となって来ます。素人ばかりに任せて置いてはいけないのであります。

而して従来の経験に徴しますると、不良少年少女の中でこの部類に属して居るものは少なくありません。すなわち異常児に対する保安処置と云うものが政策上非常に重要なる研究の対象物となって居る所以でありまして、これが為めには万国国際会議も開かれてこれを如何にすべきかと云うことが常に論議されて居る次第であります。現在の所では監護所に留置して措置するより方法はないのであります。

次は反社会的性格の者で、この類型中もっとも刑政家を苦しめて居りますものは、いわゆる慣習的営業犯人でありまして、多くは犯罪を繰り返して居ります。すなわち犯罪の慣行に依る習癖と云うものがその原因になって居ります。この部類に属する者は刑罰の威嚇力に依っても何等の反応性がなく、刑罰を屁とも思って居ないと云う部類であります。随って刑罰の一般予防の効果を期待することの出来ないのは勿論であります。既に性格自体が適法生活に復帰するの性能を喪失せるものでありますから、責任を基礎とする刑罰をこれに課しましても、その刑期中にその性格を陶冶して適法生活に耐える性格を養うと云うことは殆ど不可能であると看做されて居るのであります。

然らばこういうものはどうするか。刑罰が済めば世の中に放してしまうか。これでは世の中が甚だ不安でたまらない。従ってこの類型に対する処置としては長き刑期を了えた後でも更に一定の施設内に収容して、いわゆる精神病者と同じに犯行不能の状態に置き、吾々の秩序を保護するの外方法がありません。これがいわゆる保安拘置と云う名称の下に深く論議されて居る問題であります。

ところが今申しますように殆ど適法生活に返る能力を失って居る者でありますから、保安拘置に処しましても長くそれを容れて置かなければどうも回復の見込みがない。こういうことになります。社会の保安と云う方面から見れば、その人の性行が少しも良くならない限りは死ぬまででもその人の自由を拘束しなければならぬと云う結論に達しますが、これらの人も一の人格者でありますから、その人が危険だからと云って刑罰が済んだ後にその人を或る室内に押し込んで置くと云うことも、自由の保障の上から見て甚だ困った問題であります。社会を保安しようとすれば、とにかく個人の自由を侵害しなければならず。個人の自由を尊重せんと欲するならば社会の危険と云うものを放って置かねばなりません。こういう次第で実は習慣的営業犯人の処置が一番現在の刑政家を苦めて居るのであります。

現在に於いても未だ世界の議論と云うものは一定しない。英国だけは最近保安拘置の措置は執りましたけれども、その取扱い範囲はすこぶる狭い。将来そう云うように向くだろうと想像が着きますが、如何なる措置をどう云う条件でやるかと云う事は未だ議論の途中にあって決定して居りません。しかし早晩何とかこの方面に就いても適当の措置を講じなければ、到底社会の不安と云うものは除かれないのであります。

ところでそう云う困難な人間は、冒頭にもお話しましたように、多くは少年少女の時代に於ける国家社会の処遇が間違って居ったと云うことが主たる原因であります。始めからそう云う習慣性になるものでありませぬから、何等かその国家社会の処遇が間違った為にこういう恐るべき犯罪人を世の中に作り出して来たと云うことになりますから、こういうようにならぬ前に、少年少女に対する所の社会の施設が非常に必要になって来る訳であります。

その次には外的要素、いわゆる環境であります。犯罪の原因が環境にある場合であります。いわゆる広い意味で云いますと犯罪の社会的原因であります。今まで云いました精神病者とか、病的人格者とか、反社会的人格者と云うものは犯罪の原因が個人の個性に存する場合であります。この場合は犯罪の原因が主として外部にある場合であります。苟も犯罪の予防の上から見ますれば、環境にある犯罪といえどもこれを放任する訳に行きませぬ。

勿論非人格的の環境にあるこれらの犯罪要素に対しまして、それを保安する一般的の方法とすれば無論社会政策の研究題目であります。救貧制度の如き、労働者保険制度の如きはそれであります。そう云う沢山な原因がありますがその外的要素の中には人格的要素を多分に含んで居る所の原因もあります。酒を飲んで悪い事をする酩酊犯罪すなわち酒飲みの犯行や或いは幼年者に対する教育の放棄、これらのものがやはり犯罪の非常な原因になります。

随ってこういう点から多少関連のある内外犯行要素と云うものは是非とも本人と環境に存して居る原因を切り離して直接の連絡を解くと云うことが、また犯罪予防の上、社会保安の上必要なことであります。これらに対しても保安処分として既に認められ、世界に於いても認められんとして居るものがあります。飲酒療養院、幼年者に対する教育的保安法の設備と云うようなものも畢竟見よう次第では、外的要素に対する保安措置と考察することが出来ます。その他、人の性格および環境、すなわち内外要素の合同作用に依り惹起されたる労働嫌忌、放逸等に対しても保安処分を行う所の一つの類型としての法律制度が存して居るのであります。ドイツの労働者留置の如きこれであります。これらの部類の人達は反社会的の性格は持って居りますが、先に申し上げたような慣習的犯人とは余程違いまして、これらの人は全然適法生活に還ることの出来ない人ではない。多くは浮浪乞食の間に見出す類型であります。これらは規律的生活と労働能力の養成に国家が成功すれば再び適法生活に還ることとの出来る一階級であります。

現在の法律制度の上に既に現われて居り、また将来に現われるべき可能性のある保安処分と云うのは、責任無能力者精神耗弱者に対する監護所の留置、酩酊犯罪者に対する飲酒療養院の収容、反社会的犯人に対する保安拘置、労働階級者に対する労働教育所の収容、少年者に対する教育的保安措置、大体この五項目に現在の保安措置の方法が別れて居るようであります。

なおこの外に刑罰と保安措置の両方を通じて重要な犯罪予防の施設があります。これはいわゆる保護監察の制度であります。保護監察の制度と云うものは幼年者の教育的保安処分に就いては最も重な役目を為すもので、英国とか米国とかに於きましては、既に早くこの施設を採用して居ります。我国に於いても少年法の制定と共に始めて保護監察の制度を適用することになったのであります。

しかしこの制度は今日から云いますれば必ずしも幼年者の場合のみに尽きるべき性質のものではない。成年者の刑の執行猶予、仮出獄等の場合でも保護監察の制度を連絡して行くと云う事が必要であります。何故かと云いますと、もし保護監察の制度で足るものとすれば、高き費用を掛けて沢山の人を一定の施設内に収容して置く必要はない。一方収容しても多少ずつ改善の見込み、悔恨の見込みありとすれば試みに保護監察制度に付して見て、また出して見ると云うように両制度を交互運用して行くことが絶対に必要であるのであります。これに就いては特種のお話があると思いますが、要するに保護監察制度を正確に云えば、教育または労働の機会を与え或いはその人を指導誘掖して、適法生活への歩みを保護助長すると同時に、出来るだけ活動を防げないような目立たない方法で、その人の将来を監察して行くと云う性質を持って居るものであります。これは将来ますます一般的に活用される可能性を持って居るものと考えられます。

第六講　犯罪予防と少年少女

刑罰制度と云うものは犯罪予防と云う方面からのみ観察しますれば、その制度の本質が一般予防の上に建設さるべきものであると云うことは既に御了解のことだろうと思います。その他刑罰制度と云うものは人の責任を離れては存在の余地が無いと云うことも自ら明らかであります。

ところが責任観念はその本質からしましても、常に「ノルマル」「ノーマル」」な常軌的な一般普通の人間、常軌的に精神の発達した者が標準である、平たく云いますと普通成年者の持つ平均点、身心の発達の平均点、それを準則として居る責任観念と云うものの上に打ち立てられて居ります。

随って、少年者の如く身心の発達の足らない者に対しては刑罰制度上、従来といえども幾多の考慮が払われて居ります。

例えば少年者に対しては一定の年齢上の制限を設けまして、それより以下の人に対しては刑事上の責任無しとするか、或いはまた悪い事をしても、果たして悪い事をした時分に是非を弁えるだけの力があったかどうかを判断して、その力の無い人にはその刑を許してやるか、或いは軽減する。しかし免除する場合には刑罰に代ゆるに懲治的方法を以てするが如き成年者とは自らその処遇を異にして居ったことは、いずれの国も同じである。而して従来の刑罰法上の理論に於きましては、少年者の処遇上絶対刑事無能力者の年齢関係および如何なる範囲まで刑罰に代えて教育的改善の措置を講ずるかと云う二つの問題が常に論議の中心になって居ったのであります。

まず二つの問題に就いて簡単に従来の傾向をお話して見ましょう。刑事無能力者と云うものは、如何なる範囲までを刑事無能力者とするか、すなわち悪い事をしても刑罰を適用しないにはどの年齢が宜いかと云うような問題に対しては、大体の議論として、刑事無能力者の範囲をあまり拡張すると云うことはいけないと云う反対論もかなりに強かったのであります。

その理由とする所はあまりこの範囲を拡張して十五、十六、十七歳までも切捨御免、責任を問わないと云うことになれば、両親または保護監督者が、子供に対する所の保護監督の義務を等閑にする虞れがあることが一つ、それから年少者自身が自然の欲求に基づいて犯罪行為を為さんとする時、刑罰と云うものが無いと精神上自ら心を制する心的制御の力が非常に弱められる虞れがあると云うこと、最後に悪い事をしても放って置くと云うことになれば法の確定、法治国に於ける所の法の確定と云うものを害うと云うこと、この三つのものが主な主張であります。そうして従来の各国の刑事統計を見ると十三、四歳前後に於ける年少者で重大なる犯罪を行う者の数が意外に多い。この実際上の事実は反対論の主張をかなりに助けて居ったのであります。

そこで最近に至るまで十二歳位まで宜かろうと云うので、多くの国の規定も満十二歳を以てこの刑事無責任の限界として十二歳以上であれば一応は刑事責任ありと云うことにした立法が従来多かったのであります。

そこでもし刑罰以外の他に何等かの不良少年少女に対する処分の方法が無いとしたならば、この反対論の主張も一概に排斥する訳には行かない。ところが最近に至りまして御承知の通りいずれも年少者に対しては矯正養育、すなわち感化院制度を設け、公私に亘って年少者の保護救済の機関と云うものが寔に多く行われるようになり、将来もまたますますその方面に於ける国家社会の施設と云うものが拡張されるような時代になって来たのであります。そこで現代に於きましては反対論の主張も一応は理由がありますが、刑罰の弊に鑑み、また年少者に対しては出来るだけ刑罰を避けた方が社会防衛と云う法の全般の目的から見て却って目的に適合するものとせねばなりませぬ。そう云うように一般の考えが向いて参りまして、最近に於ける所の立法はこの刑事無能力者の年齢を十四歳に延長すると云う傾きになって来たのであります。我が国に於いても旧刑法は十二歳と云うことでありましたが、現在の刑法は十四歳と云うことを以て刑事無能力者と定めて居るのであります。斯くの如く刑事無能力者の年齢は保護の施設が完全になるに随ってますます上る傾向を帯びて居るのであります。

次は相対的刑事無能力者、この相対的無能力者の観念を認めるかどうかと云うことは、刑事立法から云えばすこぶる面倒なものであります。此処にいわゆる相対的刑事無能力者と云いますのは絶対の無能力者と少年者の間に存する人々であります。十二歳以上十六歳、十四歳以上十八歳、と云うが如き中間の年少者に対しては刑事上の処遇はどうするかと云う問題であります。旧来の立法は先きに申しましたように、多くは悪い事をしたと云う当時に善悪批判能力を持って居ったかどうかと云うことを標準として、或いは刑を免除する、と云う措置を執って居ったのであります。

ところがそれを近時心理学の発達の結果、どうも是非弁別力と云う観念はすこぶるあやふやなもので、是非弁別の力がなくても、人の身心の発達の状態が「ノルマル」であるかどうか普通であるかどうかと云うことを省察して定めた方が相当であるとの議論が起こって来ました。

その他色々な議論がありますが、つまりそう云う観念をくっつけて、その観念に基づいて刑を課するとか、課せないとか云う取扱いをすることは宜くないと云う考えに移って参りました。何んとなれば観念を定むることが既に困難であるのみならず、法律が観念を規定すれば実際取扱う所の人の観念の相違によりましては或いは必要の無い人に刑を課すと云うようなことが起こって来ぬとも限りませぬ。故にそう云う形式的観念はこれを捨て、総て各場合の状況に随って適当の措置をして行くと云うことが寧ろ宜いではないかと云う議論がまず大体に勝を占めた訳であります。

そこで我が国の刑法もその趣旨に随いまして十四歳以上の少年者は全部刑事上の責任ありとして、相対的無能力者と云う観念を捨ててしまって——捨ててしまったからと云って必ずしも旧刑法以上に少年者を罰すると云う意味ではありません。

とにかく観念を設けて却って罰すべからざるような者を罰すると云うようなことを避けんが為めにこの観念を捨てたのであります。

以上申しましたように従来刑罰法も年の若い人に対しては多少考慮を払って居たのであります。しかしながら先にも申しましたように、従来の経験から見ますれば受刑少年に対する刑罰の効果は一方から見てどうも宜くない。殊に刑を受けたと云う事実が年少者の名誉の感情を傷けると云うことが将来の感化改善に対して致命的打撃であると云うことが経験上判って来ました。すなわち自ら自暴自棄に陥るのみならず。受刑年少者に対する社会的尊敬の感情も大いに動揺して来ます。従ってこれを一般的に見ますれば、一旦刑を受けた人に対する社会の包容力も著しく毀損せらるることを免れませぬ。

そこで自己自身は自暴自棄に陥る、社会の包容力は毀損される。自他の関係から遂に社会に容れられない所の人が再び犯罪に陥って行くと云うことは自然の勢いであります。従来の研究に由れば受刑の事実が年少者累犯の有力な原因である。而して累犯の蓄積が恐るべき慣習犯人を産み出す唯一の道行になると致しましたならば、国家社会は共に大いに考慮しなければならぬのであります。もう一つは小さな人達の心意状態は、単に受刑の事実のみならず警察へ喚ばれるとか、検事局に喚ばれるとか或いは裁判所へ出入すると云うこと自体がかなりに大きな危険を伴うと云うことが幾多の経験に依って明瞭になって来ました。これは常識で考えても判りますが、年少者が検事局とか裁判所とかこれらの建物装置に親しくなって来ますと知らず知らずの間に悪いことをしても恐ろしいと云う念が消えて行く、殊に公判の弁論で多数の人の居る中で少年者を調べると云うことがすこぶる不良な感応を少年の精神の上に及ぼす。一度そう云う公判に出た不良少年は新聞に出たりすると最初は恥ずかしい顔をしますが、後には自己の非行を誇るような感じを起こすもので幼年者の感激性の結果であります。何か沢山人の居る所で調べられると自分が偉い事をやったように善悪の批判なしに一時実些の感激でそう云う感を起こすのです。これらの点が刑罰制度と云うものが幼年者に対して犯罪予防の機能と云うことに対して世人をして不審と不安を生ぜしむるに至った主な原因であります。

そこでこういうことが幾多の人々に唱えられ、また実際家に依って宣伝された結果、年少者に対する犯罪予防の方法手段と云うものが更に一大革新を招来すると云うようになって来た訳であります。今申したような弊害は最近に於いて年少者に対する刑罰無用論を生ずるに至りました。

そこで刑罰制度の特別予防、一度悪い事をした人に再び悪い事をさせないと云う特別予防の機能の方面から見たならば、その点のみ考えれば確に刑罰と云うものは年少者に対してはまず有害無益と極論しても差し支えないかも知れませぬ。

しかしここで考えなければならぬことは犯罪予防と云うのは必ずしも犯罪になった人を再び適法生活に返すと云うことのみならず、初めから犯罪をやらせない。すなわち初犯者の防止と云うことが更に一層重大であります。今もし先に申したような刑罰の弊がある為に年少者に対して全然刑罰を廃止してしまったとしたならば、どう云う結果をこの年少者の心理の上に及ぼすだろうかと云うことをまず考えて見なければなりませぬ。実際の上から見まするとと現在の刑罰制度が少年に干渉して居るのは先に申しましたように十四歳以上二十歳以下に至る間、すなわち小学校の半ばから中学校程度の所がいわゆるここで云う刑罰を廃するかどうかの問題であります。十四歳以下は何処の刑罰でも廃して居る。今の問題としては十四歳以上二十歳以下中学三四年頃までです。それで今これらの年配の人は、人を斬っても家を焼いても切捨御免と云う制度を確立されたとしたならばどうであろうか。他に如何に予防の施設が十分に整えられて居るとしても果たして、多数の年少者の適法生活を保証することが出来るだろうかと云うことを考えて見なければなりませぬ。

今云ったような年輩では心身の発達が共に不十分で、どうしても自然的欲望に引きずられ易い時代であります。これに切捨御免の制度を布くと云うことになれば恐らくは反法者の続出は殆んど防ぐ途はないと思います。こういう考えは明らかに有力なものであります。

元来刑罰と云うものは先にも申したように、公けにその行為がいけないと云う無価値判断の表明でありまして、その強い社会的評価鎮圧があればこそ、年少者をして自分の行為の値打と云うものを自省せしめ、また自分の行為を批判し、悪い事をしようと思ってもそれはいけないと云うので、改過遷善の効果を期待することが出来るのであります。

それで、それ等の年輩の人に対してまで刑罰無用論を実際の制度の中に現わすと云う事はどうも現在の所では賛成出来ません。いわゆる各国の統計――日本でも同じでありますが、大きな都市に於いて殺人と云うような行為、すなわち極悪粗暴なる行為をやる未成年者の増加と云うものは、非常に著しく、現代に於いても殺人の多くは十七八歳位の人に多いのであります。そう云う事実が現在ある以上、その人々に対しては将来の為に甚だ刑罰制度は悪いが、一般の社会防衛と云う方面から見ますれば全然刑罰を捨てる事は出来ません。時には弊害があると云う事、すなわち特別予防の効果を無視すると云う事も已むを得ないのであります。これが非常に弊害があると云う事が明瞭であるに拘らず現代の刑罰法がいずれも年少者に対する刑罰を全然放擲する事の出来ない理由で、我が国の法制もまたその通りであります。無論已むを得ない制度でありますから、これが運用に就きましては今申し上げました如く弊害を顧みて適当の措置を講じなければならぬと云うことはこれまた論のない所であります。

以上が犯罪の予防と云う方面から見た年少者に対する刑罰制度の大綱であります。そうして刑罰制度と云うものはいわゆるノルマルな青年を標準とする制度でありますから、年少者に対する刑罰制度の運用と云うことは国家社会の安康を維持する限度に止めて、苟も他に幼年者に対して将来の違法生活の目的を達するに適当の措置がありとしましたならば刑罰制度の活動を中止すると云うことは無論であります。

ところでまず従来の経験に鑑みて見ますれば、初犯年少者の犯罪と云うものは多くは無監督の状態と云うことが原因であります。多くはこれに帰納せられて無監督の状態と云うものが半面に於いて犯罪を招来すると云うが如き因果関係を持つのであります。更に言葉を換えて申しますれば、年少者の犯罪と云うものは、多くは無監督状態の反映であると申して差し支えありません。いわゆる無監督の状態と云うものは棄育、すなわち教育をせずして振り棄ててある、放浪の境涯にある人を指して云うので、換言すれば親が無い、親はあっても無頼漢で一向監督が出来ない、そう云う境遇にある人を云うのであります。元来教育の欠陥と云うものはこれは幼年者に拘らず青少年を通じて犯罪発因の一大動因となると云うことは一般の定論であります。年少者に対してはこれらが直接の原因である。随って国家としましては刑罰制度以外にそれ等の原因そのものをまず取り去ると云うことの手段を確立すると云うことが犯罪予防の上に絶対の条件となる訳であります。約めて申せば刑罰制度の持って居る所の弊害を去ってその足らない所を補う所の一定の確立した施設が必要となって来るのであります。

第七講　年少者に対する教育保安処置

最後に、刑罰以外に或いは刑罰に関連して、年少者に対しては刑事政策以外に如何なる措置を執るが宜いかと云うことを少しく申述べて見たいと思います。すなわち年少者に対する教育的保安措置、これは刑罰に一緒に加わって居ります。段々申し上げて来ましたように、現代の人と云うものは、人の心身がまだ発達しない所の途中にある所の者の過ちと云うものは、原則として、成年者と全然批判標準を異にしなければならぬと云うことを認識して来たのであります。すなわち言葉を換えて云いますと、現代の国家と云うものは年少者に対してはその刑罰法違反の行為を罰することを以てのみ満足せず、寧ろそう云う行為のあった時にはその機会に於いて刑罰よりも寧ろ教育的干渉を及ぼすことが適当ではないかと云うことをまず吟味する用意を主眼とせねばなりませぬ。

そうして、もしその犯罪少年者を適法生活に返す上に於いて教化処分で十分だと思う場合には刑罰はこれを止めるが至当であります。しかしまた犯人の性行や、その犯罪行為自体が社会に及ぼす影響等を考え、刑罰を課することはどうしても已むを得ないと云うような場合に於いては、また時に少年者をして法の厳峻なることを知らしめ、感得せしむる所の機会を全然棄ててはならないのであります。

次にはまた、これらの処分をするその遣り方手続きも、先に申したように弊害もありますから、実体法の問題と共に特別なる構成を必要とします。こういう認識は世界一般の定論と見ても差し支えありません。そして年少者の個性を判断する上に於いて特に重要なる事柄は、出来るだけ早くその個性の調査を試みるようにし、またその手続き中に成年犯罪者と接触さすことは絶対に避けねばなりません。殊に手続きを公開して誰にでも見せると云うことは、先にも申した通り幼年者をして何だか偉いことをしたと云うような感を懐かせる為、その後の取扱上甚だ困難な原因となりますから、これを避けると云うこともまた国家の態度として考えねばなりません。

究極する所、少年者と成年者とは、取扱う所の手段は勿論、その取扱う場所も全然これを別にしなければならぬと云う一般の認織、これが現在の世界各国に於ける新たなる立法を導き出しました所の有力なる理由であります。すなわち新たな立法と申せば、まず米国や濠州に一番初めこれが行われ、次いで今ではイギリス・フランス・ベルギー・ポルトガル・スペイン・オーストリア・オランダ・ドイツ相次いで、色々名称は違いますけれども、少年者に対する刑罰措置、そう云う方面に対する所の法律が考究されて来ました。我が国の少年矯正法もこの部類に属する法律であります。

この中で一番有名なのは、いわゆる英国の児童法であります。色々名前は違って居りますが、今挙げました所の法制の大体を通覧して見まするとと多くは下に云うような内容を含んで居ります。すなわちまず年少者の審判を為すには特別な機関でこれを行う。その特別な機関には広い所の権能を与えて居りますが、殊に刑罰を科するとか、または刑罰を科せずして教化処分を行う。或いは刑罰と並んで教育的処分を行う。いずれでも随意にその時の事情に随って決定すると云う広い権限を与えると云うことが一般の法令のようであります。

それから、そう云う不良少年少女を取扱う場合に於いて、未決拘留とか或いは刑罰と云うことは出来るだけ制限すると云うこと、これもこれらの法規の生命であります。審判は全然公開を禁ず。誰にも見せない。しかし親とか兄弟とかそう云う者だけには制限的にこれを許す。こういう風にいずれの立法も出来て居る。そうして取調べるときや、或いは刑を執行する場合でも少年と成年者とは絶対に離隔して決して同じ設備の中に収容しない。なお已むを得ずして少年者に自由刑を課する場合に於いては特別なる設備をなすこと、それから刑の執行に代えまたは刑の執行後に少年を保護監督に付することを得ること、その他一方に刑を科しながら保護監督に付せしむると云うようにいずれも保護監督制度に連結して居る点が特に目立つのであります。またそう云う手続きを行い、或いは刑を執行し、矯正院に容れるとか、保護監督を行う場合に於いては、非常に広い範囲に於いて或いは国家法制上認められて居る所の保護司とか、或いは国家の法制には認めて居ないが、社会に於ける所の公私の団体博愛精神に基く所の色々の団体、各個人の協力が非常に広い範囲に於いてこれを認めて居ると云うことも特徴と為して居る。いわゆる世の公私団体とか保護団体と連絡を執ってそう云う制度の中に編み込んで行こうと云う方針に出て居る。これも今までの方針とは違って居る点であります。

それからなおその手続きを実行する場合に於いては、先にも申した刑事無能力者と然らざる所の者の間にも区別を設けて居りません。刑法は十四歳以下は刑事無能力者として居るけれども、この手続きでは十四歳以下の子供でもやはり相当の機関に於いて措置を執ると云うことになって居ります。なお一つこの機関では既に犯罪行為を為した者のみならず、将来犯罪を為す虞れある者に対してもやはり何等かの措置を講ずる。こういうやり方を法律はして居るのであります。

以上申し上げましたる諸外国に於ける制度の趨向（すうこう）から考えて見まして、この少年者に対する措置、すなわち犯罪少年、犯罪の虞れある少年、これらの者に対しての取扱いに就いては、どうしても特設の機関を設けると云うことが必要のように思われます。普通の刑裁判所とは別の組織の物を拵えると云うことが必要のように思われます。

そこで今の各国の制度では特別の機関をいずれも設けて居りますが、その特設機関は普通裁判所内にこれを設けるか、或いは普通の裁判所とは全く切り離して外の独立の機関に委ねるかと云うことが、制度の問題としてはかなりに重要な問題で、従来争われて居った所であります。けれども現在世界一般の趨向から見ますれば多くは普通裁判所外にそう云う機関を設けまして、その特別の機関にはまた特別の手続きを定めると云うのが問題の性質から見てどうしてもやはり適当であると私も思います。何となれば現在の犯罪少年に対しまする所の国家の立前は刑罰よりも寧ろ教育的保安を第一としますから、その国家の態度自体が少年の心意の上に及ぼす影響を考えて、その取扱う機関そのものから既に刑罰と云う色彩を取り去ってしまうことが犯罪少年の将来の教化の上から見て余程重要な意義を持っては居ないかと思うからであります。

今申したそう云う特設機関を何処に設けるかと云うことに関連しまして、更に少年の心意の上から見て極めて重要なことが一つあります。それは既にこの少年を取扱う為に特設機関を設けた上は、たまたま刑事処分を為さねばならぬような已むを得ざる場合にもやはりその同じ機関をしてそう云う刑事上の処分を為さしむるかどうか、と云うことであります。これは諸外国の法制では、苟も特別機関を設けた以上は、少年者に対する所の処分は将来教化的処分であろうが、刑事的処分であろうが、同じ機関をしてやらしむる方が取扱いの統一上から見ても結構ではないかと云う議論がありまして、多くは同じ機関をして取扱わしめて居るのであります。

しかし更に進んで考えて見ますると、同じ機関をして行わしむると云うことになると、どうも刑罰と教化との間に存在して居る所の区別を不明ならしむる虞れがある。それを行う当初に於いてはその虞れがないかも知れぬけれども、永く年を経るに随いましてどうも同じ所で処遇され、一つは矯正院、一つは少年監獄と云うことになりますと、自然の間にどうしても矯正院なるものをして何だか第二の監獄と云うような感じを惹起せしむることになるだろうと想像される。そうすれば態々特別の機関を設けた所の効力を失う虞れがあります。

一寸考えますとそうでもありませんが、将来ずっとやって居ると、あの人は少年監獄に行った、あの人は矯正院に行った、再び少年監獄に行ったと云うことになれば、それに対して、さきに申した様な感じを起こさせる虞れがあります。斯くては刑罰の色彩を取り去るが為に特別の機関を設けても何の役に立たないようになる。

それで私の考えでは刑事処分と教化処分とは区別した機関を設けた方が宜いと思います。それは丁度我が国で採用した処分でありまして、刑事処分を為す場合には普通の刑事裁判所の少年部で刑事判決を為し、少年審判所に云う特設の機関はただ矯正感化の処遇のみをやる。こういう立前で行きますれば、矯正院や感化院と云うような教化的措置と、少年刑務所とが永久に別個の存在を保存して行くことが出来まして、処分を受けた少年の心意の上に及ぼす影響も自ら異なるところがあり、両々相独立して特有の効能を発揮することが出来るだろうと思います。それで私の考えとしましては、日本の法制の立前にした方が適当だろうと考えて居るのであります。

次に然らばどう云う少年者に対してはどう云う処遇をするかと云うことになります。たとい刑罰を云い渡されたにせよ、矯正院の入場を命ぜられたにせよ、いずれの手段でも総てその少年を再び善道に返す。そう云う指導の下に感化矯正すべきは無論のことであります。しかし悪い事をした少年または犯行の虞れある少年はどれもこれも性格上の矯正を必要とするものとは限らない。先に申し上げましたように、環境的に存する所の犯罪原因、すなわち棄育とか、放浪とか云う原因を取り去りさえすれば十分に適法生活に還すことの出来る者も多く、随ってこの年少者に対する処分と云うものは必ずしもその自由を拘束する場合のみに限らないと云うことになります。

それからまた同じく矯正を要す者、すなわち不良性を既に帯びて居る者の中にもまたその程度の差で種々の階級の者があると云うこと、およびこれらに対する措置と云うものも千変万化色々な人またその境遇に応じて研究して行かねばならぬと云うこともこれまた論を俟たない所であります。

唯ここに一言申し上げて置きたいのはそう云う区別の存する中で、先に申しました異常児、すなわち異なった病的人格者、異常児と異常児でない者との間の事だけは絶対に区別をする必要があります。この異常児には刑罰上の威力は何等ない。すなわち刑罰は絶対に無益であり、また矯正院へ入れても普通児と同一の区別ではとても矯正の出来る人達ではありません。そこで普通の不良少年として取扱わねばならぬこれらの者に対して、もしその病的性格を廃する必要があれば、無論これは専門的に医者の治療と云う事が必要である。

しかしながら異常児の根治と云うことは従来の経験では殆んど困難視されて居る。そこでまず今日の場合の方法としては、放って置けば危ないからどこか適当な一定の設備に収容しまして、それらの人々から脅かされるところの社会保安の途を講ずると共に、低能児教育の設備を必要とするのであります。低能児教育の制を確立しまして、多少でもその脳力を啓発すると云う方法に出で、同時にまた何か簡単なものでも宜いから性能に適当な職業的機能をゆるゆる了解させるとか何とかして、一人立の出来る生活資料を得る所の途を立てると云うような方法を講じて行くより外はありません。一昨年でありましたが、文部省に於いて低能児機関を建てると云う計画があるように聞いて居りましたが、現在では実現して居らない。随って今は低能児も然らざる者もそう教育することも出来ない訳であります。もっとも矯正院の方では余程注意して居るようですが、これは将来の問題として非常に考慮を要する点であります。

次は外的要素、すなわち環境から来た所の犯罪原因を取り去る。これは先にも申したように、主としては社会政策の実施と云うことが必要であります。すなわち救貧制度を確立すると云うことも非常に必要なことであります。個人の生活を確立さすと云うことが必要であります。或いは善良なる精神は健康なる身体に宿ると云う理由から近来何処でも行われて居る乳児の保護、或いは商工業に従事する年少者に対して一定の保護施設を設けたりその他婦人協会でやって居られる色々な方法がありますが如く、いろいろ公私に亘って施設すべき事が非常に多いのであります。

要するにこの社会的原因を取り去る所のこれらいろいろな施設の中枢機関と云うものが現在は欠けて居るのであります。これもいろいろ議論がありましょうが、まず中枢機関としましては、私の考える所では後見監督の制度の確立と云うことが最も必要な事項ではないかと考えます。日本の現在の状態から考えますれば現在の家庭に欠陥があると云うことが、その子弟をして棄育放浪の状態に走らしむる所の主な原因ではないかと思います。殊に近代のように都市集中の勢が強くなりまして、誰も彼も都会に向かって集って来ます為に、どうも家の欠乏もありましょう、いろいろな原因から甚だ不健全なる所の家庭の増加と云うものは年と共に殖えて行く、と云う状態でありますから、どうしても家庭の子弟に対する保護監督と云うことが不健全であります。これは統計を知りませぬから判りませぬが、そう云うのが多数と思われるのであります。それ故家庭の保護監督が、年少者の将来を保証することが出来ないとしましたならば、しかもその保証が出来ない為に年少者をして棄育放浪の境涯に陥らしむるものとしたならば、国家社会としてこれに向って救済の手を延ばすと云うことは絶対必要なことではないかと思うのであります。しかもそれをやるのにはやはり何等かの中枢機関の確立と云うことが必要であります。私の云う所の後見裁判所のようなもので、後見監督の中枢機関を確立して家庭の健全を国家と社会とで保証してやらねばなりませぬ。然るに我が国にはこの方面の機関が欠けて居るように思われますが、これは恐らく将来に於いて必要なことであろうと信ずるのであります。

次には刑事政策上主たる目的物となる不良性を帯びたる幼年者に対する取扱いであります。これらの者に対する処遇としては、現在ではまず万已むを得ない場合には少年刑務所に容れる。然らずんば矯正院にやるか或いは感化院に送る。極く極く程度の低い者には、まず一度家庭に帰して、そうして保護監督の制度を設ける等、色々その人の境遇に従って手段を講ずることになって居ります。

ところが、どの手段がその少年の将来に最も適切であるかと云うことを定めると云うことが非常に困難な問題で、或いはその経歴を見、或いはその人の家庭の事情を調査し、或いは犯行の動機が何処にあるかと云うことを考えて見、或いはまた犯罪に依って得たものをどう云う風に使ったか、色々な方面から周到なる調査をしなければ到底正確な判断が出来ない為め、先に申したように少年法の運用には是非とも特別の機関が必要となります。我が国に設けた保護司の職制の如きはその一でありますます。随って現在に於ける不良少年者に対する所の処遇が果たしてその良好なる効果を奏するかどうかと云う事は大部分は懸ってまず保護司の如何に依る。こう云って差し支えないだろうと思います。

なお、また保護司の職務は処分後にまでもこの活動は続かねばならぬものであります。元来少年者に対する干渉は出来得べくんば避けた方が宜いのでありますが、必要な場合には干渉して、或いは矯正院に容れるとか、或いは感化院に容れたり。または公私の保護団体に預けると云うことは止むを得ないのであります。

ただ出来得べくんば、なるべく家庭に抱擁せしめ、その人の家庭に対して蔭ながらその人の行動を監察して行くと云うことが最も必要な事柄であります。故に一旦公私の団体等に容れましても多少でも見込みがあれば、また自由の天地に放して見ると云う便宜の処置も必要であります。この場合に保護監督の下に置くことは勿論であります。そうして見込みが着いたならば始めて保護監督の下から解放して、ここに初めて順良なる少年としての復活を見るので、保護司の職務は実にこの制度の中枢を形づくって居るのであります。ところで現在日本に於いてはそう云う大きな広い職務を持って居る所の保護司と云うものが犯罪少年者の数に対して甚だ少ない。いわゆる官制上認められた専門家が非常に少ない。

唯幸いに少年問題に了解を持って居る人達が嘱託保護司として働いて居りますけれども、どうもこの仕事だけは十分に経験がなければ困難な事柄で片手間の仕事では困ります。将来この方面に於ける所の機関は何等か相当の組織立ったものに組み立てると云うことが現在に於いて非常に必要ではないかと思われます。

しかしどうしても矯正教化の方法でいけない場合には刑罰を課せなければなりませぬ。刑罰を課するような必要のある者は多くは不良性の強いものになって居ります。随ってそう云う不良性の強い人を再び真人間にすると云うのにはなかなか初めから何年経ったら良くなろうと云う見極はつかないのであります。

そこでいずれの国に於いても少年犯罪者に対する刑罰としてはいわゆる不定期刑の宣言と云うものを課します。不定期刑の宣言と云う制度はその内容から云いますと、同じ名称でも種類がありますが、大体に於いて刑期を初めから定めて居ない所の刑罰を云い渡すのであります。この制度の是非長短に就いても色々と議論がありまして、総ての場合にこの制度を布くと云うことはやや躊躇される点もありますが、少年犯罪者に対しては、最早や世界の議論が一定して居ると云って差し支えありません。要するに何故その少年者にその制度を必要とするかと云うならば、先に申しましたように、既に良くなった人間を監獄に詰め込んで置く必要もなく、また良くならない人間なら出しては困るし、少年者に対する処遇と云うものは常に出入自在と云う方面に妙味があると云うことがこの制度の基本観念であります。それと一つは非常に不良性の強い人に対する不定期刑の宣告と云うことが余程少年者の心意に好い結果を与える。この二つの考えからこの制度が幼年犯罪者に連結される事になりました。

要約しますれば、この制度とは刑期を不定の状態に於きまして年少者の心意の上に働く作用を利用してその幼年者の改善に役立たせんとするのがこの主要な目的であります。すなわち善良なる行をすれば明日にでも出されると云う期待と云うものが非常に幼年者の心意を緊張せしむる。その代わり性根を直さなければ何時までも留められる。一方は威嚇、一方は希望、この二つが少年の心意の上に重要な影響を持ちます。随って不定期刑の宣告は常に仮出獄の制度と連結されて居るのであります。刑期が定って居ないから大概良くなったら出して見よう。仮に出して見る間は保護監察の制度に付して一定の期間世の中に出し宜さそうだと云う所で刑も尽きる。そう云うやり方になって居る。これを不定期刑の宣告と云います。それで日本の少年法に於いても始めて不定期刑の宣告の制度を採用して今現に行なって居る次第であります。

少年少女保護に関する関係法規

鈴木賀一郎

第一講　関係法規の総説

少年少女保護に関する関係法規と云うと非常に広汎な範囲に亘るのであって、本来から申せば生まれる前からの事が、やはり少年少女の保護に関係すると云うことになるだろうと思います。そうなると出産のこと、育児のこと、学齢児童のことから、その他大きくなってからの少年少女に関する総ての法律規則をお話しなければならぬことになります。

しかし此処では、少年審判所で取扱う少年少女の保護に関係する法規を主としなければならぬと思いますが、それだけでも随分沢山あります。まず不良少年少女の保護に就いての法律と云うものは従来無かったのでありますが、大正十二年一月一日から初めて実施された「少年法」と云うものが、不良少年少女の保護に関する問題を解決する根本法と謂うて宜しいものであります。

次に少年法実施の結果として大切なものは、「矯正院法」と云う法律であります。これは少年法の実施の結果、審判所で審判をして保護処分を加えた子供の中、性質の殊に悪い者を矯正院に送って、矯正教育を施すことになって居るのであります。その矯正院に関する法律が、やはり少年法と同時に、大正十二年一月一日から実施されて居ります。次に「感化院法」と云うのがありますが、これは明治三十三年から実施されたもので、これに依って各府県に感化院と云うものが出来て居って、不良少年少女の感化教育をして居るのであります。

次にやはり少年法に最も密接な関係のあるのが「刑法」であります。刑法は犯罪と刑罰と云うことを規定してある法律であり、少年法も罪を犯したる少年――法律語で云うならば、刑罰法令に触るる行為を為したる少年、刑罰法令に触るる行為を為す虞ある少年に関する規定でありますから、共に刑罰法令に触るる行為、言い換えれば犯罪行為の研究を必要とするのであります。しかも犯罪と刑罰と云うことは総て刑法に於いて規定されて居るのでありますから、刑法を知らなければ如何なるものが刑罰法令に触るる行為であるかと云うことが判りません。随って刑法も少年保護の関係法規として研究しなければならぬことになるのであります。

次は「刑事訴訟法」でありますが、これは刑法には犯罪と刑罰との抽象的の規定が掲げられてあって、或る罪を犯した者は何々の刑に処する、例えば他人の財物を窃取したる者は十年以下の懲役に処す、と云うようなことが規定されて居ります。これは抽象的の規定であって、こういう罪を犯した者はこういう刑罰に処するぞよ、と云うだけのことであります。それならば具体的にここに一つの犯罪が起こって来たと云う場合に、その者に対してどう云う手続きで刑罰を科するかと云う規定がなければ、犯罪人に対する法律の適用が出来ない。その点を規定したのが刑事訴訟法であって、これもまた少年法と密接の関係があります。

次には「監獄法」でありますが、これは裁判所に於いて判決を言い渡し、懲役刑、禁錮刑その他自由刑を科せられた場合に、その刑の執行をする処、すなわち監獄――今では刑務所と云います――に関する規定が監獄法であって、これもやはり少年法の上に於いて普通の監獄と異なる取扱いをしなければならぬと云う特例が設けられてあるから、少年保護の上に於いては当然知らなければなりませぬ。

その次には「司法警察職務規範」と云う規定があります。これは司法警察官が犯罪人を取扱う場合、殊に犯罪少年を取扱う場合に、普通の犯罪人と同様に取扱ってはならぬ、少年を取扱うには特別の扱いをしなければならぬと云う規定が掲げられてあります。少年に対する犯罪を調べるには司法警察官、すなわち警察の警部、巡査といえども、普通の犯罪人とは違って鄭重な手続きをし、また温情を以てし、秘密を守らなければならぬと云うような規定がありますから、この事も少年保護に携わる人は心得て居らなければならぬ訳です。

その次は「民法」であります、民法は吾々国民の個人の間に於ける法律関係を規定した根本法であって、これは唯少年保護に携わる人ばかりではなく、一般の人が心得て居らなければならぬものでありますが、少年法の上に於いても民法に関係する事柄が多々出て来ますから、これも関係法規として知って居らなければなりません。

その外なお「工場法」に於いて、何歳以下の者はどう云う風に扱うと云うような規定がありますから、この工場法も知らなければなりませぬ。

次には教育に関する法規として「小学校令」「中等学校令」「高等女学校令」等もこれまた少年保護の上に心得て居らなければならない諸規定であります。その外棄児に関する規定、里子に関する規定、少年労働に関する法規と云うように、数えたらなかなか沢山あります。

順序としましては、少年法中の民事法規の内の少年法と最も密接の関係ある年齢のことと、懲戒権のこととをお話するだけに止めて置きます。少年法第一条に

本法ニ於テ少年ト称スルハ十八歳ニ満タサル者ヲ謂フ

と云う規定がありまして、十八歳に満たざる少年と云うものが、少年審判所に於いて保護される少年であると云うことになりますから、まず少年審判所で取扱う少年は、年齢と云うことを第一に見なければなりませぬ。三十歳、四十歳になった人までも保護するのではない、十八歳未満の少年だけを保護することになって居るのであります。そこでその年齢と云うものはどんな風に計算するものであるかと云うことを知らなければなりませぬから、まず年齢に関することを、お話して置く必要があろうとおもいます。

なお、少年法の中には十八歳未満と云うこと、或いは十六歳以上の少年であって犯罪を犯した者は、検事局から送致を受けなければ審判が出来ぬと云う規定もあり、また十六歳未満で罪を犯した者には、死刑とか無期刑を科せないと云う規定もあるのであります。その他諸種の年齢の規定が沢山あります。随ってこの年齢はどう云う風に計算するのであるかと云うこ

とを、詳しく知って居ないと、間違いを起こす場合があります。のみならず、この年齢の計算と云うものは、唯少年保護に関係する人ばかりでなく、一般国民に於いても、どう云う法律の根拠に基づいて計算するのであるかと云うことは、承知して置かなければならぬことでありまして、吾々の日常行動する上に於いて始終年齢の問題が起こって来ます。例えば何歳になれば結婚をしても宜いとか、何歳になれば刑事責任年齢に達するとか云うことは、総ての人に日常起こって来ることでありますから、心得て置く必要があるのであります。民法の第百四十条を見ますと

期間ヲ定ムルニ日、週、月又ハ年ヲ以テシタルトキハ期間ノ初日ハ之ヲ算入セス

とあって、何日間、何週間或いは何ケ月間、何年間と云う風に数える場合にはその初日は勘定に入れないことになって居ます。そして、その条に

但其期間カ午前零時ヨリ始マルトキハ此限ニ在ラス

と規定されて居るのであります。譬えて云えば「今日」から十日間と云う期間を約束した場合には、「今日」は十日の数の中に這入らないのであります。「明日」から数えて十日目に当たる日の夜中の十二時が経過して、初めてその十日間の期間が終わることになります。もし「今日」が這入ることになれば一日違って来ますから、計算の上に非常な相違が出て来ます。但し午前零時、夜中の十二時を打って直ぐから契約をして、今日から十日間と云うような場合にはこの限に在らずで、初日を算入するのでありますから、その場合は今日がやはり十日の中に這入る訳であります、それは午前零時から契約をすればその日を除く必要がない。普通の場合にはその日の中途に於いて契約するから、その日を一日として計算しては無理だと云うので、初日は算入しないのでありますけれども、午前零時からきちんと約束すれば、その日は一日たっぷりありますから、それは算入するのが当たり前であると云う所から、こういう但し書きが附いて居るのであります。

次に民法第百四十三条には

期間ヲ定ムルニ週、月又ハ年ヲ以テシタルトキハ暦ニ従ヒテ之ヲ算ス

とあって、何週、何月、何年と云った場合には、暦に従って計算すると云うことになって居ります。でありますから例えば今年、すなわち大正十四年一月一日午前零時から一箇年と云うことになれば、今年十二月三十一日午後十二時にて恰度暦通り一箇年と云うことになります。その次項で

週、月又ハ年ノ始ヨリ期間ヲ起算セサルトキハ其週間ハ最後ノ週、月又ハ年ニ於テ其起算日ニ応当スル日ノ前日ヲ以テ満了ス

とあって、週、月または年の始めから計算しない場合、一週間の途中或いは一月の途中、一箇年の途中から計算する場合には、その期間は最後の週とか月とかまたは年のその起算日に応当する日の前の日を以て満了することになるのであります。これはどう云う事かと云うと、例えば大正十四年十月十二日から一箇年の契約をする時は初日は算入せず翌日の十三日から起算するので、この場合には明年の大正十五年十月十三日が応当日になる、その応当日の前の日十二日午後十二時を以て一箇年が終わるのだと云う規定になって居るのであります。ですから十三日から一月と云えば来月の十三日の前の日十二日午後十二時で一月になる、但しそれには次の如き例外があって、

但月又ハ年ヲ以テ期間ヲ定メタル場合ニ於テ最後ノ月ニ応当日ナキトキハ其月ノ末日ヲ以テ満期日トス

十三日の如きは何の月にも無い月はないから問題はありませんけれども、例えば閏年(うるうどし)の二月二十九日に向こう一箇年間と

期間を定めたとする。すると平年には二月二十九日と云うものはない。そこで翌年の二月には二十九日と云う応当日が無いことになる。その場合にはどうするかと云うと、月の末日を以て満期日とすることになって居るのであります。でありますから、二十九日と云う応当日はないが、その代わりに二月の末日二十八日を以て満期日とすると云うことに規定されて居るのであります。そこで月の初から期間を計算する場合は問題はないが、月の途中から始まる場合にそう云う応当日の問題が起こるのであります。初から計算をすれば暦に従うのであるから、一月の初から数えて一ケ月と云えば、一月三十一日で一ケ月、三ケ月と云えば三月の三十一日で三ケ月になります。だから応当日の問題は中途から計算する場合に、初めて問題が起こるのであります。

これが普通の場合に於ける計算の原則であります。総て私法上の期間を計算する場合には、この原則に従って計算しなければなりませぬ。ところが年齢の計算に付てはこの原則に拠らないのでありまして、それに就いては特別の法律が出来て居ます。すなわち明治三十五年十二月法律第五十号「年齢に関する件」と云う法律がそれで、これに依ると年齢を数えるには生まれた日から計算すると云うことに規定されて居るのであります。民法の原則に依れば初日はこれを算入しないことになって居ますが、年齢の計算法に於いては出生の日から計算するのですから、初日も計算の数に這入るのであります。この点が普通の原則と異なって居ます。ですから今日生まれた子供が三歳になると云えば、今日から数えて恰度暦に従って三年目の「今日」の前日の午後十二時で三歳になるので、普通の計算とは一日違って来ます。普通の原則では初日は数えないから一日延びて来る、年齢の計算では生まれた日から直ぐ数えるから、原則よりも一日前の日が満齢になる訳であります。

これで大体年齢の計算のことは御判りになったろうと思います。要するに普通の原則は翌日から計算するが、年齢の場合は生まれた日から数えるのであると御記憶になれば宜しい。

なお民法の中でもう一つお話して置きたいことは、矯正院法、感化院法中に規定せられてある事で、民法の条文の中で最も関係のあるものは民法第八百八十二条の規定であります。感化院法を見ても矯正院法を見ても、感化院にはどんな少年を入院せしむべきかと云う中に、四つ掲げられてあります。その第三条に「裁判所の決定に依り懲戒場に入るべき少年」と云う事がありますが、これは民法の第八百八十二条に依って出て来て居ます。そこで民法第八百八十二条の懲戒権と云うものが問題になる。この条文のことも御承知になる必要があろうと思います。民法第八百八十二条はこういう規定になって居ります。

親権ヲ行フ父又ハ母ハ必要ナル範囲内ニ於テ自ラ其子ヲ懲戒シ又ハ裁判所ノ許可ヲ得テ之ヲ懲戒場ニ入ルルコトヲ得

つまり子供のお父さんやお母さんは必要な範囲内で、自分で子供を懲戒することが出来る、また裁判所の許可を得てこれを懲戒場に入れることが出来ると云う規定になって居るのであります。同じ条下に

子ヲ懲戒場ニ入ルル期間ハ六個月以下ノ範囲内ニ於テ裁判所之ヲ定ム但此期間ハ父又ハ母ノ請求ニ因リ何時ニテモ之ヲ短縮スルコトヲ得

とあります。ですから懲戒場に入れるには六ケ月以下の範囲で裁判所がその期間を定めることになります。この民法の条文は親権の効力の一つである所の懲戒権の規定をしたものであります。御承知の如く法治国に在っては、懲罰を人に加えると云うことは、国家の力を以てしなければならぬのであります。吾々人民は国家の力、すなわち法律に依って制限を受ける外は、完全に身体の自由を持って居るのであって、自分の意志に依る場合の外は、他人に自由を束縛されることはないのであります。つまり国家が法律の力に依って吾々の身体生命を制限し、自由を束縛する以外に於いては、吾々は自由を束縛されることはないと云うのが、原則になって居ります。

この原則は吾々個人の間に在っては、殆んど例外なしに認められて居りますが、独り戸主と家族との間、それから夫と妻との間、それから親と子の間に於いてのみ、一方の意思を以て他の一方の意思の自由を、制限することが出来ることになって居ます。これは法律が認めて居る所であって、普通の人々の間では法律に依る場合の外、自由意思の制限は受けないのですけれども、夫婦の間、親子の間、戸主と家族の間に於いては制限を受けることになって居るのであります。家族に対する

戸主の権利を戸主権と云い、妻に対する夫の権利を夫権と云い、子供に対する親の権利を親権と云います。この中で戸主権と夫権は、直接家族なり妻なりに対して身体の上に懲罰を加えると云うことは許されて居りません。戸主が家族に対して頭を打つとか、お尻を叩くとか云うことは許されない。夫が妻の体に手を下すとか、打つとか云うことは許されて居りませぬ。独り親権だけは啻に子供の意思の自由を制限するばかりでなくして、身体の上に懲罰を加えることが出来ることになって居るのであります。すなわち親権は戸主権や夫権よりは、余程強い権利になって居るのであります。

法律の上では夫権は妻に直接懲罰を加えることは出来ないと云うことになって居ます。然るに従来我が国の状態として夫の鉄拳が妻の頭の上に加えられると云うようなことは、決して稀ではなかったようで、これは全然懲戒権を超越したことになりまして、甚だ不当なことになる訳であります。もっとも従来の例に依ると独り夫の方ばかりではない、妻の方にも乱暴な者があって、夫の体に手を下すと云うようなことも沢山あります。現今も随分下層社会では行われて居るようであります。これは独り日本ばかりではなくして外国でも相当にある事で、例えば昔ギリシアに有名なソクラテスと云う哲学者がありました。この人の妻君は非常に嫉妬深い人で、ソクラテスが夜晩くでも帰ろうものならば、必ず胸ぐらを取ってこづき廻すと云うようなことで、さすがの哲人も非常に難儀をされた。これが真に妻難(さいなん)と云うべきでありましょうか。左様に哲人は妻君の為に苦しめられましたけれども、さすがに彼はそんなことは少しも怨みと思わないのみならず、却ってこの妻あるが為めに自分はますます修養が出来るのだと云うて修養を積んで行ったと云うことであります。これから見ると、決して西洋人が夫婦の間が非常に睦(むつ)まじく行って居るとばかりは云えないと思います。こういう哲人の夫婦の間に於いてすら彼様な状態でありますから、日本ばかりが必しも夫婦喧嘩の絶え間がないと云う訳ではないのでありますけれども、いずれにしても法律の上では、夫権は直接妻の上に懲罰を加えてはならぬと云うことになって居る次第であります。

これもしかし実際の方から云うとなかなか難しいもので、あまりに平々坦々たる家庭と云うものは、また面白味がないと云うこともあります。水でもあまり鏡のように平らであると面白味がない、小波でも立つ方が面白いと云うようなもので、偶には夫婦喧嘩位は少しはあっても宜いかも知れぬと思います。けれども子供の前などでは絶対に喧嘩などをしては宜しくないと云うことは、吾々が毎日少年審判の際に実験して居る所であって、殊に夫が妻を殴るとか蹴るとか云うような乱暴なことは、絶対に戒むべきであろうと思います。

第二講　事実問題に対する法規の運用

事実上に於きまして夫婦間に於いては、お互いの間に懲罰を身体の上に加えると云うようなことは絶対に無いとは現在の日本の状態では申されぬのでありまするけれども、しかし法律の上に於きましては、夫権を有って居る夫でありましても妻の身体の上には懲罰を加えると云うようなことは出来ないことになって居るのであります。ところがこの親権の方は法律の上に於きましても明らかに子の身体の上に懲罰を加えることも許されて居るのであります。これは父なり母と云うものは子供の身体を保護して、子供の福利を増進して、そうして子供の不利益を排除すべき全権を有って居るのでありまして、子供の福利を増進する為めには、子供が悪化して行くと云うことを防御して行かねばならぬのであります。その悪化がまだ強い程度に達せざる場合には普通の穏やかな教育方法でそれを喰い止めて行かれるのでありますけれども、悪化の程度が強い者に対しては穏やかな方法ばかりでは必ずしも完全に喰い止めて行くと云うことの出来ない場合が往々にして出て来るのであります。これは必ずしも悪い家庭の子供ばかりでなくいわゆる良家の家庭に於きましてもそう云う子供が必ずしも無いとは限らないのであります。こういう場合にはどうしても唯穏やかに口で云うて居ると云うようなことだけでは矯正が出来ないのでありまするからして、已むを得ず身体に対する懲罰を加える必要が生じて来るのであります。

そこで法律は親権者には懲戒権と云う一つの権利を認めて居ることになって居るのであります。懲戒の中には父母の専断を以て行うことの出来る懲戒と、裁判所に請求して行う場合と二つある訳であります。まず父母の専断に依る懲戒権の方から話して見れば、親権を行う父または母は必要なる範囲内に於いてその子供を懲戒する権利を有って居るのであります。親権を行うに就いて懲戒権を有って居る父なりまたは母と云うものは、その中父が懲戒権を有って居る場合には、母の方は有たないのであります。両方同時に懲戒権を有つと云う訳には行かぬのであります。それ故に父が懲戒権を行使する場合には、母の方は懲戒権を行使することは出来ない、もしそれをやれば違法になるのであります。継父継母後見人と云うような者もその子供に対して懲戒権を有って居りまするけれども、この場合には実際の父母の場合と違いまして、未成年者を懲戒所に入れると云うような場合には親族会の同意を得なければ出来ないと云うことになって居るのであります。外国の規定に於きましては再婚したる父は子供に対する懲戒権を行うことが出来ないと云うような風に規定されて居る国もあるのであります。これは結局後妻を迎えた父たる人は、継母の為に子供に対する愛情がどうしても薄らぐことになりはせぬか、後妻の本当の子供でないのですから、前のお母さんの子供に対してはいずれの国でも同じことで、どうしても愛情が薄いような傾きがあるのであります。その関係からして、後妻に遠慮するまた後妻に云われるが為にお父さんの方の子供に対する愛情が薄らぐと云うようなことがあろうと云うようなことを懸念して、或る国の法律などでは再婚した場合にはたとい本当のお父さんでも懲戒権を行使させないと云うような例もあるのでありますけれども、我が国では再婚したお父さんが懲戒権を行うことが出来ないと云う風にはなって居らぬので、やはり行うことが出来るようになって居るのであります。

懲戒を加えらるる者は未成年の子供に限るのであります。そうしてそれは必要なる範囲内に於いてのみ行使せられることになって居るのであります。その必要な程度と云うのは未成年者の監護および教育の目的を達するに必要なる場合に限るのです。つまり子供の監督保護をしたり、或いは教育をして行く上に於いて必要ある場合を云うのでありまして、その必要なる程度は一に事実問題に依って決定するの外はないのであります。どう云う程度が必要であるかと云うことは、一々の事実問題に依って決めて行くのであります。

刑法上の犯罪行為になるような場合でも直にこれは不法だ、必要なる範囲を超えたとは云えない場合も出て来るのであります。例えば子供を仕置をする、もし子供があまりに云うことを聞かぬとお尻を打つと云うようなことは能くあるのであります。お尻にせよ打つと云うことは刑法上から云うならば一つの暴行罪になる訳であります。そうしてやはり刑罰を加えられることになるのであります。また打ったが為に傷を生じた例えば紫斑が出来たと云うような場合には、刑法上から云えば一つの傷害罪になるのでありまするけれども、父母が子供を懲戒するのにお尻を叩く必要がある場合は実際あるのでありますから、斯様な場合には懲戒の為に打つだけの必要があって打ったのであると云う事になるのでありますから、懲戒権の行使でない場合には犯罪になるけれども、この場合のように懲戒権の行使でやったと云うことになれば罪にはならぬ訳になるのであります。また恣に人を監禁したり、一室に留置したりするのは刑法上から云うならば監禁罪と云う一つの犯罪に当たる訳ですから、普通の人がこういうことをすれば刑罰を以て臨まれることになるのでありますけれども、お父さんなりお母さんが子供を躾けたり、監督して行く場合に、あまり云うことも聞かずどうも始末におえぬと云うような場合には、押し入れの中に暫く入れて置く、或いは田舎では土蔵の中へ入れて錠前を下ろすと云うような事は能くやることであります。これも相当の間入れて置くと云うことであれば懲戒権の行使でありますから犯罪と云うことにはならぬのであります。

しかしながらこの懲戒権は子供を矯正するに必要なる範囲を超えることは出来ないのであります。いずれの場合に於きましても、子供の生命を危くすると云うような懲戒権を行使することは出来ないのであります。随って、たとい幾ら云う事を聞かないからと云って子供の頭を鉄鎚で殴打（なぐ）る、或いは土蔵の中へ入れるにしても一日も二日も入れて置いて食物も与えずに置くと云うようなことは、これはもう懲戒権の範囲を超えたことになりますから、こういうことは懲戒権の行使としては出来ないことになって居り、やがて刑罰を以て臨まれるいわゆる犯罪人と云うことになって来るのであります。だから要するに、懲戒権の行使は懲戒の為に必要なる範囲を超えないことを要すると云うことは御記憶になって置かねばなりませぬ。子供の仕置があまりに酷過ぎて遂に刑余の人となると云うようなことでは、却って初めの目的と反対になってしまうのであります。これが父母の専断に依る懲戒権の場合であります。

それから第二が裁判所の懲戒で、これは感化法や矯正院法に出て来る裁判所の決定に依り懲戒所に入るべき場合と云うのに当たるのです。親権を行う父または母は啻（ここ）に自分で懲戒権を行うことが出来るばかりでなく、子供の性質や行状が非常に悪化してお父さんやお母さんが自ら懲戒しただけではとても効果を挙ぐることが出来ないと云うような場合には裁判所に請求してその許可を受け、そうして子供を懲戒場に入れることが出来るのであります。裁判上の懲戒権を行うことを得るのは、懲戒場に入るる必要のある場合に限るのでありまして、その必要があるかどうかと云うようなことは、これまた裁判所の認定に依って決するより外ないのであります。

懲戒場と云うのはどんなものかと云うと、これは旧刑法のいわゆる懲治場と云うのと同じものでありまして、犯罪となるべき行為をした所の子供が、知能がまだ足らないが故に刑罰と云う制裁を加えることが出来ない。そう云う者に対して国家がこれを懲戒して矯正の目的を達するが為に設立されたる所の施設がこの懲治場であるのであります。けれどもこの懲治場と云うものは明治四十一年から廃止になりまして感化院がその懲治場の代わるような務めをして来て居るのであります。それに大正十二年からは矯正院もまたこの懲戒場の代わりをするようなことになりました。後で感化院や矯正院の説明をする時に申し上げる考えでありまするが、感化院や矯正院に於いて裁判所の許可を得て入院を許さるる場合と云う一つの条項が、感化法にも矯正院法にもあるのであります。すなわち今申した裁判所の決定で懲戒所に入れると云うのが感化法や矯正院法のその条項に丁度当たるのであります。

懲戒所に入れる期間は裁判所がこれを定めることになって居るのでありますが、その期間は六ケ月を超えることは許されないと云うことに法律で定められて居るのであります。それで民法施行当時の懲治場と云うものは、殆んど刑罰を行うのと同じことでありまして、全く子供の自由を制限し剝奪してしまうと云う点からして、どんな場合でも長期に亘ることは許されない、それで長期は六ケ月を超ゆることは許さぬと云う風に定められたものであります。但しこの六ケ月で懲戒の目的を達することが出来ないと云うような場合には、更にその裁判所の許可を得て再び六ケ月以内の期間だけ懲戒所に容れることは差し支えないので、その期間は裁判所の認定に一任させることになって居るのであります。

この懲戒所に入れる権利を何故裁判所に委せたかと云えば、子供の利益を剝奪し子供の自由を奪うと云うような重大なる関係でありまするからして、個人たる父母の専断に委せて置くと云うことは危険であると云う風に認めて、裁判所が決めると云うことに致したのであります。裁判所が一旦懲戒所に入れる期間を定めたる後に於きましても、親権を行う父なりまたは母は何時にてもその期間を短縮してくれと云うことの請求は出来ることになって居ります。蓋し子供を懲戒所に入れることは父なり母なりの意思に基づいてすると云うことになって居るのでありまするからして、お父さんなりお母さんなりがその権利を抛棄すると云うならば、強いて懲戒所に入れて置くべき公益上の必要はないと云う点から、父母の請求に依り期間を短縮する事も許されることになって居るのであります。

子供を懲戒所に入れると云うことの裁判所の決定に対しては、父母または子供それから検事これらから抗告の申立をすることが出来るのであります。つまりその裁判所の決定が不当であると認めた場合にはお父さんなりお母さんなりまた本人の子供なり、それからそう云う人が申立てぬでも、検事に於いてどうもその決定は不当だと云うことになれば検事からも抗告の申立て、つまり不服の申立てをすることになる。この検事と云う者は皆様は一寸考えると犯罪人ばかり取調べて刑罰ばかり科すると云うことが検事の全部の職務のように御考えになるかも知れませぬけれども、検事は一方には公益の代表者と云うことになって居りまして、ここに親族関係とか戸籍の関係などに於きましても公益上無視して置く訳に行かぬと云うような場合には、検事が進んで不服も云えば訴訟も申し立てると云うような状態があるのであります。この場合にもやはり検事は公益の代表者と云うような見地からして、もしその決定が不当であると認めたならば、そのままにして置けぬと云うので抗告を申立て得る権利を与えられて居るのであります。子の重大なる権利に対して、子の利益を保護するが為に完璧を期すると云う趣旨からして、裁判所の決定でも不当なる点があるならば、抗告をしてそうして適当なる決定にさせねばならぬと云うことを法律が認めて居ることがこれで判かります。これで懲戒権のお話は終わった訳であります。

この懲戒権のお話と年齢のお話とを申し上げたのは、少年法の順序から云うと少年法の初めに於いて年齢のことが出て来ますし、それから感化院矯正院法に於いて、ただ今申し上げたように懲戒所に入るべき者と云う収容少年の一つの種類がありますからして、その年齢の話を民法で申し上げた序に懲戒権のお話を申し上げて置く方が宜かろうと思って申し上げた訳であります。

その次には少年法の順序でありますが、第一に少年審判所で保護すべき少年は、刑罰法令に触るる行為を為したる者、または刑罰法令に触るる行為を為す虞ある少年を保護するのであると云うことがまず第一に出て来る訳であります。刑罰法令に触るる行為と云う事はどんなものであるかと云うことは、大体に於いて研究すべき問題であります。私はその刑罰法令の中で刑法にないもので、そうして特にこの少年には密接の関係のあるものを説明して置きたいと思うのであります。

その中でも第一にお話して置こうと思うのは未成年者の喫煙禁止法のことであります。順序としてまず第一章に沿革のことを述べて、第二章に禁止。禁止の中は三つに分けて禁止せらるる人、禁止せらるるもの、禁止せらるる理由、それから第三章に没収のお話をして、第四章に於いて親権者の責任のお話をして、第五章に於いて販売者の責任を説明します。

煙草と云う言葉はこれはもと世界各国殆んどこう云って居ります。外国の言葉だからと云って別な言葉とは云えぬのであります。語原に就いては中央アメリカ辺の土人の喫煙用の道具の名のタバコと云うハイチ語から出たと云う説もあるのであります。或いはまた西インド諸島中のサンドミンゴ島の州の名のタバコから出たのだとも云われて居るようでありますが、確実なことはどうも判らぬようであります、煙草の起源に就いては記録上正確なるものは分かり兼ねますが、メキシコとかペルーとか、合衆国のような諸国の古い墓の中から煙管が発見されることが間々あると云うような点から見まするると、有史以前から既に煙草を喫んで居ったと云うことも云えようかと思うのであります。

今から丁度四百三十三年前、すなわち西暦千四百九十二年に彼の有名なるコロンブスが「金のなる木」の国、すなわち日本を探しに出掛けて着いたのがキューバ島であったのであります。そのキューバ島へ着いて見るとそこの土人が妙な草に火をつけて煙を喫んで居るのを見て驚いたと云うような話も聞いて居ります。煙草の草がヨーロッパに移植されたのが千五百五十八年でフランシスコ・エルカンデスと云う人がメキシコ探険に出かけてその帰りに持ち帰ってスペインの国に植えたのが初めであると謂われて居ります。翌々年にポルトガル駐剳のフランス公使ジャン・ニコと云う人が煙草の種を本国に持ち帰って、そうして研究せられてこの植物はニコチャナーと云う名に命名されたと云う説もあるのであります。ドイツにはその後五年ばかりして伝わり、英国は千五百八十六年から大いに流行し出して、エリザベス朝時代には宮中で盛んに用いられたと云う事であります。ウォルター・ローリー卿が或る日アメリカから持って来た煙草を薫して居たところが、鼻の穴から煙が出て居るものだから、それを見た従僕等は大いに驚き、これは大変だ主人の腹の中は火事になったんだ早く水を打かけねばならぬと云うので、バケツに汲んで来た水を頭から打ちかけたと云うような珍談もあるのでありまするが、その当時と致しましては、あながち作り事でもなかったことだろうと思うのであります。

それから十七世紀の初め頃に或者が煙草の徳を讃えた著書を出したことがありますが、その当時既に煙草の害の著しいことは認められて地獄の煙だとか云われて反対論禁止論が出ました。ジェームス一世は煙草に重税を課して価格を高くしたならば禁煙されるだろうと思って、行なって見ましたけれども、却って喫煙者の数を増してしまったと云うようなことがあるのであります。我が国でもこの煙草を専売にして価格を高くし、また酒造税を増加して酒の価を高くしたならば飲み手は多分減るだろうと云うような事を考えたのでありまするけれども、実際には減る所か却って数が増加してしまったと云うような結果になって居るのでありますから、これらの点は外国でも日本でも人情や時の勢いと云うものは変わらぬもののように思われるのであります。どうしても唯重税を課するとか或いはその他の外力を以て圧制すると云う事ではどうしても駄目なので、勢い各自が自制力を以て心から内部から直して行くと云うことでなければ止まらぬことだと思うのであります。そんな工合で遂に煙草は非常な勢いで全ヨーロッパに拡まり、トルコからエジプト等にも拡まりましたので、露国などでは喫煙者の鼻を斬って禁止したと云うようなこともあったけれどもとても止まらなかった。そうして遂にアジアの方までも伝わって来たのであります。支那の方へは万歴年間にルゾンの種を伝えたと謂われて居ります。

我が国には三百五十年ばかり前天正の初め頃にポルトガル人に依って伝えられたと謂われて居るのであります。慶長の初め頃に薩州の指宿（いぶすき）とか云う処に栽培せられたのが輸入の始めで、長崎の桜の馬場に増殖せられたのが濫觴（らんしょう）であると云うような風にも謂われて居るのであります。その当時長崎出島のオランダ屋形の毛唐人と一緒になってジャガタラ渡の煙草を喫い、ギヤマンの盃で葡萄酒を飲むと云うようなことが当時の最新式のハイカラのやることであったらしくあるのであります。そんな工合にして遂に煙草と云うものは長崎から奥州の方まで拡まって殆んど日本全国に拡まるようになって来たのであります。

我が国でも煙草は病を癒すとか云うようなことで善い方にも謂われたこともありまするけれども、慶長十七年にはもう煙草の禁制が出たことがあります。その時は寧ろ衛生上の点よりは、寧ろ奢侈を止めさせると云う意味からであったように思われるのです。元和年間には煙草の害毒を認めて栽培することや売買することを禁じて、煙草を作る町人は五十日百姓は三十日と云うような自分兵糧の籠舎を命ぜられ、売った者も同罪に処せられると云うようなこともあった。またその在所には科料として鳥目百文ずつを出さしめたと云うようなこともあって、もうずうっと以前から煙草の禁制と云うことは行われて居ったのであります。

けれどもなかなかそれが止まぬ。今日に至りましては我が国産だけでも毎日約二千貫も煙にして居ると云う事であるのです。政府の一ケ年の収入は二億五十万と云う多額の収入を得て居ります。明治十八年には葉巻五千本、巻き煙草六億五千万本、刻み煙草が六十五万貫であったものが大正十二年の初めには売渡量は巻き煙草の本数が二百四十五億四千万本、刻み煙草の目方が六十六万七千貫、それから葉巻の本数が四千百八十四万一千本、代金にして二億三千二百万円と云う多額に上って居るのであります。なお外国輸入の煙草を入れると実に二億七千万円と云う程の巨額に達して居りまして、一ケ年に我が七千万同胞の老若男女、生まれたばかりの子供から死ぬような老人まで皆入れて、一人ずつ巻き煙草が三百五十本刻み煙草百匁と云うものは煙にしてしまうような割合になって居ります。値にすると一人が一ケ年約三円八十銭ずつその煙草の為めに費って居ると云うことになって居るのであります。非常に莫大なる金になるのであります。

而してこの煙草が人の身体に有害であると云うことは数多の学者に依って研究せられて既に明らかになって居るし、その外煙草に因る所の火災と云うものが実に夥しいのであります。斯様に有害なる煙草を高価に買って喫うて居ると云う者が全国の男子が約八割女子が約一割と云うのであります。こういうものはどうしても禁じてしまわなければならぬと云うので一部の人々は熱心に運動せられて居るにも拘らず、容易にその実行が出来なかったのでありましたが、やっとの事で未成年者だけに煙草を禁ずると云うことになって、具体的に現われて来たのがただ今お話しようとする未成年者喫煙禁止法と云う法律であります。この法律は明治三十三年の三月に公布されまして、同年の四月一日から実施せられて、現にこの禁止法が行われて居るのであります。

第二章は禁止、第一が禁ぜらるる人。煙草を禁ぜらるる人は前にも一寸お話したように一般の人ではないのでありまして、未成年者だけが禁ぜられて居るのです。本来は一般の人が禁ぜられなければならぬが、唯未成年者だけ禁ずると云うような事は甚だ不徹底なことであるのでありますけれども、法律の趣旨は未成年者に対しては煙草の害は特に著しいと云う理由と、未成年者を禁止して行くならばそのまま大きくなっても喫まないと云うことであれば結局皆が喫まないと云うことになるのであると云うような理由からして、まず未成年者だけ止めると云うことになって居るのであります。

この法律案の提案者は政府ではありませぬ。当時の代議士の根本正(ねもとしょう)と云う人でありまするが、法律案そのものには十八歳未満の幼年者は煙草を吸うことは出来ぬとこういう風になって居たのであります。でその時の提案者の考えとしても勿論もっと年の多い人まで禁じたいのであるけれども、未成年者、つまり十八歳よりも上の仮に二十歳の未成年者と云うことにしたならば法律案の通過がむずかしい。通過しない位ならば十八歳でも通過して貰う方がよかろうと云う趣旨で十八歳にしたとその当時の提案者は云うて居る。これを見てもその当時煙草を喫することを禁ずる法律案を通過すのにすこぶる困難な状態であって、一般になかなか煙草を止めようとはしなかったと云う状態が見えるのであります。ところが幸いにも議会へ出て委員会などでいろいろ議論した結果、提案者は十八歳未満として置いたのが、それからもう二年増して未成年者としたら宜かろうと云うことで未成年者と云うことになったのは大変仕合わせなことでありました。その当時委員会の委員の中には、学生はたとい未成年者でも成年者でも学生たる以上は全部煙草を禁ずる方が宜いと云うようなことを主張して修正案を議会へ出した委員もあったのでありますけれども、結局それは通らなかったので、未成年者と云うことになってしまったのであります。未成年者と云うことは民法に規定せられて居るのでありまして、満二十歳未満の少年を云うことは皆様も既に御承知のことと思うのであります。勿論この未成年者の中には男も女も含んで居るのでありまするからして、二十歳未満の男女は煙草を喫んではならぬと云うことになって居ります。

第二が禁止せらるる行為で、どんな行為が禁止せらるるのであるか、この法律は如何なることを禁じて居るかと云うのに煙草を喫用する行いを禁ずると云うことになって居るのであります。その煙草は巻き煙草であろうとも刻み煙草であろうとも、どの煙草でも喫んではならぬと云うことになるのであります。けれども阿片煙の如きものは此所に云う煙草の中には這入らない。阿片煙を喫食するものは刑法に於いて処罰すると云うことになって居りまして、これは未成年者喫煙禁止法などよりはずっと重い刑罰を以って臨まれて居るのであります。阿片煙を喫食したる者は三年以下の懲役に処すると云うことになって居ります。その他阿片を輸入するとか阿片の道具を拵えるとか云うような者にもっともっと重い刑罰を以って臨まれて居るのでありまして、御承知の如く阿片煙はこれは煙草の害どころではないのであります。阿片煙に依って人の身体を一生片輪のような者にしてしまうことが支那人に依って証明されて居るのでありまするが、日本の国へこの害毒が浸潤するようなことでは大変でありますから、日本の法律でも非常に重く阿片煙の方は処罰されることになって居るのであります。阿片煙の方は成年でも未成年者でも何人でも喫んではならぬと云うように絶対禁止になって居るのであります。この法律では唯普通の煙草を喫む行為を禁じて居るのであります。

第三が禁止の理由、どう云う訳で禁止するのか、何事でも徹頭徹尾有害なるもの徹頭徹尾有益なるものと云うようなものは世の中にはないものでありまして、煙草に就きましても幾分か利益と見らるる点もあるに違いないのであります。さればこそ昔から煙草は忘れ草とか或いは長命草或いは反魂草、延命草などと云って褒めた人もあるのであります。しかしながらまた一方の悪く云う人、すなわち有害説を唱うる人々は、放火草、傾城草、阿房草或いは癩病草、労咳草、貧乏草と云うような名前も付けられて侮蔑して居たのであります。或いは煙草は疵薬（きずぐすり）になるとか火傷の薬になるとか、駆虫剤になるとか云って消毒剤になるから有益なものであると云うような説を為す人もありますけれども、これは医者の用うる薬になるから害はない有益なものだと云う説は当たらないことであろうと思うのであります。例えばモルヒネは鎮痛剤として医者の最も必要なる薬であるのであります。けれども素人がモルヒネを始終飲んだら宜いかと云うに、これはもうモルヒネが毒薬であると云うことは皆御承知のことで、モルヒネを始終飲んで宜いと云う人はない筈である。こういう訳で医者が医薬に使うて有益なものであるからして煙草は有益であると云う論は全く当たらない何等の価値のない論であると思うのであります。

外国では喫煙者と非喫煙者とに対していろいろな実験をし研究をされて居るのであります。エール大学で実際研究して見たのには、数に依って在学中に喫煙をした学生と喫煙しない学生とを比較して見たのであります。体重に於いても身長に於いても、胸廓に於いても、肺活量に於いても、喫まない人は喫む人に皆優って居ったと云うような事もあるのであります。それからユタ大学のフレデリック・J・パックと云う教授の統計で、六つの学校の蹴球競争に於いて実験した所に依ると、煙草を喫む者の中で勝った人と、喫まない者の中で勝った人との数を比較して見ると、喫んだ人の数は喫まない人の半分にも達しなかったと云うような実験もあるのであります。それからまた学問の方の成績に就いても、煙草を喫む人と喫まない人と比較して見ると云うと、喫まない人の方が成績が非常に良いと云うような実験もされて居るのであります。勿論初めにも云うたように総ての事に例外なしと云うことはないので、煙草を非常に好む人でしかも頭も良く学校の成績も良く、身体も良いと云う人もこれは多くの人の中には必ず一人や二人ぐらいは、あるのでありますけれども、一般的に見た上に於いて煙草を喫む人は喫まない人より不成績であると云うことはいろいろ研究の結果見られるのであります。ロシアのゼフロスキーと云う人の研究では兎に毎日六時間ないし八時間ずつ巻き煙草を喫ませたところが一部は一ケ月後に斃れてしまった。

そうして心臓の神経節に変化を来して居ると云うことが判った。それから一部分は死なないで生きては居るが、常習的の喫煙家のように慣れましたそうですがその内の兎を五ケ月目に解剖して見ると云うと丁度ニコチンを注射したと同様な変化を来して居って、そうして血管の硬化を来たして居ったことが判ったと云うことであります。

この煙草の害と云うものはたとい殊更に煙草を喫まないでも煙草の製造工場の職工などはやはりこれと同じ結果を来たすと云うことであります。職工が頭痛がするとか嘔気を催すとか眩暈がするとか云うようなことはしばしばあることだそうで、その他妊娠中とか授乳中に女工の血球が著しく減じて来る。それから乳に煙草の臭気を帯びて居る人もあるし、乳児は一般に蒼白色を呈して神経は過敏になり下痢を起こすと云うようなことになるのがかなりあるそうであります。米国の或る大会社の如きは約一割の視力障害者が認められたと云うことであります。なお慢性の胃カタルとか肝臓疾患と云うような者も、アルコール中毒に因る場合もありますけれど、煙草の中毒に因る場合もかなり多いと云うことであります。それでこの煙草の中毒に罹りますと云うと、全身の筋肉が衰えて瞼が弛みまして眼をパッチリと開くことが出来ないようになり、唇の色は変じて来る、顔色は煤ける、煙の為めに眼球が刺激されて充血を来たす、精神は沈鬱になり、随って婦人などは非常に美容を損すると云うようなことにもなるのであります。なお煙草を濫用すると生殖作用を非常に妨害して、遂には無力なる状態に陥らしむると云うようなことに聞いて居るのであります。

その他、初めにも一寸申し上げたように、煙草の原因から火災を起こすと云うことが非常に多いのでありまして、米国のニューヨーク州や外五つの市に於いて調べた所に依ると、総失火数に対する煙草の吸殻に依る失火事件の数が、百分比例にしますと一番少ないのが〇、〇二五、最も多いのが〇、二七一と云う風になって居るのですから、随分煙草の原因に依って失火を来たすと云うことも多いようであります。

日本に於いては大正八年度に於いて火災の度数は一万六千百二十七回ありまして、罹災戸数は四万千六百二十九戸、損害見積が八千百四十万八千四百九十円と云う程の沢山になって居りますが、その中で煙草に因る失火これは全国的の統計を見出し兼ねましたが、群馬県の統計に依ると〇、七五パーセントと云うことになって居るのでありますからして仮に全国の八千百何十万と云う損害の〇、七五パーセントとすると六十一万余円の損害になる訳であります。煙草から生ずる失火に依って我が国に於いて年々六十一万余円と云う莫大なる損害を被って居ると云うことになる。これは家の方だけの失火損害でありまするが、この外山火事とか野火とか云う火災は多くは煙草の吸殻からして起こって来る。この非常に大きい山火事になりますと、一つの山火事でも何十万何百万と云うような損害も来たすのでありまするからして、この煙草の吸殻から生ずる火災の方面の損害と云うものも実に莫大なものになるのであります。

斯様に煙草と云うものは人類に取って非常なる害があるのでありまするからして、何人も止めることは必要であります。唯しかしながら既に常習となって居る人々に向かって直にこれを止めしむると云うようなことはなかなか実行の出来ないことであります。また中毒に罹って居る人が急に止めるとその為に反対に身体に急激なる変化を起こして生命の危険を来たすと云うようなこともあると云うことも専門家から話に聞いて居るのであります。それ故に既に喫出した成年者に向かって禁ずると云うことはなかなか容易なことではありませぬ。また実行も容易に出来ないことと思われるのであります。

ところが元来煙草の喫み始めはどうして喫み始めるようになるかと云うと、何も最初から好きで始めると云うような人は殆どないようであります。私ども毎日取扱って居る子供に就いて聞きましても、どの子供でも初めから煙草が喫いたくって堪らぬ、お菓子を食べるような風にうまくて堪らぬで始めたと云う子供は殆んどないのであります。唯友達が喫んで居るのを見て真似をした、或いは大きな成年の人が無理に勧めて一本位煙草が喫めないと云うようなことでどうするかと云うようなことで勧められた、或いは人が指間に狭んで吸って居るのが如何にも自慢そうであるから生意気に始めたのが、段々習慣になって遂には止めることが出来ないようになったと云うのがまず普通の状態であるようであります。それだから少年の中に煙草を絶対に喫まないと云うことにしてしまえば苦しむこともなく実行が遂げられるのであります。

こういう風にして少年が全部煙草を喫まないと云うことになって、そうして大人になってもその者は喫まずに済んで行くと云うことになれば、結局次の時代には煙草を喫う人は一人もないと云うことなって来るのであります。また風紀品性の上から申しても小さな子供が煙草を吹かして鼻から煙を出して居るなどと云うことは、実に小面の憎い感じがすると云うことを議会の委員会の委員の一人も云うて居ったことでありまするが、如何にも同感であるのであります。風紀と云い品性の上から申しても、子供が煙草を喫むと云うことは甚だ感心しないことであるのであります。斯様な訳でこの未成年者には絶対に煙草を禁ずるの必要があると云うことになって来て居るのであります。これが喫煙禁止の理由になって居ります。

その喫煙禁止法の一番初めに「未成年者ハ煙草ヲ喫スルコトヲ得ス」と云う風に法律に規定してありますが、この禁止法令に違犯したる場合の処罰の規定は掲げて無いのであります。普通の法律であれば何々することを得ずとありますれば、その次に持って行って違犯したる者は何々の罰に処すると云うようなことがありますが、この法律にはそう云う規定が無い。しかしそう云う規定が無い代わりに、もし喫煙したる未成年者があった場合にはその未成年者が喫煙の為めに持って居る所の煙草とそれから煙具――煙草を吸う為に用いる器具、つまり煙管とか煙草入或いはパイプと云う様な器具――は行政処分に依って没収せられる事になって居るのであります。没収とはその物を取上げて官庁の物にしてしまうことで、これは行政処分でありまして、司法処分ではないのでありますから、判決に依って言い渡しをすると云うようなことではないのであります。刑法にも没収の規定と云うものがありますが、この方でありますと判決を得て言い渡さなければならぬことになって居ります。しかし喫煙禁止法の没収は行政処分でありますから判決に依ってするのではなく、行政警察官が自由にその品物を取上げて処分することになって居ります。此処に云う所の没収と云うのは唯今申し上げたように刑罰ではないのであります。刑罰は行政処分では出来ないから刑事裁判所の手を経なければなりませぬ。従って違犯者の財産権を剥奪すると云うことはありませぬ。この場合には刑罰ではないのでありますから違犯者の財産上の利益を奪うと云う趣意ではないのでありますが、つまり違犯者として再び違犯を為さしむる機会を無からしめ、またそう云う犯罪を犯すの便宜を与えないと云う趣旨から、煙草なり喫煙の器具を没収することになって居るのであります。

それから没収せらるべき物件は違犯者の持って居る所の煙草なり煙管なり煙草入れなりパイプその他煙草を吸う為に必要なる器具一切の物を含む訳になります。違犯者が持って居れば宜いのでありますから、「所持」すると云う事であればこの条文にもある通りその所持する所の煙草なり煙具を没収することになって居るのでありまして、「所有」と云う字は使ってないのであります。だから違犯者が持って居りさえすればそれで宜しい。違犯者の所有物であっても他の人の所有物であってもそれは構わぬ。どちらでも違犯者が持って居りさえすれば没収することが出来ると云う風に解釈すべきであろうと思います。但しその物件は「喫煙の為」に持って居ることが必要であります。

故にたといそう云う煙草なり煙具を持って居りましても他の目的の為めに持って居ると云う場合には没収することが出来ないのであります。例えばパイプ屋の小僧さんとか煙草屋の小僧さんが主人の云いつけで問屋に仕入れに行った。そうして帰りにパイプを百打ばかり持って来る。その途中で自分が敷島一個買って一本吸ったと云う場合に捕えられた時は煙草その物は勿論没収されるし、また、その喫い残りの煙草が袂にでもあったとすればそれも没収することが出来ますけれども、主人の云いつけで取りに行ったパイプ百打は没収する事は出来ない。何故ならばその百打は小僧さんが喫う為に持って居るパイプではない。主人の営業の為に持って居るパイプでありますからこれは没収することが出来ないのであります。

それから喫煙の為と云うのは違犯者本人が煙草を吸う為と解釈しなければならぬだろうと思うのであります。喫む未成年者その者が喫む為に持って居ると云うのでなければならぬ。違犯者以外の人が煙草を喫む為に持って居る場合は没収することが出来ないと解釈すべきであろうと思います。例えば父親の云いつけで煙草を買って来いと云われて敷島一箱買って来る。その途中でその者が自分が持って居た別の煙草をふかしてそれを巡査に見付けられたと云うような場合には、父親の云いつけで買いに行った訳で未成年者その者の喫煙の為ではない、父親の喫煙の為である。この場合は父親の云いつけで買って来た煙草は没収することが出来ないと云うように解釈すべきであろうと思います。

この解釈には反対する人があるかも知れませぬが、条文には単に「喫煙ノ為メ」と云うことが書いてある。第二条には喫煙の為に所持する煙草および器具を没収すると云うように書いてあって、本人の為とか他人の為とか書いてない。で或いはそれだから誰の喫煙の為でも宜いじゃないか、と云う説が出るかも知れませぬが、決してそう云う風には考えられません。元来没収と云うものは未成年者その者に煙草を吸う機会と便宜を与えないと云う趣旨から出て居るのですから、未成年者自身が煙草を喫む為に使う物件でなければ煙草を喫む機会と便宜と云うものが無い。自分の為でなければ喫む機会と便宜が無い。もっとも他人のものでも手に在る以上は犯し易き状態にあるには違いないけれどもそれを盗んでまでも喫むと云うことはこれはまず普通には考えられないことでありますからそう云う場合までも予想したものとは云えないと思います。

それのみならず第四条の条文を見ますと一層明らかだろうと思います。第四条の方には、未成年者が自用に供するものなることを知りて煙草または器具を販売したる者は云々となって居ります。未成年者が「自分の用」に供するものであると云うことを知って売った者は罰せられると云うことが第四条の方に規定されて居ります。その反面から云えば未成年者が自分の用に供するのでなければ未成年者に売っても罰せられない。すなわち法律は他人の喫む煙草を未成年者に売っても差し支えないと認めて居るのであります。斯様に他人の喫む煙草ならば未成年者が買いに行っても宜しい、また売る方でも未成年者に売っても宜しいと云うような法律の規定になって居るのであります。もし唯今申し上げたような反対論が成り立つものとすれば未成年者に売って居る煙草を途中で没収してしまうことになるのであります。人の使いに行って自分が喫む為でも何でも無い、唯使いに行って買って来た為に、皆んな没収されると云うことになってしまうのであります。それは不条理のことと思います。

未成年者が自分の用に供するならば売買も許さぬ、持つことも許さぬ、こういうてこそ理論も一貫するのでありますけれども、唯実際問題としましては、未成年者が煙草を吸って居て、途中で捕えられたと云う場合には、持って居る品物が果して自分の喫む為めの物であるか他人の喫む為めの物であるかと云うことは容易に判断が付かぬと思うのでありますが、それは証拠の問題で自分が喫む為か人が喫む為かと云うことは証拠に依って認定しなければなりませぬ。法律の解釈としましては人の為に持って居るならば問題は無いが自分の為に買うたと云うことが判って居る場合にそれを問題にしなければならぬと思うのであります。これは実際問題に於きましては証拠に依って自分の喫む為めの物と人の喫む為めの物とを決めて行かなければならぬのであります。法律の解釈は人の物を取った者は窃盗罪として十年以下の懲役に処す、自分の物を取ったのは宜しいが人の物を取ったら罰せられることになって居ります。取った品物がこれは自分の物か他人の物かと云うような問題が起こった場合には、これは証拠に依って認定しなければならぬのであります。その証拠の認定とこれは別にして考えなければならぬのであります。これは人様の為に買った物であるか自分の為に買った物であるかと云うことは別に考えなければならぬのであります。自分の物の場合にはこうである、人の物の場合にはこうである、と云うように解釈しなければならぬと思います。その証拠を挙げるところの難易は法律の解釈には何等の影響を及ぼさないと思います。

次は親権者の責任のことをお話し致します。刑罰法令に於きましては先程も申し上げました様に法令に違犯したる者、すなわち違犯者その者を処罰するのが通例であります。普通の書き方で云うならば未成年者は煙草を喫することを得ずと、こう掲げて居りますと、その次に持って行ってこれに違犯したる者は科料に処すとか罰金に処すとか、その違犯したる者を罰するのが通例でありますけれども、禁煙法に於きましては違犯者である所の未成年者は処罰せずして却って親権者または販売人を処罰して居るのであります。これはそもそも如何なる訳であるかと申しますれば、現今の犯罪観念および刑罰思想と云うものが昔の考えとは非常に変わって来た為めであります。現今の思想と致しましては犯罪少年とか不良少年とか云うものの生ずるのは父母および社会の罪であると云うような風になって来て居るのであります。父母が子に向かって充分なる愛情と理解とを以て寛厳宜しきを得て完全な教育を施して行き、また社会の組織なり社会の制度が完備して居るならば不良少年などは生ずる余地は無い訳であります。生まれたばかりの子供は恰も白い絲の如きものでありまして、これを赤く染むるのも黒く染むるのも、皆父母なり兄弟なり隣人なり社会の人が総てこれを染めて行くと云うことになるのであります。ですから周囲の人なり社会の人が汚点を加えざれば子供は純白なる絲で一生進んで行けると云うことになるのであります。従って父母なり兄弟なりまた一般の人は少年に悪風なり穢い習俗を扶殖するようなことを為さないような責任を負わなければならぬ。こういう風に現今の犯罪思想なり刑罰観念と云うものは変わって来て居る。

イギリスのチルドレンアクト……恰度日本の少年法に当たるような法律でありますが、このチルドレンアクトに依りますと、幼者を虐待するとか幼年者に乞食をさせる者、或いは幼年者を火傷するような危険な場所に置いた者、或いは幼年者を娼家の売笑婦のような家に置いた者、或いは少女をして貞操を破らしめた者、十六歳未満の者から金属類を買い入れた者、十四歳未満の者から質を取り或いは幼年者を特許酒場（英国には特許した酒場があります）に出入させた者、それからこれは今は日本にも出来て居る法律でありますが、幼年者に煙草を販売する者、幼年者に酒飲料を与うる者、こういう者は処罰することになって居るのであります。つまりこれは刑罰思想が変遷し、犯罪観念と云うものが変わって来て、子供その者を罰すると云うよりはその周囲の保護者なり社会の人を罰しなければならぬ、そうして少年を善い方に導いて行かなければならぬと云うような責任を少年以外の人に負わしめることになって来て居るからであります。

我が国の禁煙法もまたこういう思想の影響を受けて、未成年者その者をば処罰せずして親権者とか煙草を売るような者に監督の責任を負わせることにしたのであろうと思います。従って未成年者その者は処罰して居ないのであります。幼年者に対して親権を行う者が、情を知ってその喫煙を制止せざる時は一円以下の科料に処せられる規定になって居ます。第三条の規定であります。親権を行う者と云うのは――私は最初にこの親権の中の一部分の子の懲戒権のことをお話したのでありますが、それは父とか母、後見人、特殊の場合としては感化院の在院生に対しては院長が親権を行うと云うような規程になって居ります。また矯正院長のような者も必要な場合には親権の一部を審判所の許可を受けて行使することが出来るようになって居るのであります。「親権ヲ行フ者ニ代リテ未成年者ヲ監督スル者」も同様に罰せらるることになって居ります。この法案がの親権を行う者に代わりて未成年者を監督する者ということに就いては大分議論はあろうと思うのであります。この法案が議会の委員会の問題になった時にも学校の先生は親権者に代わって未成年者を監督する者の中に這入るかどうかと云うような事がやかましい問題となったのであります。この発案者の根本代議士は初めの草案では親権者と云う字を使わずに幼者を監督する責任ある者と云う字を使って置いたのです。それは何に基づいてそんな文字を使用したかと云うと、根本さんの話では種痘の方の規則に主長後見人もしくは傭主等にして現に幼者を監督する者は前各条の責に任ず、貧院孤児院等に入院の者は該主長に於いて全責任に任ずべし……と云うような規定がある。これらの人が必ず種痘をさせなければならぬ。それに基づいて幼者を監督すると云う言葉を考え出したと云うような説明をして居られますけれども、委員会ですったもんだの色々な議論が起こって結局それではどうも曖昧である、これではどうだ、それではどうだと云うような議論が生じて解決が着かない。それで大体に於いて親権者もしくは親権者に代って監督する者と云うことだけにしたら宜かろうと云うことで、親権者と云う文字を使ってこの法律が出来上ったのであります。学校の先生は成る程生徒を監督したりまたは取締をするのでありますけれども、お父さんやお母さんのように始終御手許に預って監督して居ると云うのでは無い。唯学校で教育を施すと云うのが主なる職務ですから、この者に親同様に刑罰を以て臨むと云うことはあまりに重きに過ぎるので、それでは酷であろうと云うようなことから学校の先生などは除くことに委員会でも決まった次第であります。

が、私は成る程放課後に於いては学校の先生はこの監督者の中には這入らぬものと解釈すべきであろうと思うのであります。けれど登校中の未成年生徒に対してはやはり親権を行うものに代わりて監督する者として責任を負うべきものと考えます。また仮に本法の監督者とは云えないという解釈を採るといたしましても、学校の先生なる者は一般の師表として生徒の人格を陶冶するのが第一の勤めであるし、それに続いて学術技芸の知識を与えて行くと云うのでありますから、たといこの法律の上に於いての責任の有無は別といたしましても、進んで生徒の喫煙しないように万事注意すべきことは勿論当然のことであろうと思うのであります。

この禁煙法の通過した年、明治三十三年に文部省は学校生徒の喫煙に関する件として訓令五号と云うものを発して居る。その中にこういうことがあります。

「学校生徒ノ喫煙ニ関シテハ小学校ニアリテハ明治二十七年文部省訓令第六号ヲ以テ生徒ノ喫煙スルコト及煙器ヲ夾帯スルコトヲ禁ス可キ旨訓令シ中等学校ニアリテモ実際喫煙ヲ禁止セルモノ多シ蓋シ学校生徒ノ喫煙ハ衛生上有害ナルノミナラス風紀ニ関スルコト少カラス殊ニ此際未成年者喫煙禁止法ノ発布アリタルニ付キテハ小学校中学校師範学校及等位ノこれに準ス可キ学校ニアリテハ取締上其生徒ノ成年以下ナルト以上ナルト学校ノ内外トヲ問ハス喫煙シ及煙草煙器ヲ供帯　スルコトヲ禁止ス可シ其他ノ学校ニアリテモ特ニ注意ヲ加ヘ法律違犯ノ者ナカラシム可キコトヲ期ス可シ」

こういう訓令が出て居ります。文部省がこういう訓令を出して居るのを見ても先生方は生徒の喫煙に就いても十分に取締をしなければならぬと云うことは明らかなことであろうと思うのであります。文部省に於きましてもこういう訓令が出て居りますから学校の先生方も十分にこれを御承知になって注意しなければならぬと思うのであります。何事でも人を責むるにはまず自分が責められないだけの用意と準備がなければならぬと思います。責むる事でなくて人様にお奨めするとか忠告するとかいう場合にでもまず自分が率先して実行してそうして人に奨める。喫煙でも自分が断然禁煙した後に人様に注意するのでなければあまり効果が無いのであります。教室では生徒に向かって煙草を喫むではならぬと禁じて置きながら教員室に帰ってプカプカ煙を出して談笑して居ると云うような有様では生徒も決して先生の云うことを肯くものではなかろうと思います。

この間少年保護協会でイタリアに長く居りました御方に向こうのチビタ夫人の児童保護と云うお話をして頂いたのであり

ますが、そのチビタ夫人は何事でも表裏があると云うことが嫌いで、煙草でも蔭で吸わないで自分の眼の前でお吸いなさいと四五本煙草を置いて云う、こういうことをやると云うことでありましたが、そうしてその時に講演者が御自分の御意見を付け加えて仰有るのに……この方は中学校の先生をして居ったと云うことでありますが、日本の中学校などでは教師が煙草を喫むのに、教員室で公に喫まれては困るから別の部屋で喫んでくれと云うようなことを仰有った校長さんもあるが、自分から隠れて喫むと云うようなことではとても仕方が無い。寧ろ先生は生徒の前でも喫むべきものは喫んでその代わり子供の内は喫んではならぬと云うことを覚らせるようにしなければならぬ、こういうような御意見でお話に為られたのであります。

その、表裏ある行いをせぬとか嘘をつかぬと云うようなことは、これは如何にも同感でありましたが、先生だから喫煙しても宜しい、生徒はならぬものであると云うことを生徒に納得せしめなければならぬと云うような御意見に対しては、私は悉くは賛成する訳には行かなかったのであります。御承知の如く、昔の専制時代に於きましては、法は民をして依らしむべし知らすべからずと云うような精神で、何でも上の者だけ知って居れば下の者にそれを知らす必要は無い、下の者は唯抑えつけて置きさえすれば宜しいと云うようなことで法律の内容などは知らす必要が無かったのでありますが、そう云う関係で日本の国でも何処の国でも長く抑えつけられて来たのでありますが、それで何時までも黙って居りませぬから、段々進歩するに従って人民が騒ぎ出し、またしばしば革命などを起こすようになった結果、今日は文明国では民をしていずれも立法に参与せしむる、いわゆる立憲政治と云うことになって来て居るのであります。そうでなければまた実際治らぬような状態になって来て居るのであります。

こういう訳でありますからして、例え生徒でも先生でも悪いことならば皆んな止めるのが当然で、先生だから悪いことでもやって宜いと云うようなことでは、一時は承服して居っても永久服従して居ることはあるまいと思います。煙草が人に対して害悪であると云うことが明らかになった以上は誰彼の区別無しに止むべきであろうと思うのであります。否生徒に忠告する所の先生から寧ろ進んで煙草を止めて而して後に生徒に忠告すべきであろうと思うのであります。先生が隠れて煙草を喫むような偽善の行いは勿論これは宜しくない話でありますけれども、偽善で無いからと云うて自分が喫煙して居て生徒だけ喫むなと云うのでは決して褒めた話ではないだろうと思うのであります。

またこの頃の生徒はそれでは承知せぬのであります。寧ろ先生が断然自ら煙草を止めてそうして生徒に忠告するが至当であろうと思うのであります。この事は酒でも同じでありまして毎晩食卓の上でお父さんなりお母さんが酒を飲んで子供に飲むなと云うようなことを云いましても、一時はそれでも肯くかも知れませぬが、少し経ちますとそれで承知するものではありませぬ。また飲むなと云われると飲みたくなる、見るなと云われると見たくなる。これが人情でありますから、人が飲んで居って自分だけ飲まないと何と無しに飲みたくなって来るのでありますから、自分がまず止めて生徒なり子供にも飲むなと云うことでなければ真に目的を達することが出来ないだろうと思うのであります。また自分が飲まないで子供に酒なり煙草は毒であるからと云うて忠告を与えれば非常に力強く響いて容易くその効果を挙げることも出来るのでありますから、人に忠告をするか止めさせると云うようなことはまず自ら進んで行わなければならぬのであります。

それから第五章として販売者の責任をお話いたすのでありますが、先程も申したように未成年者の自用に供するものなることを知りて煙草または器具を販売したる者は十円以下の罰金に処することになって居ります。これは未成年者に販売することを要するのでありますから、成年者に販売した場合はたとえ買った後に未成年者に与うるに違いないのだと云うようなことを知って居る場合でも売らなければなるまいと思います。その代わり買いに来た人は成年者であってもそれが単に未成年者の使となって来たのだと云うことを知って居れば、買う者は未成年者でありますから、この場合はやはり罰せられるであろうと思うのであります。この法律は先程も云う通り、販売する人もしくは親権者のみを罰して未成年者に喫煙せしむる為に煙草や器具を贈与する人は不問に附して居るのでありますから、売る人と親権者は罰せられるけれども未成年者に喫煙せしめる為めに煙草をくれてやった人はこれを不問に附すると云うことになって居る。これは確かにこの法律の不備欠点であろうと思うのであります。学生仲間や職人仲間では年長者が煙草一本位は喫んでも宜いじゃないか、喫めない奴は意気地が無いと云うようなことを云って、少年に喫煙を勧めるので少年は初めは苦しい思いをして喫む。それから段々喫うようになるのであります。だからどうしてもくれて喫ませるような人を罰しないで売る人だけを罰して居っては何と無しに物足らぬ感がするのであります。そう云う人もやはり刑罰を以て懲戒する必要があろうと思うのであります。それでなければ徹底した取締りが行われぬ訳であります。結局この法律に於いて罰せらるる者は親権者または親権を行う者に代って未成年者を監督する者、それから未成年者が喫むものであるということを知って売った者を罰すると云うことになって居るのでありま す。簡単でありまするがこれで大体この法律の趣旨は述べ尽したつもりであります。

終わりにこの未成年者の喫煙禁止法のような法律は実施せられても何等の取締も行われて居ないのじゃ無いかと云うよ うなことをよく云われますけれども必ずしもそうではないので、大正七年度には喫煙器具の没収が一千二百五十人ありま す。罰金または科料に処せられたる者は百八十七人、説諭を受けた者が五万二千二百十八人、それを全部合計しますと 五万三千六百五十五人と云う多数の者が取締られた訳になるのであります。大正十二年度には喫煙器具の没収が六百八十四 人、罰金または科料が五十八人、説諭を受けた者が六千三百六十五人、全部合わせますと四万七千百七人と云うものが取締 られて居ります、大正七年よりは減って居ります。大正八、九、十年とこれらの年も大抵三万内外を上ったり下ったりして居 ります。殆んどこの法律は適用せられないかのように云われて居るにも拘わらず、年々五万人内外の未成年者が取締られて 居るのでありますから、決して無益な法律と云う訳に行かないのであります。

父兄や学校の先生が未成年者の喫煙者に喫煙するなと云うような場合にも、法律では斯様に禁じてあると云うことになれ ば、法律でも許さぬのじゃないか、それだから喫んではいけないと云うと非常に説諭し易いのでありまして、また少年も云 うことを肯くようになるのでありますからして、こういう点から見ても法律として公布せられ実施せられて居ると云うこと は禁煙の効力を非常に大ならしめると云うことになるのでありますから、いずれにしてもこの法律が実施せられても効が無 いと云うことは云えないのであります。

しかしながら実際に致しましても、これを適用する人、つまり未成年者に対する所の親権者なりまたは周囲の人なり販売 人を始め、その他学校の先生方ないし少年保護の事業に携わる方々が、この法律を最も適当なる方法で利用して未成年者に 喫煙を為さしめざるように努力しなければ、法律のみに依り総てを解決しようと云うことは到底出来ないことでありますか ら、その根本の趣旨を世人が充分御理解下さって着々と周囲の未成年者に向かってこれを実行させるようにして戴けば、法 律の力よりもその人の力の方が却って大いなる力となり、それが一番頼みになるのでありますから、その趣旨を御汲み取り の上、充分御尽力を願えたら結構だろうと思います。(終)

著者紹介

宮城 長五郎（みやぎ・ちょうごろう）

東京帝国大学卒。東京地方裁判所判事、検事を務めた後、司法省参事官。司法省大臣官房保護課長として、旧少年法および矯正院法の成立に尽力。大審院検事となり、起訴猶予者・執行猶予者の保護のための組織である帝国更新会を設立。東京地方裁判所検事正、長崎控訴院検事長を経て司法大臣、貴族院議員を務めた。検事としては五・一五事件、血盟団事件、神兵隊事件、帝人事件などを担当。思想犯転向者の保護の分野でも功績は大きい。

植田 粂三郎（うえだ・くめさぶろう）

山口地方裁判所検事正、鹿児島地方裁判所検事正を歴任。東京少年審判所所長を務めた。著書に『少年の暗黒面』など。

長島 毅（ながしま・はたす）

東京帝国大学卒。横浜正金銀行を経て官界に。司法東京地方裁判所および横浜地方裁判所判事を務めた後、司法省参事官となる。東京地裁検事、大審院検事を経て司法省民事局長。札幌控訴院および広島控訴院長を務めた後に岡田内閣の司法次官。のちに大阪控訴院長を経て大審院部長となり、大審院長に就任。

大原 昇（おおはら・のぼる）

東京帝国大学卒。東京地方裁判所民事部長、司法省書記官、司法省大臣官房保護課長をへて、大審院検事。

木村 尚達（きむら・しょうたつ）

京都帝国大学卒。司法官試補として奈良地方裁判所詰、検事に任官し東京地方裁判所予備検事、岡崎区裁判所検事、千葉地方裁判所検事を歴任。ドイツに留学し、チュービンゲン大学、ミュンヘン大学で学んだ。東京地裁判事に復帰した後、京地裁部長、司法書記官兼司法省参事官、大臣官房調査課長、兼検事・大審院検事を歴任。司法省刑事局長に就任し、大審院検事、大審院部長判事、東京控訴院長を経て検事総長に就任した。米内内閣の司法大臣に就任し、内閣総辞職後は貴族院勅選議員を務めた。

鈴木 賀一郎（すずき・かいちろう）

東京少年審判所審判官､東京少年審判所所長などを務めた。著書に『不良少年の研究』などがある。

[序文] 牧野 菊之助（まきの・きくのすけ）

東京帝国大学卒。前橋区裁判所判事となり、東京地方裁判所判事、東京控訴院判事、東京控訴院部長、大審院判事、京都地方裁判所所長、東京地方裁判所所長を歴任し、法学博士号を取得。名古屋控訴院院長、東京控訴院長、大審院部長を歴任し、大審院長に就任。教育にも熱心であり、中京法律専門学校や潤徳女子高等学校、足立学園中学校の校長を務めた。

[序文] 小山 松吉（こやま・まつきち）

獨逸学協会学校専修科卒。法学博士。大審院検事などを経て検事総長となり､司法大臣に就任。退任後に貴族院議員。法政大学総長、獨逸学協会中学校校長。

編者紹介

少年保護婦人協会（しょうねんほごふじんきょうかい）

1925年に財団法人として設立。少年審判所の婦人少年保護司等により組織された。1926年、女性のための保護施設「娘の家」を設立。1949年の更生保護制度の発足後、全国的に組織を広げ、1964年に、「全国更生保護婦人連盟」となった。2003年に「日本更生保護女性連盟」と改称。

日本の司法福祉の源流をたずねて 4

少年保護の法理と実際

平成28年10月3日初版第一刷発行

編　者：少年保護婦人協会

著　者：宮城 長五郎、植田 粂三郎、長島 毅、大原 昇、木村 尚達、鈴木 賀一郎

発行者：中野 淳

発行所：株式会社 慧文社

〒174-0063

東京都板橋区前野町4-49-3

〈TEL〉03-5392-6069

〈FAX〉03-5392-6078

E-mail:info@keibunsha.jp

http://www.keibunsha.jp/

印刷所：慧文社印刷部

製本所：東和製本株式会社

ISBN978-4-86330-165-8